A Reforma da Previdência Social na América Latina

Apoio:
Memorial da América Latina

MEMORIAL

A Reforma da Previdência Social na América Latina

Vera Schattan P. Coelho

ORGANIZADORA

FGV

EDITORA

ISBN — 85-225-0441-5

Direitos desta edição reservados à
EDITORA FGV
Praia de Botafogo, 190 — 14º andar
22250-900 — Rio de Janeiro, RJ — Brasil
Tels.: 0800-21-7777 — 0-XX-21-2559-5543
Fax: 0-XX-21-2559-5532
e-mail: editora@fgv.br
web site: www.editora.fgv.br

Impresso no Brasil / *Printed in Brazil*

1ª edição — 2003

Revisão de originais: Luiz Alberto Monjardim

Editoração eletrônica: Cristiana Ribas

Revisão: Aleidis de Beltran e Fatima Caroni

Capa: Leonardo Carvalho

Ficha catalográfica elaborada pela Biblioteca
Mario Henrique Simonsen/FGV

A reforma da previdência social na América Latina / Organizadora Vera Schattan P. Coelho — Rio de Janeiro : Editora FGV, 2003.
256p.

Inclui bibliografia.

1. Seguro social — América Latina. 2. Previdência social — Brasil. 3. Reforma da previdência — América Latina. I. Coelho, Vera Schattan P. II. Fundação Getulio Vargas.

CDD – 361.6098

Sumário

Apresentação

Por seu alcance e diversidade, a onda de reformas previdenciárias em vários países da América Latina nos anos 1990 foi objeto de amplo interesse por parte de estudiosos e formuladores de políticas públicas. Num momento de efervescência na política previdenciária, de marcada presença das agências multilaterais na região e de intensa pesquisa na ciência política, travou-se um importante debate acerca dos rumos possíveis e das vantagens dos diferentes modelos previdenciários. Os textos reunidos neste livro procuram não apenas esmiuçar as especificidades dessas reformas e mostrar como elas se tornaram possíveis, mas também compreender, comparativamente, por que algumas delas foram tão radicais, enquanto outras assumiram um perfil bastante moderado.

Referindo-se às reformas estruturais, isto é, as que introduziram no sistema previdenciário um componente privatizado compulsório, Carmelo Mesa-Lago e Katharina Müller classificaram-nas em três tipos: aquelas em que o sistema público foi simplesmente substituído por um sistema privado no qual o assalariado se aposenta com uma pensão baseada integralmente nas contribuições feitas a uma conta individual; aquelas em que o sistema público passou a coexistir e concorrer com um sistema privado; e as que adotaram um modelo misto em que o sistema público garante uma pensão básica e o sistema privado paga uma pensão complementar. Já outros países, como o Brasil, implementaram reformas que ajustaram o sistema de repartição existente, alterando a idade mínima para aposentadoria, elevando o valor das contribuições ou eliminando benefícios especiais. Tais reformas são aqui analisadas sob perspectivas e metodologias bastante diversas.

Gosta Esping-Andersen começa chamando nossa atenção para o fato de que a experiência da América Latina, que liderou num contexto democrático um processo extremamente dinâmico de mudança da política previdenciária, merece ser cuidadosamente analisada, sobretudo num período em que a crise dos sistemas previdenciários se estende também para a Europa e a América do Norte. Esping-Andersen procura tirar lições, para a ciência política, sobre as condições que favorecem um ou outro tipo de reforma. Além disso, propõe uma visão crítica a respeito do que deve ser levado em conta no processo de reforma. E aqui é bom lembrar que em nenhum momento descarta a necessidade de se reformarem os sistemas previdenciários, mas enfatiza que a política social tem por objetivo principal otimizar a previdência social dos cidadãos ao coletivizar os riscos juntamente com algum princípio de solidariedade e confiança. Em suma, para Esping-Andersen, trata-se essencialmente de garantir renda na velhice, questão que a seu ver nem sempre foi adequadamente tratada nos processos de reforma aqui analisados.

Mesa-Lago e Müller reconstituem os processos políticos que levaram nove países latino-americanos a realizar reformas estruturais em seus sistemas previdenciários no período compreendido entre 1981 e 2001. Ao investigar a existência de relações sistemáticas entre o tipo de reforma adotado e o grau de democratização em cada país, concluem que, em geral, quanto mais democrático o regime, menores as possibilidades de privatização total da previdência. Tal relação não pôde ser aplicada, no entanto, a todos os casos, o que levou os autores a analisar a importância de outros fatores políticos e econômicos na determinação do formato final da reforma.

Rosana Castiglione analisa em profundidade a radical reforma chilena que inaugurou, ainda no início dos anos 1980, a "onda reformista" que se alastrou pelo mundo na década seguinte. O que intriga a autora é exatamente o argumento de que o regime ditatorial explicaria tal reforma: se tantos outros países na América Latina viviam igualmente sob ditaduras e experimentavam crises em seus sistemas previdenciários, por que apenas o Chile adotou esse novo modelo de previdência? Por meio de uma comparação com o caso do Uruguai, cuja reforma ocorreu na mesma época, Castiglione argumenta que para entender a reforma chilena é preciso levar em conta o alto grau de concentração da autoridade governamental e as posições liberais dos formuladores de políticas públicas. Assim, no Uruguai, onde o poder estava disperso entre facções militares que defendiam posições nacionalistas, o ideário de uma reforma radical não pôde prosperar.

Stephen Kay também parte da análise das instituições para esclarecer por que não há correlação clara entre a força dos grupos de interesse e os resultados das reformas na Argentina, no Uruguai e no Brasil. Sem descartar a influência de fatores como a pressão dos fluxos globais de capital, a abertura econômica ou a agenda das instituições financeiras internacionais, mostra como os incentivos à disciplina partidária, a ocorrência ou não de plebiscito, os poderes legislativos do presidente e a permeabilidade da burocracia previdenciária aos grupos de interesse contribuíram para retardar a reforma no Uruguai e para ampliar a influência dos sindicatos no Brasil, impedindo assim uma reforma radical, ou para garantir, na Argentina, que os interesses financeiros e comerciais obtivessem com o apoio necessário à privatização.

Analisando essas mesmas reformas, Vera Schattan P. Coelho conclui que para se entender por que a Argentina promoveu uma reforma mais radical que a do Uruguai, enquanto o Brasil implantou uma reforma incremental, é preciso considerar tanto os constrangimentos ditados pela política econômica e previdenciária quanto as disputas travadas no interior do Executivo entre as burocracias, os políticos e o presidente da República. Segundo a autora, nos três países a burocracia previdenciária defendeu reformas incrementais, a burocracia econômica defendeu reformas mistas, e os técnicos oriundos do setor privado defenderam reformas radicais. Assim, mediante a análise conjunta de variáveis econômicas, previdenciárias e dos recursos de poder à disposição dos diferentes atores estatais, mostra que no Brasil e no Uruguai, onde o poder da burocracia e dos políticos era maior, prosperaram reformas menos radicais; já na Argentina, onde predominava o poder dos técnicos oriundos do setor privado, promoveu-se uma reforma mais radical.

Raúl Madrid argumenta que o grau de privatização alcançado no processo de reforma previdenciária está estreitamente relacionado à taxa de poupança interna. Dessa forma, quanto menor a taxa de poupança doméstica, maior o grau de privatização. Os dados apresentados por Madrid mostram ainda que a participação das instituições financeiras internacionais no processo de reforma e o forte controle exercido pelo presidente da República sobre o Legislativo também contribuem para ampliar o grau de privatização. Por outro lado, tendem a reduzi-lo os altos gastos com aposentadorias, uma vez que elevados custos de transição constrangem as possibilidades de mudanças radicais.

Sarah Brooks repassa essas e outras hipóteses procurando oferecer um modelo causal capaz de explicar por que determinados países – dentro de uma amostra mundialmente ampla e diversificada – adotaram diferentes graus de privatização, enquanto outros optaram por reformas incrementais. As variáveis analisadas incluem o legado da política previdenciária e econômica, os pontos de veto presentes no sistema político, os incentivos econômicos e as redes que transmitem idéias e modelos de política. Os resultados mostram que os governos que mais gastam com aposentadoria são os mais favoráveis à privatização, mas também os que encontram as maiores limitações para concretizá-la, de modo que acabam optando por uma reforma incremental. Mostram, ainda, que os países menos democráticos tendem a adotar privatizações mais radicais e que há maior probabilidade de privatização da previdência onde o Poder Legislativo é menos fragmentado. E, por último, que as probabilidades de privatização são maiores tanto nos países de baixa renda quanto naqueles onde existe um grande mercado de pensões ocupacionais.

Por fim, Carmelo Mesa-Lago analisa os resultados de oito reformas empreendidas na América Latina e mostra que elas não promoveram um aumento no número de contribuintes ativos – em alguns casos, ao contrário, houve redução. Essa constatação deve surpreender aqueles que argumentam que a existência de uma estreita relação entre contribuição e benefício estimularia a primeira. Ao examinar a capacidade do mercado de seguros para garantir a concorrência entre as administradoras, o autor verificou uma forte tendência à concentração de segurados nas três maiores administradoras, o que pode vir a limitar a concorrência. Mostra, ainda, que essas reformas têm de fato promovido a poupança, mas em razão do seu elevado custo fiscal ainda não foram suficientes para garantir a redução do déficit público. Já o rendimento das aplicações feitas com fundos previdenciários foi inicialmente satisfatório, mas esses resultados têm sido parcialmente comprometidos pelas sucessivas crises econômicas que vêm abalando os países da região.

Este conjunto de textos mostra, portanto, como os países latino-americanos reagiram às situações de desequilíbrio em seus sistemas previdenciários, evidenciadas pela baixa proporção entre contribuintes e beneficiários. Identificou-se assim um conjunto de variáveis econômicas, institucionais e políticas que desempenharam papel importante nos processos de reforma. No entanto, como mostra o balanço final de Mesa-Lago, as reformas realizadas ainda não foram suficientes para permitir a concretização de muitas das promessas presentes no ideário dos reformadores, permanecendo, portanto, o desafio de encontrar-se um modelo previdenciário econômica e politicamente viável que seja capaz de garantir renda e bem-estar na velhice.

No caso do Brasil, passos importantes para vencer esse desafio são a equiparação no médio prazo das previdências pública e privada, o fomento à previdência complementar e a ampliação do mercado de trabalho formal. Cada um desses passos envolve cálculo econômico e político, bem como um profundo conhecimento das instituições previdenciárias, políticas e do mercado. Assim, esperamos que as análises aqui apresentadas possam subsidiar os atores envolvidos na questão a identificar o conjunto de variáveis a ser considerado na reforma previdenciária, bem como a avaliar com mais segurança as chances de sucesso das diferentes alternativas.

Gostaria de agradecer a Helmut Schwarzer (Instituto de Pesquisa Econômica Aplicada), Katharina Müller (Deutsches Institut für Entwicklungpolitik, Bonn), Robert Kauffman (Columbia University, Nova York), Juan Carlos Torres (Universidade Torcuato di Tella, Buenos Aires), José Busquets (Universidad de la República, Montevidéu) e Stephen Kay (Federal Reserve Bank of Atlanta) pela indicação de várias das originais e rigorosas contribuições aqui reunidas. Agradeço a Gosta Esping-Andersen (Universitat Pompeu Fabra, Barcelona) pelo inestimável apoio e a disposição de escrever a introdução a esta coletânea nos brindando com suas instigantes observações, e a Sonia Draibe pela leitura dos originais e sugestões de organização. Gostaria também de agradecer aos autores a colaboração e o tempo que dedicaram a atender às inúmeras demandas que foram surgindo durante o processo de elaboração deste trabalho.

Em nome dos autores, agradeço a Argelina Figueiredo (Cebrap), Alzira Alves de Abreu (FGV), Isaura Botelho (Memorial da América Latina) e Álvaro Comin (USP), que viabilizaram esta publicação.

Vera Schattan P. Coelho

Uma perspectiva transatlântica da política de privatização latino-americana*

*Gosta Esping-Andersen***

No contexto da evolução do Estado de bem-estar social, a onda reformista que varreu a América Latina nas últimas duas décadas parece verdadeiramente histórica. É histórica visto que se trata da privatização de um componente central do Estado de bem-estar social, mais especificamente, as pensões e as aposentadorias. É histórica também na sua difusão, englobando um continente inteiro. A teoria consagrada do Estado de bem-estar social nos diria que nada disso deveria ter ocorrido. Os direitos sociais, uma vez implantados, tornam-se institucionalizados e concentram interesses poderosos em sua perpetuação. E como as políticas sociais fluem de constelações específicas de poder e culturas de "solidariedade", os Estados de bem-estar social deveriam divergir muito mais do que convergem. Contudo, isso ocorreu e é o que provoca as questões tratadas neste livro. Como surgiu a privatização da previdência social? O que explica a diversidade na sua implementação em cada país? Por que alguns países, como o Chile, perseguem uma privatização *tout court*, enquanto outros, como o Uruguai e a Argentina, optam por uma forma mais parcial?

Todos os artigos deste livro são de uma erudição impecável, realmente impressionante. Diferem consideravelmente no estilo de análise e abordagem metodológica, mas acabam fornecendo conclusões extraordinariamente coerentes. Sintetizando, há um conjunto de fatores que explica o elo comum, em nível continental, da opção pela privatização, e outro conjunto de fatores responsável pelos resultados nacionais variados.

---

* Traduzido por Regina Thompson e Alana Madureira (Unitrad).

** Universitat Pompeu Fabra, Barcelona.

Em poucas palavras, minha leitura do elo comum é que dois fatores preponderantes conspiraram para tornar a privatização um fato consumado. O primeiro deles é a escassez crônica de capital e a dependência exagerada dos fluxos de capital estrangeiro para financiar o crescimento. O segundo, como enfatiza o capítulo de Kay, é a queda das barreiras comerciais e a necessidade de maior competitividade em termos de preços. O impulso comum, como também, evidentemente, a fórmula de privatização partiram da economia internacional – na forma de pressão insistente do FMI e do Banco Mundial. Os sistemas de repartição existentes tornaram-se o alvo comum daqueles que pretendiam obter a estabilidade macroeconômica, principalmente porque eram uma das principais causas da perda de poupança, necessitando cada vez mais de subsídios para cobrir o desequilíbrio entre contribuintes e beneficiários.

Minha leitura da história dos resultados variados, repito, foi extremamente simplificada e se encaixa bem com a teoria dominante da ciência política. O poder e a tomada de decisões altamente centralizados têm mais possibilidade de produzir privatização radical, enquanto os sistemas que permitem uma representação mais dispersa de interesses e múltiplos pontos de veto favorecem uma abordagem mais branda. No Chile, a ditadura de Pinochet simplesmente ignorou a oposição ruidosa; no Uruguai, o "*lobby* grisalho"[1] uniu-se à esquerda, conseguindo barrar a privatização total do sistema. Apesar disso, uma das lições verdadeiramente importantes que aprendemos com a experiência latino-americana é que a ditadura não é uma precondição necessária para políticas radicais e impopulares, como a privatização.

Os quebra-cabeças transatlânticos

Assim como a América Latina, a União Européia enfrenta a necessidade urgente de uma grande reforma da previdência. Mas, quando examinamos o processo de reforma latino-americano através da ótica do processo europeu de formulação de políticas, tanto o elo comum quanto a variação parecem extremamente complicados. Embora os sintomas da doença do sistema previdenciário sejam aparentemente semelhantes em ambos os lados do Atlântico, no fundo as razões são bem diferentes. E mesmo que a reforma radical, possivelmente envolvendo certo grau de privatização, seja igualmente necessária, a definição da agenda da reforma não poderia ser mais diferente.

[1] *Lobby* dos aposentados, assim chamado devido aos cabelos grisalhos das pessoas mais velhas.

É preciso admitir que, até a década de 1990, a privatização da previdência na América Latina não era um quebra-cabeça para os formuladores de políticas europeus – nem mesmo para os neoliberais empedernidos. Na verdade, com o Chile como principal ponto de referência, concluiu-se simplesmente que a privatização não seria uma empreitada realista a não ser sob uma ditadura. Porém, a maior parte dos programas de privatização na América Latina ocorreu sob regimes democráticos e, assim, a experiência é de relevância imediata para a Europa também.

O quebra-cabeça dos objetivos

O primeiro enigma para um observador europeu como eu tem a ver com a delimitação do campo específico a essa política. Quase por definição, a política social e – logicamente – a reforma das políticas sociais têm um só objetivo principal, que é otimizar a previdência social dos cidadãos ao coletivizar os riscos juntamente com algum princípio de solidariedade e confiança. Naturalmente, os padrões de otimização podem variar, como também os tipos de solidariedade. O requisito de que, digamos, os planos previdenciários sejam economicamente eficientes é certamente uma condição *sine qua non*, mas está subordinado ao objetivo principal. Qualquer aluno do primeiro ano de economia aprende que não tem sentido otimizar a eficiência sem um padrão de justiça ou bem-estar. A política de privatização na América Latina parece ter sido impulsionada puramente pela "eficiência", com pouca consideração para a maximização do bem-estar. Ao ler os capítulos deste livro, acho que não me deparei com um único caso em que a reforma da previdência foi guiada pelos objetivos do bem-estar. O ponto básico, que é garantir renda na velhice, parece ter sido esquecido.

A política que se presta a maximizar o bem-estar social pode fazer suas escolhas em um menu de princípios de justiça, e os mais relevantes deles estão sintonizados ou com os princípios enunciados por Pareto ou com aqueles enunciados por Rawls. A privatização da previdência poderia talvez ser uma modalidade paretiana. Com bases rawlsianas seria praticamente impossível. Uma leitura positiva da reforma chilena poderia parecer vagamente paretiana, caso alguém aceite a alegação de que uma taxa mais alta de poupança garante mais crescimento e riqueza e que os dividendos do crescimento chegarão a todos, de maneira igual, de modo que no final ninguém sofra qualquer perda. Numa ditadura, a política talvez não precise ancorar-se em princípios de justiça social, mas na democracia representativa, sim. E quanto mais poderosos e organizados forem os cidadãos que poderão perder com a privatização, tanto mais provável sua insistência na adoção de um modelo rawlsiano – e isso implicaria que qualquer mudança no *status quo* teria de ser visivelmente benéfica aos potenciais perdedores. Na análise comparativa da privatização latino-americana, observamos que os potenciais perdedores geralmente foram muito veementes, organizados e ocasionalmente até poderosos. Entretanto, não consegui identificar qualquer reforma com base na privatização que se apresentasse, mesmo que vagamente, como de tipo rawlsiano.[2]

Se entendi corretamente o debate sobre a reforma em curso na Europa, ele parte da premissa de que qualquer revisão dos programas previdenciários existentes é, acima de tudo, uma questão de garantir o bem-estar dos idosos no futuro. Muitos sistemas – e o da Itália logo nos vem à mente – podem ser tão frágeis e inviáveis financeiramente quanto os da América Latina, mas, como mostra o programa de 10 pontos da União Européia, a reforma previdenciária da Europa trata da previdência social, e não das taxas de poupança.

O quebra-cabeça das causas

Como na Europa, os programas previdenciários latino-americanos eram majoritariamente sistemas de repartição que financiavam os benefícios atuais com as receitas das atuais contribuições. Da mesma forma que na Europa, tornaram-se alvo de reforma porque eram manifestamente inviáveis financeiramente, como também politicamente corruptos. Como mostram os textos de Kay e Mesa-Lagos, a proporção contribuinte/beneficiário caiu para 1:1 no Uruguai, 1,6:1 na Argentina e 2,5:1 no Brasil. São proporções que parecem muito familiares aos formuladores de políticas europeus. A italiana é muito próxima à uruguaia; a sueca, bem parecida com a do Brasil; e a da França e a da Alemanha ficariam num meio-termo.

Sem dúvida, as causas dessas proporções cada vez mais problemáticas são muito diferentes. Na América Latina evidentemente não se trata

[2] O texto de Schattan fornece uma visão interessante com relação a esse ponto. Argumenta-se que o Uruguai é o país onde a voz da oposição democrática mais influenciou na definição do processo da reforma. Contudo, isso parece ter-se manifestado no poder intransigente de veto em favor dos grupos privilegiados inseridos no jogo político, e não numa preocupação rawlsiana de garantir o bem-estar dos mais fracos.

de envelhecimento da população, isto é, taxas de fertilidade em queda e longevidade, mas principalmente da baixa cobertura e dos índices precários de contribuição entre os trabalhadores, fatos responsáveis pelos rombos financeiros. Observa-se que esses desequilíbrios financeiros inerentes foram criados pela interferência política generalizada nos fundos previdenciários, que são utilizados para outros fins. E o caráter clientelista e corporativista de muitos sistemas latino-americanos significa provavelmente gastos excessivos com grupos favorecidos. Isso tudo não seria novo para um observador europeu. Parte considerável dos déficits financeiros nos programas previdenciários europeus corresponde geralmente à necessidade de pagar aposentadorias precoces, como também benefícios de assistência para não-contribuintes (como a *pensione sociale* da Itália). Aposentadorias e pensões privilegiadas, especialmente dos funcionários públicos civis, são comuns em muitos países da Europa continental, destacando-se entre eles novamente a Itália.

As causas de fundo parecem ser bem diferentes – a demografia na Europa e poucos contribuintes na América Latina – mas, num aspecto, elas se referem mais a mercados de trabalho problemáticos do que a aposentados e pensionistas problemáticos. Na Europa e, acredito, também na América Latina, os requisitos básicos que sustentam os sistemas de repartição têm-se desgastado rapidamente nas últimas décadas. Um deles é um alto (e de preferência crescente) nível de emprego; outro é o crescimento sustentado, de longo prazo, do salário real. Nenhum dos dois requisitos configura-se exatamente como característica dos mercados latino-americano ou europeu e, no caso do latino-americano, há a proliferação do emprego informal e uma distribuição de renda extremamente desigual.

Os programas de repartição entram em desequilíbrio quando um dos dois lados da moeda contribuição/benefício se desvia das expectativas. Como vários capítulos deste livro sugerem, não é óbvia a razão pela qual na América Latina o diagnóstico do problema enfoca precisamente o lado do benefício. Em vez da privatização total ou parcial, poderiam ter sido consideradas reformas no lado da contribuição, que estimulassem mais emprego formal e menos evasão por meio, por exemplo, de política tributária. No que toca aos países desenvolvidos da Organização para Cooperação e Desenvolvimento Econômicos (OCDE), a maioria dos prognósticos com base em simulações sugere que é possível obter um equilíbrio financeiro nos sistemas previdenciários *existentes* por meio do aumento da atividade feminina (em alguns países) e do adiamento progressivo da aposentadoria até a idade de 65-70 anos.[3] Se os mercados de trabalho com funcionamento precário constituem um dos mecanismos causais importantes que põem em risco as finanças previdenciárias, o foco poderia então recair tanto na reforma do mercado de trabalho quanto na reforma previdenciária. Ou, em outras palavras, o quebra-cabeça na América Latina é: por que a política da reforma da previdência aparentemente não está aliada explicitamente a uma reforma do mercado de trabalho?

Os quebra-cabeças do processo de tomada de decisões políticas

A conclusão esmagadora que se extrai dos estudos deste livro é que é mais provável ocorrer uma privatização "radical" quando os opositores não têm força no processo decisório, ao passo que estratégias "suaves" de privatização prevalecem quando os grupos de interesse e os partidos políticos têm voz ativa. Considerando as lições que tiramos da reforma da previdência na Europa, há um ingrediente central cuja ausência nos chama a atenção, ou seja, um amplo pacto social tripartite. A maioria dos Estados-membros da União Européia, assim como os países da América Latina, começou a rever seriamente seus sistemas previdenciários no final da década de 1980, com o impulso se acelerando drasticamente no início da década seguinte. A privatização total ou mesmo substancial estava geralmente excluída da agenda da reforma; apesar disso, os principais elementos de quase todas as propostas eram considerados altamente ameaçadores para amplos setores da sociedade – em particular, a redução da aposentadoria precoce e a mudança para benefícios calculados a partir de contribuições feitas ao longo da vida.

Onde a reforma previdenciária foi promovida sem consulta ou amplo consenso das principais organizações interessadas – como no governo de Juppee na França e no (primeiro) mandato de Berlusconi na Itália –, as iniciativas naufragaram num mar de protesto popular. Ao contrário, reformas praticamente idênticas foram aprovadas num clima de amplo consenso na Suécia, na Itália durante o governo Amato e, posteriormente, no governo Dini, como também na Espanha (com os pactos de Moncloa). Na

[3] Observem que a idade média de aposentadoria na União Européia caiu para 58-59. Um aumento de 5-7 anos do tempo de trabalho não implicaria *regressão* real no bem-estar, se considerarmos a entrada tardia no emprego e a maior longevidade. Um terceiro ingrediente fundamental é reduzir a dívida pública até o ano de 2030. Para obter uma visão geral, ver OECD (1998; 2000a; 2000b).

Suécia, a reforma foi projetada dentro da estrutura das comissões públicas, que incluem representantes dos partidos políticos e dos grupos de interesse; eles trabalharam na direção de uma política consensual. Na Itália, o governo Dini negociou sua proposta com os sindicatos.

Há ainda um paralelo em ambos os lados do Atlântico. Decisões tomadas de maneira centralizada geralmente resultam em reformas fortes; a representação de interesses altamente fragmentados e pluralistas provavelmente tende a bloqueá-las. Mas o paralelo acaba aqui. Na Europa, como mostra o exemplo francês, a centralização das decisões só funcionará se incluir amplos pactos sociais. Uma política centralizada no Estado dificilmente será efetiva numa democracia se houver grandes interesses em jogo. A conclusão tentadora aqui é que a tomada de decisão efetiva para uma mudança radical necessita ou de poderes ditatoriais ou de uma estrutura de intermediação de interesses, na qual as organizações relevantes sejam suficientemente poderosas e coesas para poder realística e legitimamente negociar em favor da sociedade.

Se uma privatização mista (como no Uruguai) ou total (como no Chile) é o melhor ou possivelmente o pior resultado em termos de política, é uma coisa, mas seria bom saber qual teria sido o resultado se *qualquer* uma das reformas latino-americanas tivesse se baseado em amplos pactos sociais como os europeus. Para aprofundar essa análise contrafatual, o ingrediente principal que parece estar faltando na política latino-americana é o tipo de organização de interesses coordenada e centralizada capaz de se engajar em concertação tripartite.

O quebra-cabeça final: por que privatizar a previdência?

Dos estudos incluídos neste livro surgem três argumentos distintos que foram introduzidos para justificar a privatização. O mais importante parece ter sido seu suposto efeito positivo na poupança e, indiretamente, na provisão de uma fonte interna para o capital e os investimentos. Essa justificativa ganha alguma credibilidade quando se examinam os retornos obtidos até o momento. Tanto Mesa-Lago quanto Raúl Madrid sugerem que os retornos foram bastante expressivos (11% ao ano na Argentina e no Chile; 7% no Peru). Acrescentam que os retornos *reais* são substancialmente menores quando se levam em consideração os custos gerais indiretos e a inflação (os retornos ajustados no Chile caem para 5%, ainda assim um desempenho acima do usual). Seria extremamente interessante examinar os dados sobre os retornos na Argentina referentes ao último ano ou aos últimos dois anos.

A justificativa da poupança pode, como sugeri, ser defendida em termos paretianos, caso a poupança de fato se traduza em investimentos internos e numa curva ascendente de crescimento que acabe por beneficiar os trabalhadores. Taxas mais altas de poupança nacional são, sem dúvida, um objetivo consensual numa economia com escassez de capital. Mas, pode-se perguntar, por que escolher as aposentadorias para estimular a poupança? Certamente os banqueiros têm enorme interesse na privatização da previdência, e seu poder de *lobby* pode ter sido onipresente no processo de reforma. Mas se quisermos induzir a poupança, existem várias outras políticas alternativas, sendo uma delas a política de financiamento imobiliário. A Itália tem uma das maiores taxas de poupança pessoal da OCDE, e isso com certeza não resulta do seu sistema previdenciário (que leva à perda de poupança), mas, ao contrário, das regras que permitem financiamentos imobiliários só até 50% do valor da casa: prováveis compradores são compelidos a economizar. Se a poupança é o principal objetivo nacional, por que depositar todas as esperanças em apenas uma instituição, como a previdência? Isso tudo causa ainda mais perplexidade quando se considera que os dividendos da poupança das aposentadorias e pensões privadas, em oposição às públicas, estão longe de ser evidentes.[4] Na melhor das hipóteses, se daria preferência a uma estratégia de poupança múltipla e com bases mais amplas, "dividindo-se os ovos em várias cestas".

Uma segunda justificativa para a privatização é que ela elimina a interferência política. Sem dúvida, os fundos de pensão públicos foram freqüentemente utilizados para vários propósitos políticos, desde sustentar a dívida pública até vencer eleições. Os sistemas de repartição, em especial quando necessitam de subsídios públicos, são claramente vulneráveis à interferência política. Mas argumentar que a privatização é um remédio necessário contra isso é forçar a lógica. Muitos países, como a Finlândia e a França, possuem sistemas previdenciários administrados por fundos autônomos, não-governamentais, que impedem a interferência política.

Uma terceira justificativa é que a privatização reduz a vulnerabilidade do sistema previdenciário a mudanças demográficas. O envelhecimento da população dificilmente é o problema mais premente na maioria dos sistemas latino-americanos de previdência social, mas, mesmo que fosse, essa justificativa é, na melhor das hipóteses, míope e, na pior, simplesmente errônea. Tudo

[4] Ver Orzag & Stiglitz (2001); Barr (2001).

se reduz ao sistema de contabilidade intergeracional adotado. Numa sociedade que envelhece e onde a parcela de aposentados cresce mais rápido do que a parcela de ativos, o custo *adicional* de aposentadoria devido ao envelhecimento será, num regime de repartição (evitando a redução de benefícios), totalmente alocado aos "jovens" (ativos). Esse mesmo custo *adicional* será totalmente alocado aos "velhos" (aposentados) se, como alternativa, tivermos um sistema previdenciário puramente baseado em contribuições - pouco importando se a administração é privada ou pública.[5] Desse ponto de vista, nossa escolha de como alocar a exigência de gastos extras é um problema de justiça intergeracional. Se aceitássemos o princípio de ônus proporcionais iguais de Musgrave (1986), daríamos preferência a uma reforma que combinasse um elemento de repartição com um elemento de capitalização individual, mais ou menos na mesma medida. O plano de privatização total do Chile implica que, nesse país, o custo adicional do envelhecimento demográfico será arcado totalmente pelos aposentados de amanhã.

É claro que não se predetermina que uma política democrática insistirá na divisão igualitária do ônus intergeracional. De fato, é possível que os aposentados sejam vistos como excessivamente beneficiados, de modo que poderia haver um consenso a favor da justiça intergeracional ao estilo chileno. Apesar disso, o argumento de que os planos privados reduzem nossa vulnerabilidade ao envelhecimento é míope porque se baseia numa prática contábil errônea. O numerador e o denominador relevantes para caracterizar os gastos previdenciários não se referem ao setor público, mas ao uso do PIB total. É improvável que descarregar sistemas previdenciários públicos no mercado reduza muito os gastos gerais – isto se os cidadãos puderem se dar ao luxo de arcar com essas mudanças adquirindo planos privados. Observe-se que essa é a suposição por trás de todas as propostas de privatização. Não apenas se supõe que a cobertura privada não será inferior à cobertura pública, como também que os cidadãos obterão um valor melhor por suas contribuições no sistema privado. Portanto, se a suposição estiver correta, os gastos totais com a previdência não serão alterados em função da privatização. Por conseguinte, o envelhecimento das populações simplesmente se traduzirá em pressões sobre a utilização total dos recursos. O que *mudará*, para ecoar o argumento acima, é *quem* arca com o principal impacto do envelhecimento: os próprios idosos ou também os jovens.

---

[5] Aqui sigo Musgrave (1986) e Myles (2002).

Se também considerarmos a longevidade, o argumento de que os sistemas privados são menos vulneráveis tem pouca sustentação. Contas previdenciárias individuais, privadas e capitalizadas apresentam um grande potencial de risco para os que viverem bastante, pelo menos na medida em que as anuidades sejam calculadas em bases atuariais de acordo com as normas de expectativa de vida média. É claro que isso não faz com que os fundos de pensão geridos por administradoras privadas se tornem vulneráveis simplesmente porque eles pagam somente o que devem. Os próprios idosos tornam-se vulneráveis e podem se encontrar inesperadamente na pobreza. Não precisamos nem de motivos de solidariedade ou caridade para prever que essa situação colocará demasiada pressão nos orçamentos do *governo* para aliviar a pobreza na velhice, simplesmente porque o envelhecimento da população significa que o eleitor médio também envelhece. Em suma, é muito difícil imaginar que diante do envelhecimento demográfico a privatização reduzirá significativamente a vulnerabilidade do pacote *total* de aposentadoria, qualquer que seja a constituição de tal pacote. A privatização somente fará isso se a sociedade estiver disposta a aceitar mais pobreza na velhice e/ou redução do bem-estar durante a aposentadoria – caso em que a privatização produz um resultado que não atende às condições formuladas por Pareto.

Tenho a impressão, em grande parte confirmada pelos capítulos deste livro, de que a visão das finanças públicas passou a dominar os debates da reforma latino-americana. Isso ajuda a explicar o fato surpreendente de que a privatização parece ter girado ao redor de objetivos que tiveram pouco a ver com o bem-estar na aposentadoria.

A política previdenciária, repito, deve estar associada aos problemas de segurança na velhice. A principal razão de pensarmos em reformas deve ser, sobretudo, por que o *status quo* não é capaz de prover a segurança na velhice que desejamos. Isso, por sua vez, pode se dar porque as regras de acesso aos benefícios e a cobertura do sistema são problemáticas ou porque os suportes financeiros do sistema não são sólidos. Um critério complementar necessário é se o *status quo* gera efeitos indesejáveis de segunda ordem como, por exemplo, a perda de poupança ou desincentivos ao trabalho. Uma vez que a segurança na velhice constitui um dos mais importantes ingredientes no curso da vida dos cidadãos, os riscos são de fato muito altos. Uma vez que as pessoas organizam toda sua vida adulta em torno dos tipos de concessões de benefício que podem esperar na velhice, qualquer reforma afetará profundamente a maneira como elas estudam, trabalham, constituem família, economizam e consomem. As principais repercussões de uma reforma do sistema previdenciário realizada hoje só se tornarão evidentes daqui a muitos anos. Em resumo, os sistemas previdenciários precisam ser estáveis, previsíveis e confiáveis por um longo período de tempo.

Dito isto, o projeto de qualquer modelo previdenciário atual precisa levar em consideração muito mais a estrutura do que o perfil de risco dos cidadãos. Como argumentou Thompson (1998), os níveis geralmente altos de bem-estar que observamos hoje entre os aposentados da América do Norte e da Europa são apenas indiretamente resultado de generosos benefícios de aposentadoria. De modo geral, os aposentados e pensionistas de hoje vivem bem porque fazem parte de gerações historicamente "afortunadas". Eles iniciaram sua vida de trabalho em economias com pleno emprego e desfrutaram um crescimento de salário mais ou menos contínuo durante suas carreiras. A compressão nos lucros e maiores demandas trabalhistas, juntamente com a segurança no emprego, significaram que até mesmo trabalhadores com baixa qualificação foram capazes de acumular uma "riqueza" substancial na aposentadoria, como observa Myles (2002). Se voltarmos às décadas de 1950 e 60, constataremos que o aposentado médio era bastante pobre, mesmo em Estados de bem-estar de vanguarda, como os escandinavos. Antes das reformas previdenciárias que incorporaram o sistema de repartição, as concessões de benefícios de aposentadoria na maioria dos países eram de fato bastante modestas. Porém, mais uma vez, os riscos enfrentados pelos aposentados no pós-guerra eram decorrentes principalmente de histórias coletivas "desafortunadas": eles nasceram na virada do século, seu ingresso na vida adulta coincidiu com a I Guerra Mundial, e grande parte de seus anos ativos atravessou a Grande Depressão e a II Guerra Mundial.

O ponto básico é que qualquer projeto para futuros sistemas previdenciários precisa, por assim dizer, começar com as crianças de hoje. A boa formulação de políticas precisa incluir algumas projeções fundamentadas de como a vida das crianças de hoje evoluirá. Se a juventude de hoje for desfrutar do tipo de histórias coletivas "afortunadas" vividas pelos idosos de hoje, então será possível afirmar que os sistemas previdenciários privados, ou, nesse sentido, os planos administrados com contribuições definidas, garantirão à maioria das pessoas um nível adequado de bem-estar na aposentadoria. Uma das conclusões surpreendentes da pesquisa comparativa é que os padrões de renda do pensionista médio são similarmente altos em países onde a previdência pública predomina (como a Suécia ou a Itália) e em países onde os sistemas privados desempenham um grande papel (como os EUA).[6]

Infelizmente, não estamos muito bem equipados para projetar o destino histórico das crianças de hoje. É claro que os sistemas previdenciários privados são invulneráveis à boa ou má sorte das futuras gerações, da mesma forma que são invulneráveis ao envelhecimento. O problema é que as futuras gerações serão vulneráveis se toda ou grande parte de sua segurança na velhice for atrelada a anuidades privadas. Agora, pelo que entendi, os países latino-americanos que privatizaram a previdência também conservaram algum tipo de garantia básica de previdência pública, mais provavelmente na forma de benefícios assistenciais concedidos com base na carência das pessoas. Se fôssemos utilizar os dados atualmente disponíveis sobre as prováveis oportunidades de vida da juventude de hoje nas próximas décadas, como poderíamos avaliar o cenário da aposentadoria em, digamos, 2050? Que proporção de futuros aposentados estará bem de vida com o novo regime privado? Que proporção provavelmente precisará recorrer aos benefícios assistenciais ou, como alternativa, ao apoio dos filhos?

Para ser bem-sucedido no novo regime previdenciário privado, uma pessoa terá de ter pago contribuições regulares durante toda sua carreira adulta. O valor de 20 anos de contribuições é, em alguns sistemas latino-americanos, suficiente para garantir um benefício mínimo básico; o mais comum é a exigência de mais de 40 anos para qualquer coisa que se aproxime de uma taxa de reposição substancial. Duvido seriamente que qualquer plano privado conceda benefícios equivalentes aos do serviço militar, da licença-maternidade ou paternidade ou para o cuidado de genitores idosos e fragilizados – sem falar nos períodos de desemprego. As mulheres que tiverem filhos terão, sem dúvida, sérios problemas para obter benefícios adequados de aposentadoria. Desemprego e empregos precários com baixa remuneração estão fortemente correlacionados com a escolaridade, e à medida que se desenvolve a "economia do conhecimento" essa correlação tende a se fortalecer. Está bastante bem demonstrado, pelo menos nos países da OCDE, que os riscos de desemprego (e em especial de desemprego de longo prazo) duplicam entre as pessoas que não possuem 2º grau. A

[6] Ver OECD (1998; 2000a).

homogamia matrimonial[7] significa que as pessoas vulneráveis acabam concentrando-se nas mesmas famílias. Assim, é improvável que um parceiro possa compensar a vulnerabilidade no mercado de trabalho do outro.[8] Embora a educação média e a superior talvez ainda não sejam uma precondição básica para oportunidades de vida em grande parte da América Latina, é provável que passem a ser – principalmente devido à abertura de suas economias. Assim, se adotarmos isso como uma medida, o que poderemos projetar? Ao examinarmos a escolaridade de nível médio entre jovens (25-34), o Chile aparece na frente com quase 50%, enquanto na Argentina e no Brasil a parcela não ultrapassa 30% (OECD, 2000b). Parece provável, portanto, que uma parcela considerável dos jovens de hoje terá uma vida de relativa precariedade de emprego. Essa projeção é reforçada pelos dados sobre cobertura dos planos previdenciários em vários textos deste livro. De modo geral, a cobertura estável varia de parcelas limitadas a moderadas da força de trabalho. Dois problemas se combinam para produzir uma grande proporção de cidadãos que muito provavelmente nunca acumularão créditos suficientes para garantir benefícios de aposentadoria adequados: um grau substancial de emprego informal e a incapacidade generalizada de pagar as contribuições previdenciárias com regularidade.

Todas essas considerações levaram-me a duas conclusões simples mas, acredito, bastante importantes. Primeiro, a privatização previdenciária latino-americana foi lançada como um meio de corrigir males econômicos. Isso parece muito similar a matar o mensageiro que traz más notícias. Como indica a discussão anterior, é improvável que se obtenha a partir dessas reformas algum equilíbrio mais adequado, a menos que as políticas também ataquem o outro lado da moeda, o mercado de trabalho. Segundo, o processo da reforma previdenciária na América Latina diz respeito principalmente à poupança e aos déficits, mas muito pouco à segurança na velhice. É altamente improvável que um regime previdenciário privado venha a ser um sistema capaz de oferecer segurança efetiva na velhice. Assim, supondo que venhamos a ter no futuro uma democracia estável, então sem dúvida assistiremos a uma nova onda de debates sobre política previdenciária, e muito provavelmente esses debates serão principalmente sobre segurança na velhice e muito pouco sobre taxas de poupança.

---

[7] Homogamia matrimonial refere-se à tendência de as pessoas se casarem com parceiros do mesmo estrato econômico.

[8] Para uma visão geral recente de riscos emergentes de vida, ver Esping-Andersen (2001).

Referências bibliográficas

Barr, N. *The welfare state as a piggy bank*. Oxford: Oxford Univ. Press, 2001.

Esping-Andersen, Gosta. *Why we need a new welfare state*. Oxford: Oxford Univ. Press, 2001.

Musgrave, R. *Public finance in a democratic society*. New York: New York Univ. Press, 1986. v. 2: Fiscal doctrine, growth and institutions.

Myles, J. A new social contract for the elderly. In: Esping-Andersen, G. *Why we need a new welfare state*. Oxford: Oxford Univ. Press, 2002.

OECD. *Maintaining prosperity in an aging society*. Paris: OECD, 1998.

______. *Reforms for an ageing society*. Paris: OECD, 2000a.

______. *Education at a glance*. Paris: OECD, 2000b.

Orzag, P. & Stiglitz, J. Rethinking pension reform: 10 myths about social security systems. In: Holzmann, R. & Stiglitz, J. (eds.). *New ideas about social security: towards sustainable pension systems in the 21st century*. Washington, DC: World Bank, 2001. p. 17-62.

Thompson, L. *Older and wiser. The economics of public pensions*. Washington, DC: Urban Institute, 1998.

Política e reforma da previdência na América Latina*

*Carmelo Mesa-Lago*** e *Katharina Müller****

Nas duas últimas décadas, os sistemas previdenciários de seguridade social passaram por reformas estruturais em metade dos países da América Latina.[1] Até o início de 2001, nove países latino-americanos tinham implementado reformas estruturais em seus sistemas previdenciários: Chile (1981), Peru (1993), Colômbia e Argentina (1994), Uruguai (1996), Bolívia e México (1997), El Salvador (1998) e Costa Rica (2001). A Nicarágua elaborou leis para uma reforma em 2000, mas parte da legislação pertinente ainda não foi promulgada. Outros países da região estão considerando a possibilidade desse tipo de reformas, sejam estruturais ou incrementais, entre eles Brasil, República Dominicana, Guatemala, Honduras, Panamá e Venezuela.[2]

---

* Traduzido por Suzi Arida. Publicado originariamente em *Journal of Latin American Studies* sob o título The politics of pension reform in Latin America.

** Universidade de Pittsburgh e Departamento de Relações Internacionais da Universidade Internacional da Flórida. Agradeço a Veronica Montecinos pelos comentários à versão anterior deste trabalho.

*** Frankfurt Institute for Transformation Studies, European University Viadrina, Alemanha. Agradeço o apoio financeiro da Volkswagen Foundation para o projeto de pesquisa em andamento "The political economy of pension reform: Eastern Europe and Latin America in comparison".

[1] Para uma análise abrangente, ver Mesa-Lago (1994, 1997a, 1998a); Müller (2000a). Ver também Barrientos (1998).

[2] Outra onda de reformas previdenciárias estruturais, com base em precedentes latino-americanos, pode ser observada no Leste europeu. Ver Müller (2000b).

Neste capítulo *pensões* incluem a cobertura de três riscos: idade avançada, invalidez e sobreviventes (aqueles que passam a ter direito à pensão após a morte de um beneficiário); reformas *estruturais* são as que transformam radicalmente um sistema de seguridade social (portanto, "público"), substituindo-o, suplementando-o ou criando um sistema privado paralelo; reformas *incrementais* são as que preservam o sistema público, reforçando suas finanças e/ou alterando benefícios e requisitos para habilitação como beneficiário (por exemplo, aumentando as contribuições, reduzindo benefícios, aumentando a idade para aposentadoria, modificando as fórmulas de cálculo).

A aprovação de reformas previdenciárias estruturais (às vezes chamadas de "privatizações")[3] na América Latina envolve um processo político importante, que equivale ao abandono fundamental da lógica prévia da seguridade para idosos em pelo menos quatro pontos: de provisão coletiva para provisão individual para a aposentadoria; de um sistema de repartição para um sistema inteiramente capitalizado; do Estado para o mercado como supridor principal dos benefícios previdenciários; e de solidariedade-eqüidade para concorrência-eficiência como princípios fundamentais do sistema. Essa mudança de paradigma implica uma revisão substancial do contrato social subjacente e desafia o senso comum nas pesquisas sobre o Estado de bem-estar: cientistas políticos, sociólogos e economistas chamam a atenção para a notável persistência dos arranjos previdenciários existentes.[4]

Acreditou-se por muito tempo que "qualquer desafio significativo à estrutura básica do sistema [previdenciário] é equivalente ao suicídio político".[5] Primeiro país a privatizar seu sistema previdenciário público, o Chile era visto como um caso isolado em que a privatização explicava-se pelo caráter repressivo e autoritário do regime Pinochet. A dinâmica das reformas recentes demonstrou, todavia, que a privatização também pode ser realizada em regimes democráticos. Esse fato levou a novos e entusiásticos

---

[3] O termo "privatização" indica que o novo esquema previdenciário é inteiramente privado. Estritamente falando, porém, isso é incorreto porque o Estado continua a desempenhar um papel importante nas seguintes funções em todos os países: regulamentação e supervisão do sistema; financiamento dos elevados custos fiscais da transição; e garantias a segurados e pensionistas. Ver Mesa-Lago (1998a).

[4] Por exemplo, Pierson (2000:553): "os esquemas de repartição podem enfrentar ajustes e reduções incrementais, mas são altamente resistentes a reformas radicais".

[5] Buchanan (1998).

estudos sobre a economia política da reforma previdenciária. Este capítulo tem o propósito de contribuir para esse campo nascente de pesquisas.[6]

Tem-se argumentado que a aplicação simultânea de projetos similares em diversos países sugere um mecanismo internacional comum de transmissão de idéias.[7] No caso das reformas previdenciárias estruturais na América Latina, implementadas na década de 1990, a influência da "nova ortodoxia previdenciária neoliberal"[8] foi considerável, tendo sido disseminada especialmente por recomendação do Banco Mundial.[9] Ainda que as privatizações da previdência social estejam intimamente ligadas à emergência da nova ortodoxia previdenciária, esta última não explica a dinâmica completa das reformas.

Este capítulo focaliza inicialmente processos políticos internos que acabaram por conduzir a reformas estruturais da previdência social, examinando brevemente nove casos na América Latina. Em seguida, fazemos uma análise comparativa dos principais fatores que influenciaram os projetos de reformas na região, tais como as heranças política e econômica e o legado das políticas anteriores. Finalmente, apresentamos um sumário de nossos achados.

Política e reforma previdenciária: nove casos latino-americanos

Os sistemas previdenciários públicos na América Latina têm sido tradicionalmente utilizados por seus formuladores com objetivos clientelistas – o que os torna altamente estratificados e difíceis de reformar.[10] Além disso, devido aos custos de transição inerentes a qualquer mudança (total ou parcial) para o sistema de capitalização, as reformas estruturais têm consideráveis custos fiscais, sendo portanto uma estratégia dispendiosa, tanto em termos políticos quanto fiscais.[11]

---

[6] Ver Brooks (1998); Huber & Stephens (2000); James & Brooks (2001); Kay (1999); Madrid (1998, 1999); Mesa-Lago (1999); Müller (1999); Nelson (2001); Orenstein (2000).

[7] Ver Stallings (1994:46).

[8] Lo Vuolo (1996).

[9] Ver World Bank (1994). Obviamente, esse relatório do Banco Mundial não poderia ter influenciado a reforma previdenciária no Chile (1980); ao contrário, foi a reforma chilena que influenciou a recomendação do banco.

[10] Ver Mesa-Lago (1978).

[11] Ver Kay (1999); Madrid (1998); Mesa-Lago (2000).

Por que os responsáveis pelos planos de ação embarcaram numa estratégia tão custosa, e como conseguiram administrar politicamente sua implementação? Para esclarecer esse paradoxo aparente, examinamos nove países latino-americanos e os apresentamos na ordem cronológica da promulgação de suas respectivas leis de reforma: Chile (1980), Peru (1992), Colômbia (1993), Argentina (1993), Uruguai (1995), México (1995/96), El Salvador (1996), Bolívia (1996) e Costa Rica (2000).

Chile: a criação do modelo substitutivo em regime político autoritário

Antes do golpe de Estado e da imposição do regime militar no Chile, vários governos tentaram reformar o sistema previdenciário público, que se segmentava em diversos esquemas, organizados segundo grupos ocupacionais. O fracasso das primeiras tentativas de reforma deveu-se em grande parte à forte oposição de grupos que saíram em defesa feroz de seus respectivos privilégios.

Em 1973, o regime Pinochet dissolveu os partidos políticos, esmagou os sindicatos, reprimiu a oposição e suspendeu direitos políticos e civis. Embora a mudança para um sistema previdenciário privado tenha sido proposta pelo Ministério da Economia e pela Secretaria de Planejamento Nacional logo após o golpe, somente no final da década de 1970 é que o assunto voltou à pauta. Economistas monetaristas – os chamados *Chicago boys* – ditavam as regras econômicas, e Augusto Pinochet encarregou seu ministro do Trabalho, o monetarista José Piñera, da reforma da previdência. O novo sistema de relações trabalhistas e as restrições ao direito de greve eliminaram o poder político dos grupos de pressão antes que estes pudessem opor-se à reforma.

Em 1979, sem aviso prévio, nem muito menos um debate público (embora tenha havido discussão no interior do governo), o governo Pinochet decretou sua primeira reforma previdenciária, padronizando as regras de acesso e os benefícios para todos os segurados, eliminando privilégios de grupos poderosos e unificando os múltiplos esquemas anteriormente existentes. A reforma foi benéfica em termos de eqüidade e redução de custos, mas não incluiu o esquema privilegiado das Forças Armadas – centro do poder político à época. Num segundo passo, depois de escasso debate público, uma reforma estrutural da previdência foi decretada em 1980 pela junta militar. Especialistas da área acadêmica, a burocracia da seguridade social, partidos tradicionais de direita e alguns generais de tendência estatizante opuseram-se à mudança de paradigma, mas foram ignorados pelo regime Pinochet. Essa segunda reforma desmontou o antigo esquema previdenciário público, proibindo novas filiações e introduzindo um novo esquema compulsório, com base na capitalização individual total, gerido por sociedades anônimas privadas concorrentes. A reforma também decretou o fim da contribuição patronal. O Estado, entretanto, continuou a desempenhar papel importante no novo sistema, fazendo cumprir a filiação compulsória, regulando e supervisionando-o estritamente, estabelecendo tetos e fazendo o *ranking* dos instrumentos de investimento, pagando o pesado ônus fiscal da transição e oferecendo garantias aos segurados e pensionistas. Os já filiados antes das reformas tiveram seis meses para escolher entre permanecer no sistema público reformado ou mudar para o novo, privado. O governo fez intensa campanha publicitária e concedeu uma diminuição das contribuições no sistema privado (equivalente a um aumento do salário) como incentivo para encorajar uma transferência maciça.

No início da década de 1990, o novo governo democrático[12] endossou a reforma da previdência por várias razões: a atitude positiva da população em relação ao novo sistema; o bom desempenho durante a primeira década de sua existência; e o desejo da *concertación* de manter a estabilidade econômica e a confiança do investidor. No final de 1999, o sistema privado cobria mais de 96% de todos os segurados.[13]

Peru: a criação do modelo paralelo em regime democrático que se tornou autoritário

No final da década de 1980, a violência política, a hiperinflação, a desordem econômica e a dramática erosão da capacidade de desempenho do Estado mergulharam o Peru em grave crise. As condições adversas prepararam o terreno para a vitória eleitoral de Alberto Fujimori e para seu conjunto radical de reformas estruturais de fundo neoliberal. Ao mesmo tempo, o colapso do sistema previdenciário público (Instituto de Seguridade Social Peruano – IPSS) era iminente, a despeito dos magros benefícios pagos aos pensionistas, o que dava margem a freqüentes protestos políticos.

[12] A pontuação da Freedom House para o Chile melhorou, passando de 7,5 (1972/73) para 2,2 (1999/2000). Ver Freedom House (2000).

[13] Ver Borzutzky (1998); Queisser (1993).

A reforma do sistema existente parecia inevitável, mas dois grupos discordavam sobre o caminho a seguir: um deles propunha manter o sistema previdenciário público, ainda que totalmente reformado; o outro defendia a sua privatização.

Um primeiro projeto de lei, tendo como modelo a reforma chilena, não conseguiu aprovação parlamentar. O Executivo foi então investido de poderes legislativos extraordinários, e os ministros das Finanças e da Energia aproveitaram a oportunidade para incluir a privatização da previdência num pacote neoliberal de reformas estruturais. Ainda assim, o decreto de reforma previdenciária do presidente Fujimori, de novembro de 1991, refletiu algum grau de barganha política: criou um sistema previdenciário paralelo em que os segurados atuais e futuros podiam escolher entre permanecer no antigo sistema público (não reformado) ou mudar para um novo sistema no estilo chileno. Entusiasticamente apoiada por representantes do setor financeiro e das seguradoras, a reforma encontrou forte oposição dos sindicatos, pensionistas e funcionários do IPSS. Temiam estes que, ao canalizar as contribuições da seguridade social para administradoras de fundos de pensão privados, a reforma iria acelerar o colapso do IPSS. Além disso, muitos especialistas consideraram o modelo paralelo uma infração da Constituição política peruana, que admitia a previdência privada apenas em base suplementar. A restrição legal, contudo, não durou muito: em abril de 1992, Fujimori deu seu próprio golpe de Estado, dissolveu o Congresso, suspendeu a Constituição e estabeleceu um regime autoritário.[14] Três meses mais tarde, antes de o decreto de 1991 entrar em vigor, e seguindo a recomendação de um grupo de especialistas do Ministério das Finanças, foi divulgado um novo projeto de lei que tornaria compulsório, para os que estivessem ingressando no mercado de trabalho, filiar-se ao sistema privado, tornando assim o modelo paralelo mais próximo do modelo substitutivo chileno. Os novos planos de reforma desencadearam considerável oposição, que contava com o apoio de trabalhadores e de ansiosos pensionistas e difundia o *slogan* "Salve o IPSS".

Devido às eleições para a Assembléia Constituinte, previstas para o final de 1992, o governo voltou atrás, retomando o modelo paralelo com uma lei promulgada em dezembro de 1992 que deixava inalterados os esquemas privilegiados das Forças Armadas e do funcionalismo público.

---

[14] Em 1992/93, quando a reforma previdenciária foi aprovada no Peru, o país obteve a pior pontuação da Freedom House (6,5) desde 1975. Ver Freedom House (2000).

No início, o modelo paralelo peruano sofria de uma contradição interna: o sistema privado não conseguia garantir uma pensão mínima e uma certificação completa das contribuições feitas ao sistema público pelos segurados que se transferiram para o sistema privado; o sistema público, por sua vez, não fora reformado e oferecia uma idade menor para a aposentadoria do que o sistema privado, além de continuar a cobrar a contribuição patronal. Não surpreende, portanto, que quando o novo sistema começou a funcionar, em junho de 1993, não tenha ocorrido uma transferência mais significativa de filiados para o novo sistema.

Em 1995/96, os requisitos para o direito aos benefícios nos dois sistemas foram padronizados, e a contribuição dos empregadores ao sistema público foi extinta (as contribuições dos trabalhadores filiados ao sistema público tornaram-se ligeiramente maiores que as dos filiados ao sistema privado), induzindo mais de 76% dos segurados a aderirem-se ao sistema privado.[15]

Colômbia: acordo político em torno do modelo paralelo em regime democrático[16]

No início da década de 1990, era consensual a necessidade de uma reforma previdenciária de amplo espectro na Colômbia, dada a crise por que passava o sistema público. A Constituição de 1991 estabeleceu a seguridade social como um serviço público compulsório, a ser coordenado e controlado pelo Estado, mas validou esquemas geridos pelo setor privado, desde que compartilhassem suas funções com o Estado.

No início de 1992, eram três as propostas de reforma previdenciária: manutenção do sistema público, mas inteiramente reformado; criação de um sistema misto, combinando um segmento público e um segmento privado em base compulsória; adoção do modelo substitutivo chileno. O modelo misto recebeu amplo apoio, mas os defensores do modelo chileno, economistas neoliberais apoiados pelas instituições financeiras internacionais (IFIs), controlavam três posições importantes no governo: o Ministério das Finanças, o Banco Central e a Secretaria de Planejamento Nacional. O presidente César Gaviria também apoiava a abordagem

---

[15] Ver Cruz-Saco (1998); Mesa-Lago (1994); Ortíz de Zevallos et alii (1999).

[16] A classificação da Colômbia pela Freedom House indica um grau menor de democratização do que sugere a realização da reforma previdenciária, provavelmente porque a pontuação também reflete problemas de violência política e corrupção pelo tráfico de drogas. Ver Freedom House (2000).

substitutiva e submeteu ao Congresso um projeto de lei amplamente baseado no modelo chileno. A privatização da previdência sofreu uma oposição feroz por parte de funcionários públicos, alguns setores do Congresso, especialistas em seguridade social e sindicatos, sob o argumento de que infringiria a Constituição, forçaria um aumento das contribuições, teria custos de transição extremamente elevados, não seria capaz de melhorar a cobertura da mão-de-obra menos favorecida e deixaria intactos os esquemas privilegiados no setor público.

A oposição crescente obrigou Gaviria a retirar o projeto de lei em dezembro de 1992 e a submetê-lo novamente em meados de 1993, com modificações de menor importância. Tal manobra foi recebida com uma nova onda de protestos que, no final, resultou num acordo político: o modelo paralelo foi adotado em dezembro de 1993, passando a vigorar em abril de 1994. Diferentemente do precedente peruano, contudo, a Colômbia implementou uma reforma paramétrica abrangente do sistema público para reforçar suas finanças, tornou seus benefícios mais atrativos que os do sistema privado, particularmente para os contribuintes mais antigos, e permitiu, tanto aos já segurados no momento da reforma como aos que estivessem ingressando no mercado de trabalho, optar entre os dois sistemas, com a possibilidade de mudança a cada três anos (uma inovação importante na Constituição permite que o sistema privado seja gerido por instituições "múltiplas", isto é, privadas, públicas e mistas). Todos esses fatores fizeram com que, no final de 1999, o sistema público ainda cobrisse 60% de todos os segurados.[17]

Argentina: acordo para criar um modelo misto numa democracia

O sistema previdenciário argentino estava virtualmente quebrado desde a década de 1980 e demandava consideráveis subsídios fiscais. Além disso, uma grave crise econômica minara o valor real das pensões e o governo acumulava dívidas previdenciárias para com mais de 4 milhões de pensionistas. Mas, diferentemente do que ocorrera no Chile, o regime militar autoritário na Argentina não conseguira aprovar uma reforma estrutural, e o primeiro governo democrático que lhe sucedeu era fraco demais para realizar tal tarefa. Os esforços fracassavam devido à falta de disposição dos responsáveis pelos planos para dar um passo politicamen-

[17] Ver Mesa-Lago (1998b; 1999).

te tão difícil, à forte oposição de sindicatos e associações de pensionistas e à falta de estudos técnicos essenciais.

Quando Carlos Menem assumiu a presidência, sua carreira como líder peronista facilitou o processo geral de reformas. Em 1991, Domingo Cavallo, o novo ministro para Assuntos Econômicos, nomeou como secretário da Seguridade Social um prestigiado economista e consultor internacional para questões previdenciárias, que imediatamente organizou uma equipe de especialistas e obteve fundos do Programa das Nações Unidas para o Desenvolvimento (Pnud) para 40 estudos técnicos relativos ao sistema previdenciário corrente e sua reforma. No começo de 1992, teve início um diálogo com os partidos políticos e as organizações sociais, partindo-se da premissa de que a contribuição patronal seria mantida e que a taxa de contribuição total não seria elevada.

O debate público sobre as alternativas de reforma intensificou-se quando as associações de pensionistas mobilizaram seus membros, muitos dos quais não confiavam no modelo chileno; de sua parte, a comunidade financeira e de negócios ativamente advogava a privatização do sistema.

O primeiro projeto de lei, apresentado ao Congresso em junho de 1992, propôs um esquema misto que consistia em dois segmentos integrados: o sistema público, reformado, que garantiria a pensão básica, e o novo sistema, totalmente capitalizado, que pagaria a pensão suplementar (esse segundo segmento assemelhava-se ao modelo chileno, com algumas modificações). Comissões parlamentares, sindicatos e associações de pensionistas debateram o projeto e criticaram inúmeros de seus aspectos, como por exemplo a dificuldade de manter o retorno sobre os investimentos no longo prazo, os elevados custos administrativos e a exclusão de diversas entidades da administração do esquema suplementar. Para assegurar a anuência pública, várias modificações foram incorporadas em sucessivas versões do projeto jurídico: entidades públicas, sindicatos, fundos mútuos, cooperativas e bancos estariam autorizados a gerir o segundo segmento do sistema; os segurados poderiam optar pelo esquema público ou pelo misto; um benefício compensatório seria concedido àqueles que se transferissem para o esquema misto, enquanto um benefício adicional foi concedido aos que permaneceram no sistema público.

Após 15 meses de debates, a lei de reforma foi aprovada em setembro de 1993, e o novo sistema previdenciário passou a vigorar em julho de 1994. Especialistas argentinos consideram que a reforma "emergiu da plena solidez das instituições democráticas. Por essa razão, seu conteúdo é determinado pelas muitas negociações e concessões que ocorreram durante seu desenvolvimento".[18] É preciso mencionar que, desde a reforma, o segmento público do sistema tem sido alvo constante de reduções de despesa por razões fiscais. Em 1999, 78% de todos os segurados estavam filiados ao sistema misto.

Uruguai: a tortuosa aprovação do modelo misto numa democracia

A crise do sistema previdenciário público no Uruguai ocorreu em estágio anterior e foi mais severa do que os casos argentino e chileno. O Uruguai foi também o país onde houve o maior número de tentativas fracassadas de reforma na América Latina (uma durante o regime militar). Foram várias as razões que contribuíram para isso: seu sistema previdenciário era mais antigo e foi o primeiro a desenvolver-se na região; o envelhecimento de sua população era mais acentuado (a razão entre segurado ativo e pensionista chegou a cair para um a um); direitos excessivamente generosos e ajustes nas pensões elevavam substancialmente seus custos; o mais antigo Estado de bem-estar da região gerava a crença de que poderia ser mantido indefinidamente; o poder das associações de pensionistas e sua aliança com sindicatos e partidos políticos contribuíram não só para a generosidade do sistema, mas também para bloquear sua reforma.

Em 1985, com o retorno da democracia, o primeiro governo de Julio María Sanguinetti assinou um acordo com o Fundo Monetário Internacional (FMI) para diminuir o déficit orçamentário mediante a redução do valor real das pensões, mas foi derrotado por uma aliança entre partidos de esquerda e associações de pensionistas. Em 1987, o governo conseguiu aprovar uma segunda tentativa de reforma seguindo as diretrizes do Banco Mundial, após fazer importantes concessões à oposição. Em 1989, todavia, as associações de pensionistas uniram forças e organizaram uma poderosa aliança com os sindicatos e partidos de esquerda, demandando um referendo ou uma emenda constitucional para anular a lei de reforma previdenciária e introduzir o ajuste periódico das pensões ao valor dos salários. A aliança venceu o referendo com 82% dos votos. A nova indexação das pensões provocou um déficit fiscal que gerou aumentos substanciais de impostos.

O governo subseqüente de Luis Alberto Lacalle apresentou ao Congresso três projetos de lei para a reforma da previdência (todos seguindo o modelo misto). Nenhum deles teve sucesso. O primeiro, propondo um sistema misto, foi elaborado em 1991/92 por uma equipe de especialistas em seguridade social dos dois partidos políticos tradicionais (Blanco e Colorado).

[18] Ver Isuani & San Martino (1998).

Tratava-se de uma abordagem nova que visava o consenso de todos os partidos. O projeto, porém, foi rejeitado no Congresso em 1992 pelo "*lobby* grisalho".[19] O Executivo decidiu, então, tentar uma artimanha jurídica: camuflou a elaboração de outro projeto de reforma e o submeteu ao Congresso como parte da lei orçamentária, obtendo sua aprovação no final de 1992. As associações de pensionistas, contudo, pediram um novo referendo que declarasse a inconstitucionalidade da lei e venceram novamente, com 82% dos votos. Em 1993, o Congresso rejeitou o terceiro projeto de lei.

Enquanto isso, as conseqüências fiscais dessa paralisia se faziam sentir cada vez mais. Em 1995, os dois partidos tradicionais formaram um governo de coalizão, e sua ampla maioria parlamentar deu ensejo à introdução do sistema previdenciário misto.

Antes de tomar posse em março de 1995, o presidente eleito Julio Sanguinetti instituíra uma comissão formada por todos os partidos políticos com representação parlamentar para elaborar um projeto de reforma previdenciária e submetê-lo ao Congresso. A Frente Ampla, coalizão de partidos de esquerda, expressou desaprovação e deixou a comissão, mas o projeto de reforma previdenciária foi aprovado pela coalizão dos partidos Blanco e Colorado, majoritária no Congresso, em setembro de 1995, entrando em vigor em março de 1996. Para enfraquecer a oposição à reforma, o governo fez algumas concessões: o Estado participa da administração do segundo segmento e tem mais de 50% do mercado de segurados; os segurados foram divididos em dois grupos por idade, e as contribuições em três grupos de renda, salvaguardando os direitos dos filiados mais velhos no antigo sistema público e consolidando o papel do primeiro segmento (o segmento público) no sistema misto;[20] diversos grupos ficaram fora da reforma (notadamente a polícia e os militares).

---

[19] Alusão aos cabelos grisalhos dos aposentados (N. do T.).

[20] Todos os segurados com menos de 40 anos, assim como todos os novos trabalhadores, são automaticamente cobertos pelo sistema misto. Os que tinham mais de 40 à época da reforma puderam escolher entre permanecer no sistema antigo ou aderir ao sistema misto. Neste último, a contribuição dos segurados divide-se em três grupos de renda: até 5 mil pesos, vai para o primeiro segmento (esquema público reformado); de 5 mil a 15 mil pesos, vai para o segundo segmento (totalmente capitalizado); acima de 15 mil, pode-se fazer uma contribuição voluntária para o segundo segmento. Os segurados que recebem menos de 5 mil pesos podem optar por dividir sua contribuição entre o primeiro e o segundo segmentos; eles então recebem 1,5 peso de direitos previdenciários no primeiro segmento a cada peso que lá depositarem. A contribuição do empregador é utilizada para financiar os benefícios previdenciários no primeiro segmento. Todos os grupos de renda referem-se a valores de 1995 e são regularmente ajustados. Ver Mesa-Lago (1998b).

Além disso, o Banco Interamericano de Desenvolvimento (BID) e o Banco Mundial apoiaram a reforma com empréstimos substanciais para a cobertura dos custos de transição. Em 1996 e 1999, duas tentativas de anular a lei previdenciária por meio de referendo e plebiscito foram rejeitadas pelo Tribunal Eleitoral com base legal. Atualmente, com o surgimento de novos beneficiados criados pela reforma (segurados e administradoras de fundos previdenciários), uma contramarcha parece improvável. No final de 1999, 51% de todos os segurados permaneciam no sistema público reformado e 49%, no sistema misto.[21]

México: acordo e mudança do modelo substitutivo sob um partido hegemônico

Da década de 1920 até o final do ano 2000, o sistema político mexicano foi controlado por um partido hegemônico, o Partido da Revolução Institucionalizada (PRI), cujo estilo corporativista de governo envolvia três setores na formulação de suas políticas: governo, trabalhadores e empregadores. Devido, em parte, à alta inflação e à grave crise da dívida mexicana na década de 1980, o maior esquema previdenciário do país, o Instituto Mexicano de Seguridade Social (IMSS), perdera quase todas as suas reservas e sofria de grave desequilíbrio atuarial. O problema afetava os três atores políticos principais porque iria requerer um aumento das contribuições dos trabalhadores e/ou dos empregadores, ou pesados subsídios do Estado, ou uma combinação de ambos. Ao mesmo tempo, os bancos recentemente privatizados sentiam a escassez de capitais e demandavam novas oportunidades de investimento.

Em 1990, o Banco Mundial, importante ator externo depois da crise da dívida mexicana, sugeriu uma reforma estrutural da previdência social. O Ministério das Finanças e o Banco Central, dois atores com forte inclinação para uma agenda de políticas neoliberais, envolveram-se na política previdenciária, e a reforma estrutural ganhou impulso. No final de 1990, uma equipe de especialistas de ambas as instituições formulou uma proposta de reforma da previdência, inspirada no modelo chileno, mas sem copiá-lo inteiramente: a transferência gradual do esquema previdenciário do IMSS para um esquema compulsório de poupança (Sistema de Poupança para a Aposentadoria – SAR), a ser gerido pelo setor privado e financiado por contribuições dos empregadores. O projeto foi rejeitado pelo IMSS, que

[21] Ver Filguiera & Moraes (1999); Papadópulos (1998).

em seu lugar propunha uma reforma paramétrica. A associação patronal (União Social dos Empregadores Mexicanos – Usem), por sua vez, aceitou-o com a condição de que as contribuições não fossem aumentadas, e o setor financeiro começou a disputar a administração dos fundos previdenciários.

Em meados de 1991, um projeto de reforma mais elaborado foi submetido ao Congresso da Força Trabalhista, foro de várias federações sindicais, inclusive da poderosa Confederação dos Trabalhadores Mexicanos (CTM), que o rejeitou porque os trabalhadores perderiam sua representação na administração previdenciária (representação que tinham no IMSS). Finalmente, chegou-se a um acordo político: o esquema previdenciário do IMSS seria preservado; os fundos suplementares do SAR seriam mantidos no Banco Central; os trabalhadores beneficiar-se-iam do SAR sem fazer contribuições; os empregadores aceitariam o aumento de suas contribuições (dedutíveis do imposto de renda) em troca de aumentos menores dos salários.

O esquema do SAR foi aprovado no início de 1992, embora o grave desequilíbrio do IMSS permanecesse sem solução e as instituições financeiras internacionais (IFIs), assim como as corporações mexicanas, continuassem a incentivar uma reforma estrutural da previdência social.[22]

Após sua posse, no final de 1994, o presidente Ernesto Zedillo instruiu o IMSS a elaborar um estudo sobre seu esquema previdenciário, envolvendo de maneira perspicaz um ator fundamental na avaliação de seu próprio problema financeiro. O estudo concluiu que o esquema ficaria sem reservas em 2004 e que uma reforma estrutural não podia mais ser postergada.

Após a crise do peso em 1995, uma nova comissão para a reforma da previdência, instituída pelo gabinete de Zedillo, preparou uma proposta de reforma estrutural (seguindo o modelo substitutivo, mas com modificações significativas). A proposta foi discutida com líderes trabalhistas e empresariais. Em outubro de 1995, a CMT e a Usem publicamente entregaram a proposta de reforma a Zedillo, legitimando-a e exibindo uma frente unida dos três poderosos setores. Opuseram-se à reforma os partidos PRD, de esquerda, e o PAN, de direita, a diretoria do IMSS, uns poucos sindicatos, alguns grupos de pensionistas e intelectuais isolados. Faltava-lhes, porém, força política para bloqueá-la. Por razões políticas, as IFIs foram mantidas fora do processo de reforma, mas o Banco Mundial e o BID forneceram assistência técnica e apoio financeiro substancial.

---

[22] Ver Bertranou (1998).

O projeto de lei foi aprovado pelo Congresso em dezembro de 1995; a regulamentação, em abril de 1996; e o novo sistema entrou em vigor em julho de 1997. Os acordos políticos envolveram concessões substanciais de todas as partes:

- somente o esquema de aposentadoria por idade do IMSS foi extinto (excluindo os esquemas para inválidos e sobreviventes);
- os privilegiados esquemas previdenciários dos funcionários públicos federais, dos empregados do setor petrolífero e dos militares permaneceram intocados;
- as contribuições de empregados e empregadores não aumentaram, mas elevaram-se as contribuições do governo como terceira parte;
- são múltiplas as administradoras dos fundos para aposentadoria (Afores): administradoras privadas, entidades públicas, sindicatos, o próprio IMSS, bancos etc.;
- garantiu-se a todos os segurados do IMSS (cerca de 13 milhões de trabalhadores), quando a reforma foi promulgada, a escolha, à época da aposentadoria, entre a maior das duas pensões: uma baseada em conta individual na Afore e a outra calculada de acordo com as regras do antigo IMSS (a possibilidade de escolha era crucial porque todos os segurados foram transferidos para o novo sistema sem terem sido compensados por suas contribuições passadas);
- o investimento fora do país é proibido (uma demanda das instituições financeiras locais), e 50% do portfólio da Afore devem ser em instrumentos indexados (demanda dos sindicatos);
- os custos de transição devem ser pagos inteiramente pelo orçamento geral, mas 100% de todo o investimento dos fundos previdenciários no primeiro ano têm que ser em títulos públicos (para ajudar o governo a cobrir os custos fiscais).

Por terem sido obrigados a mudar de sistema, no final de 1999 praticamente 100% dos segurados estavam no sistema novo.[23]

El Salvador: a adoção do modelo substitutivo numa democracia incipiente

Com o fim da guerra civil e o acordo de paz de 1991, uma democracia pluralista foi emergindo lentamente em El Salvador, com a participação de todas as forças políticas relevantes. Dada a ausência de tradições

---

[23] Ver Madrid (1999); Mesa-Lago (1998b).

democráticas nesse pequeno país da América Central, os partidos de oposição são fragmentados e falta-lhes experiência política. O partido de direita Arena repetidamente ganhou as eleições presidenciais e a maioria parlamentar no Congresso.

Quando a situação do sistema previdenciário público – constituído pelo Instituto Salvadorenho de Seguridade Social (ISSS) e o Instituto Nacional Previdenciário para Funcionários Públicos (Inpep) – deteriorou-se consideravelmente, os sindicatos, a burocracia da seguridade social e os partidos de esquerda passaram a defender uma reforma paramétrica. Por outro lado, uma reforma previdenciária estrutural estava na agenda do governo neoliberal de Alfredo Cristiani, que instituiu uma comissão de reforma composta por representantes do Banco Central, dos ministérios do Trabalho, da Habitação e do Planejamento, pelo ISSS e pelo setor privado.

Em agosto de 1992, um estudo financiado pelo Banco Mundial e conduzido por uma firma chilena de consultoria recomendou, num primeiro estágio, uma reforma paramétrica da previdência e a consolidação do mercado de capitais, e, num segundo estágio, uma reforma estrutural moldada no modelo substitutivo chileno. Em meados de 1993, a comissão decidiu pular o primeiro estágio e partir diretamente para o segundo (reforma estrutural da previdência). O projeto foi apresentado em maio de 1994 ao novo presidente eleito Armando Calderón. Ao mesmo tempo, a Fundación Guillermo Manuel Ungo (Fundaungo), firma de consultoria progressista, organizava uma série de seminários sobre reforma previdenciária e conduzia uma análise exaustiva da seguridade social em El Salvador, patrocinada pela Friedrich Ebert Foundation (FEF) e pela Usaid, agência norte-americana para o desenvolvimento internacional. Inspirado nas reformas argentina e uruguaia, o estudo propôs um modelo misto, envolvendo custos menores de transição do que os do modelo substitutivo patrocinado pelo governo. Críticas adicionais ao modelo substitutivo afirmavam que este não resolveria o problema da baixa cobertura da população e que poucas administradoras poderiam operá-lo em vista do reduzido tamanho do mercado (435 mil segurados). O projeto do governo jamais foi publicado, nem foram feitas consultas junto aos sindicatos e à oposição; não houve, portanto, debate público sobre as duas reformas propostas. Mas foram mantidas discussões entre a Fundaungo e a comissão governamental.

O governo finalmente aceitou uma avaliação independente dos custos de transição em ambas as propostas por um atuário da US Social Security Administration, a ser financiada pela Usaid. Mas a total falta de cooperação da comissão governamental impossibilitou a avaliação (enquanto o especialista em atuária estava em El Salvador, os principais membros da comissão estavam no Chile). O governo contratou, então, outra firma chilena de consultoria, que concluiu que os custos fiscais da proposta substitutiva seriam muito menores do que os da proposta mista. Os cálculos que sustentam tal conclusão não foram divulgados, a despeito das inúmeras requisições da Fundaungo e dos líderes de oposição.[24]

Em 1996, o Parlamento salvadorenho confiou à Comissão Especial para o Orçamento e Finanças a elaboração de um projeto de lei para a reforma previdenciária. O projeto foi submetido ao Congresso em meados de dezembro e, com ampla maioria da bancada governista, a lei foi aprovada alguns dias depois. Em março de 1997, porém, o governo perdeu a maioria no Congresso. Mas a fragmentada oposição foi incapaz de aproveitar a oportunidade para bloquear ou modificar a reforma, não tendo chegado a um acordo sobre uma estratégia unificada.

O sistema previdenciário substitutivo entrou em vigor em maio de 1998. A reforma salvadorenha é uma réplica da precedente chilena, mas difere em alguns pontos:

- não há pagamento de juros sobre bônus de reconhecimento, e são menores as garantias do Estado para a previdência privada;
- a contribuição patronal foi mantida (por mandato constitucional), ainda que em menor volume, ao passo que as contribuições dos empregados foram substancialmente elevadas;
- a transferência para o sistema privado baseou-se no fator idade, e apenas a um pequeno grupo foi dada a escolha entre permanecer no sistema público ou transferir-se para o privado.[25]

Em 1999, 90% de todos os segurados estavam filiados ao sistema privado.[26]

---

[24] Uma análise atuarial independente do modelo de reforma, financiada pela FEF, foi finalmente realizada em 1998 e concluiu que a estimativa de custos fiscais do consultor chileno tinha erros graves. A FEF também realizou sua própria avaliação atuarial das duas propostas, demonstrando que o modelo misto tinha custos fiscais menores. Ver Mesa-Lago & Duran Valverde (1998).

[25] Os segurados com menos de 36 anos foram transferidos para o sistema privado, os que tinham entre 36 e 50-55 (uma pequena minoria) puderam escolher entre permanecer no sistema público reformado ou transferir-se para o sistema privado, e aqueles com mais de 50-55 anos permaneceram no sistema antigo. Todos os novos trabalhadores têm de aderir ao sistema privado.

[26] Ver Mesa-Lago & Cordova Macías (1998); Mesa-Lago & Duran Valverde (1998).

Bolívia: vinculando o modelo substitutivo à capitalização de empresas numa democracia

As dificuldades financeiras do sistema previdenciário público boliviano datam da década de 1970, mas foram exacerbadas nos anos 1980 por grave recessão e hiperinflação; além disso, sua cobertura da força de trabalho era a segunda menor na América Latina (12%).

Em 1991, o Ministério das Finanças elaborou uma proposta de reforma estrutural da previdência, seguindo o modelo substitutivo chileno, com assistência da Usaid e do Banco Mundial. Mas a oposição do Ministério do Trabalho e do Ministério da Saúde (responsável pela seguridade social) assim como a proximidade das eleições levaram ao arquivamento da proposta.

Em 1993, o recém-eleito presidente Gonzalo Sánchez de Losada endossou uma reforma estrutural da previdência, e seu governo neoliberal decidiu vinculá-la à capitalização de empresas – programa para injetar capital novo em antigas empresas estatais e privatizar metade de suas ações. Foi criada também uma nova instituição vinculada ao Ministério de Capitalização das Empresas, a Secretaria Nacional da Previdência (SNP), com a finalidade de acabar com os conflitos no interior do governo sobre a reforma previdenciária, privando os ministérios do Trabalho e da Saúde de autoridade sobre a questão.

O governo Sánchez de Losada podia contar com o apoio das IFIs para seus planos de reforma. Em 1995, o governo deu início a uma campanha de relações públicas e ao diálogo com a sociedade civil. Mas os sindicatos e as associações de pensionistas permaneceram inabaláveis em sua oposição à reforma e partiram para violentos protestos. Contavam, porém, com fraco poder político. Finalmente, com uma bancada majoritária no Congresso, a coalizão governista conseguiu aprovar a lei de reforma, promulgada em novembro de 1996, depois de algumas horas apenas de debate em plenário.

A reforma previdenciária estrutural boliviana é a que mais se aproxima do protótipo chileno entre os países que implementaram o modelo substitutivo, mas difere em alguns pontos: o Estado não garante uma pensão mínima, nem um retorno mínimo sobre os investimentos; todos os segurados, independentemente de sua idade, foram obrigados a transferir-se para o sistema privado (como no México); em 1999, 100% dos segurados estavam no sistema privado; devido ao reduzido mercado de segurados, nos primeiros anos somente duas administradoras de fundos de pensão (AFPs) foram autorizadas a funcionar; o governo distribuiu os segurados entre as duas com base no domicílio e na data de nascimento (transferências de uma administradora para outra não são permitidas, a menos que o segurado mude de domicílio). O duopólio tornou-se monopólio quando as duas empresas espanholas proprietárias das AFPs bolivianas fundiram-se no final de 1999.

A mais importante diferença com relação ao Chile é o vínculo entre reforma previdenciária e capitalização de empresas: 50% das ações de seis empresas estatais capitalizadas foram creditados em dois "fundos coletivos de capitalização", cada qual gerido por uma das AFPs, e em maio de 1997 uma pensão anual de US$250 (chamada Bonosol)[27] foi paga pelos dois fundos a todos os bolivianos acima de 65 anos, segurados ou não. Compensando os mais idosos e criando novos beneficiados além dos limites estreitos do sistema previdenciário pré-reforma, o Bonosol aumentou a viabilidade política tanto da capitalização das empresas quanto da reforma da previdência. Mas o benefício foi pago uma só vez, antes de ser suspenso pelo novo governo Banzer, em janeiro de 1998, devido a dificuldades financeiras. Uma lei promulgada em junho de 1998 substituiu o Bonosol por um esquema menos generoso, o Bolivida,[28] que só começou a distribuir o benefício em dezembro de 2000.

Costa Rica: a adoção de um modelo misto com o máximo consenso numa democracia

Nos últimos 50 anos, a Costa Rica manteve o mais sólido e o mais contínuo regime democrático entre os países latino-americanos, construído segundo a tradição de solucionar problemas pela negociação e pelo consenso popular. Entre 1991 e 1995, o sistema previdenciário do país, administrado centralmente pelo Instituto Costa-Riquenho de Seguro Social (CCSS), passou por várias reformas incrementais com a finalidade de reforçar suas finanças. Em outubro de 1996, o conselho diretor do CCSS, com o apoio dos empregadores, introduziu duras modificações incrementais no sistema:

---

[27] O *Bonosol* seria concedido apenas aos que tivessem mais de 21 anos em 31-12-1995, uma vez que o sistema fora projetado para refletir a contribuição às empresas estatais da população corrente em idade de trabalhar.

[28] No esquema *Bolivida*, os que tinham mais de 50 anos em 31-12-1995 recebem uma pensão anual de US$60 após completarem 65 anos. Além disso, o governo Banzer prometeu as chamadas "ações populares" para os que tinham entre 21 e 50 anos de idade em 31-12-1995; esse programa, contudo, enfrenta atualmente fortes dificuldades conceituais. Para o processo de reforma boliviano, ver Gray-Molina et alii (1999) e Müller (2001).

aumento da idade para aposentadoria; maior economia na fórmula de cálculo das pensões; e aumento das contribuições dos segurados. Tal atitude estava em total desacordo com a tradição de consulta às organizações sociais, que rejeitaram a decisão, ocuparam o escritório do conselho diretor em dezembro e conseguiram suspender indefinidamente a reforma.

Essa reação desencadeou, em 1997, um amplo debate nacional sobre reforma previdenciária, o qual resultou numa série de demandas das organizações sociais: extensão da cobertura; aperfeiçoamento administrativo e financeiro no interior do CCSS; penalidades mais duras para os casos de evasão e atraso no pagamento das contribuições; e uma representação mais efetiva das organizações sociais na administração da CCSS. De modo geral, havia amplo consenso sobre os problemas que afligiam o sistema previdenciário, mas não se chegou a um acordo sobre o modelo de reforma a ser seguido.

De 1995 a meados de 1998, sete propostas de reforma previdenciária foram elaboradas: cinco tinham como modelo o sistema misto, uma, o sistema substitutivo, e uma, o paramétrico. A proposta de reforma substitutiva foi defendida por uma equipe do Banco Mundial no final de 1997, mas rejeitada com base em três argumentos: o atuário-chefe do CCSS demonstrou que ela apresentava sérias deficiências metodológicas e atuariais; o modelo chileno não foi considerado apropriado para a Costa Rica, dada a tradição nacional de solidariedade social e seu diferente contexto socioeconômico; se a moderada reforma paramétrica de 1996 provocara tamanho clamor social, a proposta do Banco Mundial provavelmente encontraria uma oposição ainda maior. A reforma paramétrica foi apoiada por algumas organizações sociais e não solucionou os problemas fundamentais – ou seja, também não teve sucesso. As cinco propostas de apoio ao modelo misto continham os seguintes elementos: incorporação dos privilegiados esquemas previdenciários independentes do setor público no CCSS e padronização das condições para a obtenção dos benefícios; elevação da idade para a aposentadoria ou redução dos benefícios previdenciários e mudança na fórmula de cálculo das pensões para estabilizar as finanças do CCSS; criação de um esquema previdenciário suplementar com contas individuais de aposentadoria e múltipla administração.

Em maio de 1998, o novo governo da Costa Rica iniciou um processo de consultas para resolver inúmeras questões importantes, entre elas o problema da reforma da previdência. No Fórum Nacional para a Ação Conjunta foi instituída uma comissão composta de 30 representantes de todas as organizações e setores da população. O governo preparou uma proposta de reforma, enviou-a à comissão em julho e divulgou-a para o público em geral. A proposta foi avaliada por um estudo técnico financiado pela Friedrich Ebert Foundation, e a comissão anunciou sua decisão consensual em setembro, de apoio ao modelo misto de reforma. Com exceção do aumento da idade para aposentadoria, os elementos mais importantes de propostas anteriores foram incorporados na proposta da comissão, inclusive as demandas das organizações sociais. Além disso, foi programada uma pensão assistencial para cobertura de pobres não segurados com mais de 70 anos.

Em fevereiro de 2000, o Congresso promulgou a lei de reforma. Algumas mudanças incrementais do CCSS, incluindo um aumento nas contribuições ou uma redução dos benefícios, ainda deverão ocorrer.[29] O novo sistema passou a vigorar no início de 2001.

A elaboração da reforma previdenciária: uma análise comparativa

Mostramos em outros trabalhos que a "nova ortodoxia previdenciária" recomenda um modelo único, universal, de reforma da previdência social.[30] As experiências de reformas em nove países da América Latina, contudo, demonstram que não há um sistema que sirva para todos os casos, já que três modelos gerais de reforma foram implementados na região com diferenças significativas entre os países dentro de cada modelo:

- o modelo substitutivo, que tem como base a extinção do sistema público anterior e sua substituição por um sistema "privado" (Chile, México, El Salvador, Bolívia);
- o modelo paralelo, em que um sistema privado é introduzido como alternativa ao sistema público, resultando na coexistência e concorrência dos dois sistemas (Peru, Colômbia);
- o modelo misto, que consiste em dois segmentos compulsórios – o sistema público reformado, que garante a pensão básica, e um novo segmento plenamente capitalizado, que paga a pensão suplementar (Argentina, Uruguai, Costa Rica).

Um traço comum a todas essas reformas é a introdução de um esquema compulsório totalmente capitalizado – que em metade dos países é administrado exclusivamente por empresas privadas e na outra metade

[29] Ver Mesa-Lago (1998c).

[30] Ver Mesa-Lago (1996, 1998b); Müller (1999).

por múltiplos tipos de administradoras; o novo sistema ou segmento substitui, concorre com ou suplementa o sistema público. Os modelos de reforma diferem principalmente com relação a seu *mix* público-privado.

Analisaremos a seguir a relação entre o grau de democratização e o grau de "privatização" dos sistemas previdenciários pós-reforma, discutindo assim a hipótese "tradicional" da economia política da reforma da previdência.

Democratização e reforma estrutural da previdência social

Na década de 1980, acreditava-se que as reformas estruturais da previdência social não eram politicamente viáveis nas democracias latino-americanas. Por mais de um decênio, nenhum governo da região optou por seguir o modelo chileno – aparentemente um experimento isolado de um regime autocrático e que pouca atração podia exercer sobre os formuladores de políticas de países democráticos. Em 1990, todavia, um governo democrático sucedeu à ditadura de Pinochet no Chile e endossou a reforma previdenciária, tornando-a politicamente palatável para a América Latina.[31] Assim, seguiu-se na região uma onda de reformas previdenciárias de "segunda geração", embora com diferenças significativas com relação ao protótipo.[32]

A tabela 1 traz uma medida aproximada dos graus de democratização e de privatização nos nove países latino-americanos que aprovaram leis de reforma estrutural da previdência social até o final de 2000 (excluindo a Nicarágua). Os países são classificados de 1 a 7, segundo seu grau de democratização (quanto menor o número, mais democrático o regime e vice-versa). Note-se que a classificação refere-se ao tipo de regime vigente no ano de promulgação da reforma – particularmente importante no Chile, onde o regime era autoritário em 1979/80 e democrático a partir de 1990. Os países são também classificados de 1 a 7, segundo o grau de privatização de seus sistemas previdenciários reformados: quanto menor o número, mais público é o sistema, quanto maior o número, mais privado é o sistema. Estimamos o grau de privatização na tabela 2 utilizando cinco variáveis: modelo de reforma, tipo de administração, condição da contribuição patronal, garantias do Estado para segurados e pensionistas, e percentual dos segurados no sistema público.

---

[31] Ver Mesa-Lago (1997b).

[32] Ver Queisser (1995).

Na maioria dos países estudados, quanto mais democrático o regime, menor a perspectiva de privatização total da previdência, o que sugere a existência de uma relação inversa entre o grau de democratização e o de privatização. Quanto menos democrático o regime no momento da reforma, maior a redução do sistema previdenciário público, com sua substituição total por um sistema privado (Chile) ou com o estabelecimento de um sistema privado concorrente, com forte apoio governamental (Peru). Regimes mais democráticos, por sua vez, tendem ou a manter seus sistemas públicos, combinando-os com um segundo segmento privado no interior de um sistema misto (Argentina, Costa Rica e Uruguai), ou a reforçar o sistema público para torná-lo competitivo com o novo sistema privado (Colômbia). O México é um caso intermediário em que o grau de privatização é algo menor do que sugeriria o seu grau de democratização. Surpreendentemente, porém, a relação não vale no caso da Bolívia, onde um modelo substitutivo radical de reforma previdenciária (mais radical que o chileno) foi aplicado num contexto não-autoritário. El Salvador também implementou um modelo substitutivo em regime democrático, porém mais moderado que o da Bolívia; além disso, a tabela 1 mostra um casamento perfeito entre o grau de democratização e o de privatização nesse caso. No caso peruano, mesmo a mudança do regime de democrático para autoritário, induzida pelo golpe de Estado de Fujimori, não possibilitou ao regime aumentar o grau de privatização do sistema previdenciário. Ampliaremos nosso foco para incluir outras forças potenciais que levam à privatização da previdência.

A arena da reforma previdenciária na América Latina: atores e restrições

A breve descrição feita anteriormente dos três diferentes modelos de reforma nos dá apenas uma tendência, pois, como mostra nosso estudo, os projetos de reforma diferem substancialmente de país para país. Ainda que o tão admirado modelo chileno e a reforma previdenciária argentina tenham servido como importantes pontos de referência para as reformas substitutiva e mista em toda a região, não houve reproduções idênticas.[33] Vimos que o tipo de regime político não explica inteiramente a reforma resultante em todos os casos. Por essa razão, focalizaremos os processos políticos que levaram à adoção de reformas previdenciárias radicais nos

[33] Ver Mesa-Lago (1998b).

nove países. Isso requer a identificação dos atores políticos relevantes na arena das reformas previdenciárias na América Latina e a consideração dos contextos que moldaram sua margem de manobra – contextos influenciados pelo legado das políticas anteriores, por fatores de ordem política e pelas condições econômicas. Na seção seguinte, realçaremos a importância dos projetos de reforma.

Os casos estudados mostraram que no início da década de 1990 havia consenso na maioria dos países da América Latina quanto à necessidade de reformar o sistema previdenciário existente, mas divergências quanto ao caminho a percorrer. Os principais defensores das privatizações eram economistas com formação neoliberal, freqüentemente compondo os quadros do Banco Central e do Ministério de Finanças e Economia. Tendo em vista os esforços generalizados desses atores para diminuir o envolvimento do Estado na economia, seus passos para privatizar a previdência foram apoiados pelas IFIs e por grupos de interesse locais – como empresários (que também desejavam eliminar ou reduzir suas contribuições), corporações e o setor financeiro (interessado em lucrar com as novas oportunidades de negócios).

Embora no Chile o ministro do Trabalho fosse um defensor apaixonado da privatização, seus colegas em outros países latino-americanos mais democráticos (responsáveis pelos sistemas públicos existentes) relutavam em engajar-se em reformas estruturais, refletindo assim uma inclinação por tradições bismarquianas. Em alguns países, o Ministério do Trabalho inicialmente objetou a mudanças radicais de paradigma, mas não teve força para impedi-las. Uma maneira típica de excluir os ministérios contrários à reforma foi confiar sua elaboração a pequenas forças-tarefas ou comitês, geralmente vinculados ao Ministério da Fazenda (Argentina, Bolívia, El Salvador, México, Peru). Esses comitês elaboravam o plano de reforma – e muitas vezes o próprio projeto de lei –, claramente passando por cima do ministério competente nas questões previdenciárias, o Ministério do Trabalho. Entre os adversários das privatizações da previdência também se incluíam beneficiários de esquemas previdenciários privilegiados, empregados da seguridade social, sindicatos, partidos de esquerda e associações de pensionistas. O caso uruguaio mostra bem que o poder do "*lobby* grisalho" pode ser substancialmente maior numa população em rápido envelhecimento.[34]

---

[34] Em 1995, 17% da população uruguaia tinham mais de 60 anos, enquanto a média latino-americana era de apenas 7,8%.

O contexto político local pode dar ou não aos adversários das reformas recursos para agir. O grau de controle do Executivo sobre o Legislativo é uma variável institucional crucial nesse contexto. Na Bolívia e em El Salvador, por exemplo, bancadas governistas majoritárias no Congresso permitiram a rápida aprovação de reformas estruturais. Já na Colômbia, a forte oposição no Congresso levou o Executivo a mudar o projeto inicial. Na Costa Rica, a fraca maioria governista no Congresso, aliada à tradição nacional de negociar, levou à organização de uma comissão para obter um consenso nacional. No México, os tradicionais laços entre os sindicatos e o partido do governo diminuíram a resistência dos primeiros, tornando-os mais propensos a colaborar, dentro de certos limites. Em outros países, a oposição às reformas foi mais poderosa, forçando seus defensores a negociar e a fazer concessões. No Chile, no Peru e em El Salvador, ao contrário, o debate público antes da promulgação de reformas radicais foi escasso ou inexistente. Nos dois primeiros, a privatização sequer passou pelo Legislativo, tendo sido promulgada por decretos emergenciais do Executivo. O caso uruguaio mostra que os instrumentos de democracia direta (referendo e plebiscito) podem dar aos adversários da reforma a chance de revogar leis já promulgadas.[35] Finalmente, deve-se notar que em todos os países houve um grupo de interesse – as Forças Armadas – beneficiado por um esquema previdenciário privilegiado que permaneceu intocado em quase todos os casos.

Fatores econômicos parecem ter influenciado consideravelmente a escolha do modelo de reforma. Freqüentemente, as propostas de privatização tiveram motivação macroeconômica – por exemplo, incentivar a poupança nacional e os mercados de capitais locais, o que deveria levar ao crescimento e ao aumento do nível de emprego. A lei de reforma no México explicitava esses objetivos em seu preâmbulo.[36] Ainda assim, surpreende que a falta de desenvolvimento do mercado de capitais local nunca tenha sido percebida como uma restrição à privatização da previdência. Em El Salvador, os encarregados das reformas desconsideraram a recomendação de que a consolidação do mercado financeiro deveria preceder a introdução de uma reforma do tipo chileno. Além disso, países que fizeram suas reformas mais tarde desconsideraram a forte evidência

---

[35] Ver Kay (1999).

[36] Ver James & Brooks (2001); Madrid (1998).

acumulada de que no Chile a reforma previdenciária teve impacto negativo sobre a poupança nacional.[37]

Entre os especialistas em economia política da reforma previdenciária, as crises precedentes são sempre um argumento usado para explicar mudanças radicais: a chamada hipótese "das vantagens da crise".[38] Muitos sistemas previdenciários públicos latino-americanos eram deficitários e demandavam subsídios fiscais, ficando portanto na dependência de orçamento administrado pelo Ministério da Fazenda. Este último, desejoso de reduzir subsídios e tendo em seus quadros uma maioria de economistas neoliberais interessados em reformar o sistema público, acabava por desencadear o processo de privatização.[39] Crises financeiras persistentes, além disso, corroíam gravemente a confiança nos sistemas públicos, facilitando a reforma.

Outro fator econômico influenciou as reformas previdenciárias na América Latina: o elevado grau de endividamento externo, comum na região, freqüentemente induziu os governos a enfatizar o compromisso com reformas pró-mercado. O anúncio da privatização da previdência fazia parte de uma estratégia de "sinalização", uma vez que em meados da década de 1990 as agências de classificação de risco incluíam a reforma previdenciária como ponto positivo em sua avaliação do país.[40] Além disso, o endividamento em níveis críticos aumentava a probabilidade de as IFIs envolverem-se na arena de reformas.[41]

Na década de 1980, o FMI e o Banco Mundial começaram a condicionar seus empréstimos para ajustes estruturais à reforma da previdência (como na Costa Rica e no Uruguai), tornando-se atores externos poderosos em vários países endividados da América Latina. Após a publicação do relatório de 1994, a campanha do Banco Mundial em favor da privatização da previdência intensificou-se. Recentemente, o Banco

---

[37] Ver Mesa-Lago (1998b).

[38] Ver Drazen & Grilli (1993). As situações emergenciais podem levar grupos políticos antagônicos a concordar com medidas dolorosas e impopulares. As crises podem facilitar o desmonte de coalizões políticas que bloqueavam as reformas, levando à superação dos impasses e colocando a economia num patamar superior em termos de bem-estar social. Ver também Williamson (1994); Haggard & Kaufman (1995).

[39] Ver Müller (1999).

[40] Sobre sinalização, ver Rodrik (1998).

[41] Ver Brooks (1998).

Interamericano de Desenvolvimento juntou-se às outras duas IFIs na tentativa de influenciar as reformas. Os formuladores dos planos de reforma na América Latina sabiam que só conseguiriam apoio técnico e/ou financeiro das IFIs se as reformas incluíssem um componente de privatização.[42] Mas suas respostas diferiram significativamente: em El Salvador, alinharam-se abertamente à demanda das IFIs; na Argentina e no Uruguai, pediram para incluir a privatização nos acordos com as IFIs para não terem que assumir responsabilidade integral; no México, o envolvimento das IFIs não foi divulgado para evitar a acusação de estarem se curvando perante Washington; na Costa Rica, as autoridades previdenciárias, com apoio do governo, rejeitaram o pedido do Banco Mundial de uma privatização total, à moda chilena.[43]

Teorias anteriores sobre o desenvolvimento do Estado de bem-estar enfatizaram a importância dos arranjos institucionais existentes para o futuro das reformas (o *feedback* das políticas ou dependência do percurso).[44] O sucesso político das estratégias de reforma depende de escolhas políticas prévias e dos planos de ação por elas ensejados: "as políticas existentes podem estabelecer a agenda para as mudanças ao estreitar o âmbito das alternativas viáveis".[45] Nosso estudo mostrou que isso é verdade no caso de restrições de ordem legal que influenciaram o resultado das reformas: no Peru e na Colômbia, a Constituição estabelece que a seguridade social é responsabilidade do Estado. Como a privatização da previdência encontrou um constrangimento legal – ela só poderia se dar em base suplementar –, os responsáveis pelos projetos optaram pelo sistema paralelo.

Além disso, em esquemas bismarquianos financiados por contribuições, os direitos adquiridos podem ter como efeito a perpetuação do sistema anterior por engendrarem custos fiscais muito elevados quando da transição para um sistema capitalizado. O valor desses custos é determinado por diversos fatores: a percentagem da população coberta, a maturi-

[42] Ver Kay (1999).

[43] Para uma discussão geral do papel das IFIs nas políticas de reforma previdenciária, ver Haggard & Webb (1993).

[44] Sobre o conceito de *feedback* de políticas, ver Esping-Andersen (1995); Pierson (1993). O conceito de dependência do percurso (*path dependency*) valeu-se dos achados de David (1985), Arthur (1989) e North (1990).

[45] Pierson & Weaver (1993:146).

dade do sistema, o grau de envelhecimento da população, a generosidade dos benefícios e das condições para sua obtenção no sistema público, as responsabilidades assumidas pelo Estado durante a transição, as mudanças nas contribuições no sistema antigo e no novo.[46] Tem-se argumentado que quanto maior a dívida previdenciária implícita, menor a probabilidade de uma reforma estrutural radical.[47] Embora alguns dos casos estudados pareçam corroborar essa hipótese (os modelos mistos adotados na Argentina e no Uruguai, visando reduzir custos fiscais no curto e médio prazos, por exemplo), em alguns países latino-americanos essa imobilidade potencial foi habilmente ultrapassada ao não se reconhecerem plenamente os direitos reivindicados pelos segurados, com o objetivo de reduzir custos fiscais (Bolívia e Peru).[48]

A relevância estratégica dos projetos de reforma

Ao optar pela privatização da previdência, os formuladores de políticas na América Latina reagiam ao fracasso das tentativas anteriores de viabilizar o sistema público existente através de reformas incrementais. A reforma paramétrica é uma abordagem mais moderada se comparada à reforma estrutural radical, mas tem três desvantagens que a tornam politicamente pouco atrativa: ela identifica claramente as perdas individuais; é percebida pelos segurados como um ataque a direitos adquiridos, sem nada conceder em troca; tem pouca credibilidade porque seus formuladores não podem assegurar que o problema será de fato solucionado ou quanto tempo irá durar seu efeito saneador.[49]

Tudo isso mostra bem a relevância estratégica dos projetos de reforma. Teorias anteriores sobre a economia política da reforma previdenciária enfatizaram a importância do seqüenciamento tático e do agrupamento estratégico de medidas vantajosas e desvantajosas para os segurados.[50] Tornar menos visíveis os cortes de direitos adquiridos (aumentando, por

---

[46] Ver Mesa-Lago (2000).

[47] Ver James & Brooks (2001).

[48] Paradoxalmente, foi na ditadura Pinochet, o regime mais autoritário entre os casos por nós estudados, que o reconhecimento de direitos previdenciários adquiridos foi mais abrangente. Ver Mesa-Lago (2000).

[49] Ver Holzmann (1997a).

[50] Ver Haggard & Webb (1993); Rodrik (1993); Sturzenegger & Tommasi (1998).

exemplo, a complexidade das reformas) é outra questão levada em conta nos projetos de reforma previdenciária. A utilização de artifícios táticos e estratégicos tem como objetivo reduzir a resistência política às reformas.[51] O caso boliviano fornece um exemplo específico de agrupamento estratégico: a reforma previdenciária foi vinculada à capitalização de empresas. Ao mesmo tempo em que facilitou ambas as agendas (privatização e reforma da previdência), o modesto esquema Bonosol-Bolivida criou novos favorecidos, muitos dos quais nunca tinham recebido qualquer benefício por idade – uma estratégia inteligente em contextos de baixa cobertura.

Em diversos países latino-americanos, os formuladores dos planos conseguiram realizar a difícil tarefa de dourar a amarga pílula da privatização do sistema público, mesmo quando a privatização acarretou mudanças prejudiciais para os segurados. Os custos políticos das reformas estruturais foram reduzidos com o aumento de sua complexidade. Essa "estratégia de ofuscamento" tornou menos visíveis as reduções envolvidas (eliminação da contribuição do empregador e aumento da idade para direito à aposentadoria, por exemplo) e dirigiu a atenção do público para a concessão do direito de propriedade individualizada e visível. Nos sistemas previdenciários públicos anteriores, os segurados não filiados a esquemas previdenciários privilegiados jamais tinham a segurança de que viriam a receber uma pensão decente, mesmo depois de uma vida inteira de trabalho, em emprego bem-remunerado, e do pagamento de contribuições significativas. Os governos muitas vezes utilizaram os fundos previdenciários para cobrir outras despesas ou para prover empregos para uma clientela política. Já as contas individuais nos fundos previdenciários privados, por criarem um registro passível de acompanhamento dos direitos de propriedade do segurado ao longo do tempo, dificilmente podem ser desviadas por políticos.

Em forte contraste com a percepção negativa do público com respeito às reformas incrementais, as desvantagens envolvidas nas privatizações são mais fáceis de camuflar. O volume e o financiamento dos custos fiscais durante a longa transição são questões extremamente complexas e de difícil compreensão para o público em geral. Na maioria dos países, evitou-se propositadamente o debate público dessas questões cruciais e, pelo menos num caso, as estimativas foram deliberadamente distorcidas (em

[51] Ver Pierson (1994:21).

El Salvador). Conseqüentemente, o público ficou com uma percepção assimétrica das vantagens e desvantagens da privatização – em favor das primeiras – e ignorante de seu ônus fiscal.

Ao criar clientelas, a reforma estrutural da previdência satisfaz a seguinte recomendação: "essencial à sustentação dos esforços de reforma é alterar o equilíbrio político. Muitas das tentativas bem-sucedidas de reformas incluíram esforços explícitos ou implícitos para criar novos favorecidos nos sistemas reformados".[52] A privatização total ou parcial da previdência às vezes comporta a distribuição de prêmios atrativos para oponentes potenciais das reformas. Exemplo disso são os casos em que os sindicatos passaram de firmes opositores das reformas estruturais a empreendedores nos negócios de fundos previdenciários compulsórios (Argentina e México). "A mudança para um sistema capitalizado abre espaço para argumentos de que todos podem ganhar, possibilitando o abandono dos difíceis jogos de soma zero."[53]

Nos projetos de reforma, o *feedback* das políticas ou dependência do percurso é outra questão potencial. Os modelos misto e paralelo podem acarretar uma "agenda escondida" devido a seus potenciais efeitos secundários. Se as contribuições forem crescentemente drenadas do sistema público ou do segmento público, estes se tornam pouco viáveis financeiramente. A Argentina parece confirmar essa hipótese: as contribuições dos empregadores foram reduzidas e, para dar conta das restrições de ordem fiscal, os benefícios no segmento público do sistema foram ajustados para baixo, diversas vezes, a partir de 1994, reduzindo a pensão básica e corroendo sua atratividade em termos políticos. Em novembro de 2000, o presidente Fernando de la Rua chegou a propor a eliminação do segmento público para futuros segurados. No Uruguai, entretanto, a maioria das contribuições vai para o sistema público reformado ou para o segmento público dentro do sistema misto; não houve cortes nos benefícios e o sistema misto ainda é atrativo.

Outra forma de ver a questão é que, mesmo não sendo implementada de uma só vez (nos modelos paralelo e misto), a privatização da previdência cria sua própria clientela, que compreende os já filiados a um fundo de pensão privado e as administradoras de fundos. Como conseqüência, no

---

[52] Graham (1997:393).

[53] Holzmann (1997b:3).

médio e longo prazos, a adoção dos modelos paralelo e misto de reforma pode ser funcional do ponto de vista da "nova ortodoxia previdenciária", uma vez que permite a introdução gradual do modelo substitutivo. Os responsáveis pela reforma previdenciária no Peru deliberadamente desenharam o modelo paralelo de forma a poder desmontar o sistema público o mais rápido possível e foram bem-sucedidos.[54] Já na Colômbia, o sistema público foi reforçado por medidas incrementais no momento da reforma estrutural e ainda retém a maioria dos segurados. A Costa Rica seguiu um percurso similar. As experiências da Colômbia e da Costa Rica, como também a do Uruguai, indicam que os modelos misto e paralelo podem ser utilizados para reforçar e prolongar a vida do sistema público ou do segmento público no sistema misto. Quanto ao momento mais adequado para as reformas previdenciárias, tradicionalmente acreditava-se ser pouco provável que fossem tentadas antes de eleições, quando os riscos de responsabilização são altos. Embora haja casos em que a proximidade das eleições teve de fato um impacto sobre o ímpeto das reformas (Peru, Uruguai), alguns dos países estudados mostram que reformas radicais podem ser empreendidas com sucesso em período pré-eleitoral (Bolívia, El Salvador). As queixas potenciais geradas pela privatização da previdência podem ser compensadas pela percepção de sua atratividade, diferindo acentuadamente, nesse aspecto, das reformas incrementais.

Conclusão

Por muito tempo acreditou-se que as reformas da previdência social ("privatização") na América Latina só eram possíveis em regimes autoritários, mas uma inclinação para as reformas na década de 1990 mostrou que mudanças radicais também eram viáveis em regimes democráticos de governo.

Este artigo examinou as diversas circunstâncias econômicas e políticas que possibilitaram a privatização da previdência em nove países da América Latina. O tipo de regime político determinou muito do *mix* pú-

[54] Ver Ortíz de Zevallos et alii (1999). Ver também World Bank (1994:285), para uma recomendação explícita de "seqüenciamento tático" como forma de chegar à privatização da previdência: os modelos paralelo e misto são tidos como estágios intermediários úteis, mais do que como o resultado paradigmático definitivo nas reformas previdenciárias, por permitirem "a implementação gradual" da privatização total da previdência.

Tabela 1

Relação entre os graus de democratização e de privatização dos sistemas previdenciários na América Latina, 1980-2000

País	Ano de promulgação da lei de reforma	Grau de democratização no momento da reforma		Grau de privatização do novo sistema previdenciário (classificação[b])
		Pontuação[a]	Classificação[a]	
Costa Rica	2000	1,2	1	1
Uruguai	1995	2,2	2	2
Argentina	1993	2,3	3	2
Bolívia	1996	2,3	3	7
Colômbia	1993	2,4	4	3
El Salvador	1996	3,3	5	5
México	1995/96	4,4	6	4
Peru	1992	6,5	7	6
Chile	1980	6,5	7	6

Fontes: Freedom House (2000); sua pontuação combina sete indicadores de direitos políticos e 13 indicadores de liberdades civis, e varia de 1 a 7; a classificação final foi feita pelos autores. Grau de privatização da tabela 2.

[a] Dos graus mais altos de democratização para os mais baixos. Os países foram ordenados na tabela de acordo com este indicador.

[b] Dos graus mais baixos de privatização do sistema previdenciário reformado para os mais altos.

Tabela 2

Estimativas do grau de privatização dos sistemas previdenciários reformados na América Latina, 1998-2000

País	Modelo de reforma	Tipo de administração	Contribuição do empregador	Garantias do Estado[a]	Segurados no sistema público (%)	Grau de privatização	
						Pontuação[b]	Classificação[c]
Costa Rica	Misto	Múltiplo	Inalterada	Amplas	100[d]	5	1
Uruguai	Misto	Múltiplo	Reduzida	Amplas	100[d]	6	2
Argentina	Misto	Múltiplo	Reduzida	Amplas	100[d]	6	2
Colômbia	Paralelo	Múltiplo	Inalterada	Amplas	60	7	3
México	Substitutivo	Múltiplo	Inalterada	Médias	0	11	4
El Salvador	Substitutivo	Privado	Reduzida	Médias	10	12	5
Chile	Substitutivo	Privado	Eliminada	Amplas	3	13	6
Peru	Paralelo	Privado	Eliminada	Baixas	23	13	6
Bolívia	Substitutivo	Privado	Eliminada	Baixas	0	15	7

Fontes: Mesa-Lago (2000); dados mais recentes dos países.

[a] Título de reconhecimento, pensão mínima no sistema/segmento privado, retorno mínimo sobre o investimento, pagamento da pensão em caso de falência da administradora e/ou assistência social aos não-segurados pobres.

[b] A pontuação foi atribuída às cinco variáveis da seguinte maneira (1 misto, 2 paralelo, 3 substitutivo); tipo de administradora (1 múltiplo, 2 privado); contribuição do empregador (1 inalterada, 2 reduzida, 3 eliminada); garantias do Estado (1 amplas, 2 médias, 3 baixas); segurados no sistema/segmento público (1 para 100%, 2 para 60%, 3 para 10-23%, 4 para 0-3%).

[c] Os países estão ordenados do menor grau de privatização (1) para o maior (7).

[d] O segurado está ou no sistema público, ou no primeiro segmento público do sistema misto.

blico-privado nas reformas previdenciárias, mas não explicou inteiramente as reformas resultantes em cada país. Na busca de outras explicações, fizemos uma análise comparativa dos processos políticos, dos atores e dos fatores que finalmente levaram à adoção de uma reforma previdenciária radical. Entre as forças propulsoras das reformas estavam os economistas neoliberais nos ministérios de Finanças e Economia, as instituições financeiras internacionais (IFIs), os empregadores em geral, os empresários e o setor financeiro. Entre as forças de oposição estavam os partidos políticos de esquerda, a burocracia da seguridade social, sindicatos fortes e associações de pensionistas. A margem de manobra desses atores foi limitada pelos arranjos institucionais existentes, por fatores políticos e pelas condições econômicas. As restrições de ordem legal incluíram as normas constitucionais. Os fatores políticos mais importantes foram o grau de controle do Executivo sobre o Legislativo, os vínculos dos sindicatos com o governo e a capacidade de alguns grupos de revogar a lei de reforma através de instrumentos de democracia direta. Entre as condições econômicas que impulsionaram ou obstruíram as reformas notamos o objetivo de incentivar a poupança nacional e o mercado de capitais (de fato, rejeitados pela evidência), a crise fiscal do sistema previdenciário público, os custos fiscais da transição determinados por múltiplas variáveis e o elevado grau de endividamento com as IFIs. A resposta dos formuladores de políticas à pressão externa das IFIs variou de uma posição de alinhamento à dissimulação e à rejeição. Além disso, discutimos a importância estratégica dos projetos de reforma: diminuindo a visibilidade dos cortes (de benefícios) gerados pela reforma estrutural por meio de agrupamentos estratégicos de medidas e de táticas de ofuscamento; trocando pensões parcas e incertas no sistema público por direitos de propriedade; escondendo o tamanho e a forma de financiamento dos custos fiscais da transição; escolhendo o momento mais adequado para a reforma. Nossos achados mostram a relevância de considerações políticas e econômicas para o entendimento da dinâmica das reformas previdenciárias estruturais na América Latina e em outras regiões.

Referências bibliográficas

Arthur, W. B. Competing technologies, increasing returns, and lock-in by historical events. *The Economic Journal, 99*:116-31, Mars 1989.

Barrientos, A. *Pension reform in Latin America.* Aldershot: 1998.

Bertranou, J. F. Mexico: the politics of the system for retirement pensions. In: Cruz-Saco & Mesa-Lago (eds.). *Do options exist? The reform of pension and health care systems in Latin America.* Pittsburgh, 1998. p. 85-108.

Borzutzky, S. Chile: the politics of privatization. In: Cruz-Saco & Mesa-Lago (eds.). *Do options exist? The reform of pension and health care systems in Latin America.* Pittsburgh, 1998. p. 35-55.

Brooks, S. Social protection in a global economy: the case of pension reform in Latin America. Inédito, 1998.

Buchanan, J. M. Social security survival: a public-choice perspective. *The Cato Journal, 3*(2):340, 1998.

Cruz-Saco Oyague, M. A. The pension system reform in Peru: economic rationale versus political will. In: Cruz-Saco & Mesa-Lago (eds.). *Do options exist? The reform of pension and health care systems in Latin America.* Pittsburgh, 1998. p. 165-86.

David, P. Clio and the economics of Qwerty. *American Economic Review, 75*(2):332-7, 1985.

Drazen, A. & Grilli, V. The benefit of crises for economic reforms. *American Economic Review, 83*(3):598-607, 1993.

Esping-Andersen, G. *Politics against markets: the social democratic road to power.* Princeton: 1995.

Filguiera, F. & Moraes, J. A. *Political environments, sector specific configurations, and strategic devices: understanding institutional reform in Uruguay.* Washington, DC: BID, Red de Centros de Investigación, 1999. (Documento de Trabajo R-351.)

Freedom House. *Annual survey of Freedom country ratings, 1972-73 to 1999-00.* 2000. Disponível em: <http://www.freedomhouse.org/ratings/ratings.pdf>.

Graham, C. From safety nets to social policy: lessons for the transition economies from the developing countries. In: Nelson, J. et alii (eds.). *Transforming post-communist political economies.* Washington: 1997.

Gray-Molina, G. et alii. *La economía política de reformas institucionales en Bolivia.* Washington, DC: BID, Red de Centros de Investigación, 1999. (Documento de Trabajo R-350.)

Haggard, S. & Kaufman, R. R. *The political economy of democratic transitions.* Princeton: 1995.

_____ & Webb, S. B. What do we know about the political economy of economic policy reform? *The World Bank Research Observer, 8*(2):143-68. 1993.

Holzmann, R. *A World Bank perspective on pension reform.* Inédito, 1997a.

______. *On economic benefits and fiscal requirements of moving from unfunded to funded pensions.* Saarbrücken: 1997b.

Huber, E. & Stephens, J. D. *The political economy of pension reform. Latin America in comparative perspective.* Geneve: 2000. (Unrisd Occasional Paper n. 7.)

Isuani E. A. & San Martino, J. A. The new Argentine social security system: a mixed model. In: Cruz-Saco & Mesa-Lago (eds.). *Do options exist? The reform of pension and health care systems in Latin America.* Pittsburgh, 1998. p. 143.

James, E. & Brooks, S. The political economy of structural pension reform. In: Holzmann, R. & Stiglitz, J. A. (eds.). *New ideas about old age security.* Washington: 2001. p. 133-70.

Kay, S. J. Unexpected privatizations. Politics and social security reforms in the Southern Cone. *Comparative Politics, 31*(4):403-22, 1999.

Lo Vuolo, R. M. Reformas previsionales en América Latina: el caso argentino. *Comercio Exterior, 46*(9):692, 1996.

Madrid, R. The determinants of pension reform around the world, 1992-97. Inédito, 1998.

______. The new logic of social security reform: politics and pension privatization in Latin America. Stanford University, 1999. (PhD Thesis.)

Mesa-Lago, C. *Social security in Latin America. Pressure groups, stratification, and inequality.* Pittsburgh, 1978.

______. *Changing social security in Latin America: towards the alleviation of social costs of economic reform.* Pittsburgh: 1994.

______. Pension system reforms in Latin America: the position of the international organizations. *Cepal Review* (60):73-98, 1996.

______. *Modelos alternativos de la reforma de la seguridad social en América Latina: comparación y evaluación.* San Salvador: 1997a.

______. Social welfare reform in the context of economic-political liberalization: Latin American cases. *World Development, 25*(4):497-517, 1997b.

______. La privatización de los sistemas de pensiones de la seguridad social en América Latina: un balance al final del siglo. In: Flacso (ed.). *Anuario social y político de América Latina y el Caribe.* Caracas: 1998a. v. 2, p. 136-48.

______. La reforma de pensiones en América Latina: tipología, comprobación de presupuestos y enseñanzas. In: Bonilla García & Conte-Grand (eds.). *Pensiones en América Latina. Dos décadas de reforma.* Genebra: 1998b. p. 77-164.

______. *La reforma de las pensiones en Costa Rica*. San José de Costa Rica: 1998c.

______. Política y reforma de la seguridad social en América Latina. *Nueva Sociedad* (160):133-50, 1999.

______. *Estudio comparativo de los costos fiscales en la transición de ocho reformas de pensiones en America Latina*. Santiago de Chile: Cepal, 2000. (Serie Financiamiento del Desarrollo n. 93.)

______ & Cordova Macías, R. Social security reform in El Salvador. In: Cruz-Saco & Mesa-Lago (eds.). *Do options exist? The reform of pension and health care systems in Latin America*. Pittsburgh, 1998. p. 109-29.

______ & Duran Valverde, F. *Evaluación de la reforma de pensiones en El Salvador: antecedentes, objetivos y perspectivas*. San Salvador, 1998.

Müller, K. *The political economy of pension reform in Central-Eastern Europe*. Cheltenham; Northampton: 1999.

______. Pension privatization in Latin America. *Journal of International Development* (12):507-18, 2000a.

______. Die Reform der Alterssicherung in den östlichen Transformationsländern: Eine Zwischenbilanz. *Deutsche Rentenversicherung* (5):139-52, 2000b.

______. Die Privatisierung der bolivianischen Alterssicherung: Eine Zwischenbilanz. In: Sevilla R. & Benavides A. (eds.): *Bolivien – das verkannte Land?* Bad Honnef: 2001.

Nelson, J. The politics of pension and health-care reforms in Hungary and Poland. In: Kornai, J. et alii (eds.). *Reforming the state. Fiscal and welfare reform in post-socialist countries*. Cambridge: 2001. p. 235-66.

North, D. C. *Institutions, institutional change and economic performance*. Cambridge: 1990.

Orenstein, M. A. *How politics and institutions affect pension reform in three postcommunist countries*. Washington, DC: World Bank, 2000. (Policy Research Working Paper n. 2310.)

Ortíz de Zevallos, G. et alii. *La economía política de las reformas institucionales en el Perú: los casos de educación, salud y pensiones*. Washington, DC: BID, Red de Centros de Investigación, 1999. (Documento de Trabajo R-348.)

Papadópulos, J. The pension system in Uruguay: a delayed reform. In: Cruz-Saco & Mesa-Lago (eds.). *Do options exist? The reform of pension and health care systems in Latin America*. Pittsburgh, 1998. p. 150-64.

Pierson, P. When effect becomes cause: "policy feedback" and political change. *World Politics, 45*(4):595-628, 1993.

_____. *Dismantling the welfare state? Reagan, Thatcher, and the Politics of Retrenchment.* Cambridge: 1994.

_____. Irresistible forces, immovable objects: post-industrial welfare states confront permanent austerity. *Journal of European Public Policy, 5*(4):639-60, 2000.

_____ & Weaver, R. K. Imposing losses in pension policy. In: Weaver, R. K. & Rockman B. A. (eds.). *Do institutions matter? Government capabilities in the United States and abroad.* Washington: 1993.

Queisser, M. *Vom Umlage-zum Kapitaldeckungsverfahren: Die chilenische Rentenreform als Modell für Entwicklungsländer?* München, 1993.

_____. Después de Chile: la segunda generación de reformas en América Latina. *Revista Internacional de Seguridad Social, 48*(3-4):29-48, 1995.

Rodrik, D. The positive economics of policy reform. *American Economic Review Papers and Proceedings, 83*(2):356-61, 1993.

_____. Promises, promises: credible policy reform via signalling. In: Sturzenegger, F. & Tommasi, M. (eds.). *The political economy of reform.* Cambridge; London: 1998. p. 307-27.

Stallings, B. Discussion. In: Williamson, J. (ed.). *The political economy of policy reform.* Washington: 1994.

Sturzenegger, F. & Tommasi, M. (eds.). *The political economy of reform.* Cambridge; London: 1998.

Torre, J. C. & Gerchunoff, P. *La economía política de las reformas institucionales en Argentina. Los casos de la política de privatización de Entel, la reforma de la seguridad social y la reforma laboral.* Washington, DC: BID, Red de Centros de Investigación, 1999. (Documento de Trabajo R-349.)

Williamson, J. In search of a manual for technopols. In: Williamson, J. (ed.). *The political economy of policy reform.* Washington, DC: 1994. p. 9-28.

World Bank. *Averting the old age crisis. Policies to protect the old and promote growth.* Oxford: 1994.

Pensões e soldados: o papel do poder, dos atores políticos com poder de veto e das ideologias sob o regime militar no Chile e no Uruguai*

*Rosana Castiglioni***

Introdução

No contexto latino-americano, Chile e Uruguai foram considerados países pioneiros em termos da previdência social, na medida em que desenvolveram os sistemas mais generosos e universalistas do continente.[1] Na área previdenciária, o regime militar que governou o Chile (1973-90) substituiu o velho sistema de repartição por um modelo de capitalização individual que fortaleceu políticas baseadas em testes de meios,[2] transfe-

* Traduzido por Sonia Nussenzweig Hotimsky.

** University of Notre Dame. Agradeço a David Altman, Andrew Gould e Scott Mainwaring por seus comentários, que muito contribuíram para a elaboração deste texto. Uma versão anterior foi apresentada na XVI Jornada Anual de Economia do Banco Central do Uruguai, e quero agradecer aos meus colegas da mesa-redonda por seus comentários. Quero também agradecer o apoio financeiro da Fundação Irving Horowitz de Políticas Sociais, do Instituto Kellog, do Departamento de Governo de Notre Dame e da bolsa de pesquisa Zham. Algumas partes deste texto apareceram anteriormente em *Latin American Politics and Society*, *43*(4):37-66, 2001, sob o título "The politics of retrenchment: the quandaries of social protection under military rule in Chile, 1973-90".

[1] Ver Mesa-Lago (1994:115); Raczynski (1994:1).

[2] Testes feitos para identificar os indivíduos que, por terem renda abaixo de um certo nível, ganham o direito de receber um determinado benefício assistencial.

riu responsabilidades importantes ao setor privado, restringiu benefícios, tornou mais duras as regras de habilitação e reduziu significativamente a participação do Estado na concessão e administração das aposentadorias e pensões. Estudiosos e formuladores de políticas públicas têm apontado tanto o grande déficit orçamentário anterior às reformas quanto o regime autoritário como os fatores responsáveis pelo drástico encolhimento da proteção social no Chile. Tal visão, porém, não explica por que outros regimes autoritários que enfrentavam crises orçamentárias não realizaram reformas radicais em seus sistemas previdenciários. Diante de uma conjuntura econômica semelhante, o governo militar uruguaio (1973-85) não levou adiante o padrão chileno de reformas; ao contrário, manteve o sistema previdenciário quase inalterado. Este capítulo argumenta que as diferentes trajetórias dos sistemas previdenciários chileno e uruguaio podem ser explicadas pela distribuição da autoridade governamental, pelas oportunidades que os atores políticos tiveram de exercer o veto e impedir tentativas de reforma, e pelas posições ideológicas dos formuladores de políticas públicas. Ao desenvolver esta análise, utilizo *insights* das abordagens de "recursos de poder" e institucionalista, bem como da literatura que estuda a área.

Estudiosos neo-institucionalistas e de recursos de poder têm debatido a afirmação de que a distribuição da autoridade governamental afeta a retração do Estado de bem-estar social. Pierson (1994:17) define tal retração como "mudanças nas políticas sociais que envolvam cortes nas despesas e a restruturação de programas do Estado de bem-estar social visando adequá-los ao modelo do Estado de bem-estar residual, ou que alterem o ambiente político de tal forma a elevar a probabilidade de tais resultados no futuro".[3] No que diz respeito à relevância da concentração de poder, seguindo a linha neo-institucional, Pierson (1996:153-54) afirma que "os sistemas coesivos concentram autoridade, mas também concentram responsabilidade". Como os custos políticos de levar adiante a retração são mais altos quando a autoridade está concentrada, alega que "a base teórica para acreditar que a coesão governamental facilita a retração é fraca". Sob regimes autoritários, porém, preocupações com custos políticos e res-

[3] Para avaliar se a retração está ocorrendo, Pierson (1996:157) sugere que se acompanhem os seguintes indicadores: variações nos gastos sociais, "aumento na dependência de benefícios atrelados a testes de meios; transferência significativa de responsabilidade para o setor privado; e mudanças drásticas nas regras de habilitação a benefícios sinalizando uma reforma qualitativa de um programa específico".

ponsabilidades são menos salientes do que em regimes democráticos. Assim, a concentração ou a dispersão da autoridade governamental ainda pode ajudar a explicar a retração ou a manutenção de benefícios previdenciários.

Já numa perspectiva de recursos de poder, Huber e outros (1993:722) afirmam, ao contrário, que "os aspectos da estrutura constitucional que dispersam o poder político e que oferecem múltiplos pontos de influência na criação e implementação de políticas são hostis à expansão do Estado de bem-estar social". Ademais, Huber (1997:6) afirma que a dispersão do poder político "retarda a redução de gastos e/ou benefícios sociais em períodos de retração do Estado de bem-estar social" e que a "extrema concentração de poder sob a ditadura militar chilena" explica "o passo radical chileno em direção à privatização, ao dualismo e ao residualismo".

Este capítulo defende a idéia de que o governo personalista chileno, sob forte liderança do general Augusto Pinochet, gozou de um alto grau de autoridade governamental que facilitou a retração da previdência. A concentração de poder em torno do general Pinochet era complementada pela concentração de poder nas mãos do ministro das Finanças, especialmente depois de 1975. Assim, no final dos anos 1970, uma equipe tecnocrática – que só poderia ser contestada pelo general Pinochet – monopolizou os processos decisórios e a implementação de políticas sociais e econômicas. Inversamente, no interior do regime militar uruguaio, a autoridade governamental era distribuída de forma descentralizada. Assim, múltiplas instâncias decisórias compartilhavam o processo de formulação de políticas num contexto onde as regras do jogo impediam a concentração do poder. Essa estrutura de tomada de decisões, por sua vez, não favorecia a promoção de políticas que visassem alterar radicalmente o sistema previdenciário existente.

Ademais, em sua análise da privatização da previdência na América Latina, Kay (1998:267-68) argumenta que "qualquer explicação sobre a variação das políticas reformistas deve levar em conta não apenas os grupos de interesse proeminentes, mas também até que ponto as instituições políticas lhes permitiam agir como atores com poder de veto". Segundo Tsebelis (1995:293), um ator político com poder de veto é "um indivíduo ou ator coletivo cujo consentimento é exigido para que se tome uma decisão acerca de uma política. Embora os atores coletivos fossem severamente reprimidos durante o regime militar no Chile e no Uruguai, as reformas radicais "pró-mercado" implementadas pelo governo Pinochet encontravam forte resistência por parte de proeminentes atores políticos com poder de veto no interior da máquina estatal. É bem verdade que, segundo Kay (1998:268), "uma ditadura entrincheirada como a do regime de Pinochet no Chile simplesmente ignorou a oposição ao processo de privatização", mas a presença de atores políticos com poder de veto pode explicar, parcialmente, o momento em que essa mudança de política ocorreu. No interior do Estado, oficiais militares, principalmente da Força Aérea, opuseram-se sem sucesso tanto à concentração de autoridade governamental nas mãos de Pinochet quanto ao desmantelamento da proteção social. Porém, as reformas nas políticas sociais só puderam ser implementadas depois que esses atores políticos com poder de veto foram desalojados do poder. Inversamente, a marcante dispersão da autoridade governamental no Uruguai ofereceu aos atores políticos com poder de veto no interior do Estado múltiplas oportunidades de bloquear mudanças nas políticas, permitindo que setores militares nacionalistas obstruíssem a adoção de políticas orientadas para o mercado.

Finalmente, a concentração de poder e a presença de atores políticos com poder de veto explicam a capacidade dos governos de levar adiante suas agendas, mas não o rumo das mudanças nas políticas. Por essa razão é necessário examinar as posições ideológicas dos formuladores de políticas públicas. Vários autores têm enfatizado a ligação entre idéias e opções quanto a políticas na área previdenciária.[4] Kingdom (1994:221) define idéias como "objetivos ou motivações que se diferenciam de alvos perseguidos por interesse próprio, ou teorias que os indivíduos sustentam sobre como o mundo funciona (por exemplo, quanto a relações de causa e efeito) e que podem ser utilizadas para promover o interesse próprio bem como para outros objetivos". Este capítulo adota essa definição, mas utiliza o termo ideologia para enfatizar que as idéias dos atores relevantes estão reunidas num conjunto abrangente e mais ou menos consistente de crenças que influenciam e moldam suas decisões acerca de políticas do Estado.[5]

[4] Ver Huber (1997:2); Muller & Wright (1994:2-3); Orloff (1992:161-63).

[5] Ademais, como afirma Orloff "é útil considerar as políticas sociais como a institucionalização de determinadas ideologias, embora, é claro, elas sejam também formuladas por uma gama de outros fatores. As ideologias incorporam perspectivas acerca da ordem moral, e a previdência social do Estado é uma maneira crítica em que a ordem moral é expressa".

Como ocorre em outros regimes autoritários, a principal ideologia dos militares chilenos era a doutrina de segurança nacional. A eleição de um governo socialista e os crescentes níveis de polarização política que precederam o colapso democrático contribuíram para a radicalização das idéias militaristas. Isso, por sua vez, estimulou o desenvolvimento de uma autoproclamada missão fundadora que buscava criar um "novo Chile", transformando as estruturas institucionais políticas, econômicas e sociais. A posição ideológica da equipe responsável por implementar reformas radicais nas políticas econômica e social durante o regime militar é particularmente importante. Como nota Rabkin (1993:10), "a participação de economistas defensores do livre mercado no governo Pinochet teve por base a adesão a um sério projeto de reforma cujo objetivo último era o refinanciamento do capitalismo Chileno". Assim, o processo de reforma previdenciária em direção a um modelo regressivo estava inscrito num projeto mais abrangente de transformação.

Já a definição militar uruguaia de segurança nacional era diferente, em alguns aspectos, daquela de outros regimes burocrático-autoritários da região. Na perspectiva militar, havia uma estreita ligação entre segurança e desenvolvimento, pois a inquietação política era considerada o resultado de condições econômicas e sociais desfavoráveis. Portanto, para eliminar a "subversão" era necessário promover o desenvolvimento. Mas para alcançar esse objetivo os militares não procuraram refundar as instituições do país. Acreditavam que tinham que eliminar as "más lideranças" e a "subversão" para preservar a estrutura institucional existente. Embora os civis encarregados de formular a política econômica fossem favoráveis à adoção de políticas macroeconômicas ortodoxas, seria falso "concluir que os militares adotaram plenamente (ou até mesmo compreendiam) (...) o neoliberalismo do livre mercado. Em parte, pode-se dizer que a cultura política uruguaia (de Battle) tinha forjado, historicamente, um vínculo muito resiliente entre liberalismo na política e controle estatal na economia, e essa mistura característica se inseriu no pensamento dos militares" (Gillespie, 1986:177).

Conseqüentemente, em contraste com o do Chile, o sistema previdenciário uruguaio não se defrontou com um projeto de desmantelamento de grande vulto e, a despeito de ter sofrido alguma deterioração, manteve suas características principais durante todo o governo autoritário.

Reforma previdenciária durante o regime militar no Chile e no Uruguai

Esta seção mostra as principais modificações introduzidas pelos governos militares do Chile e do Uruguai na área previdenciária. Até 1973, o Chile construíra um dos sistemas mais abrangentes de seguridade social da região. Porém, de 1973 em diante, o governo militar introduziu uma série de medidas "pró-mercado", radicais e abrangentes, que dariam fim ao sistema então existente. A primeira medida significativa foi tomada em fevereiro de 1979, com a aprovação do Decreto-lei nº 2.448, que estabeleceu uma idade mínima para aposentadoria (65 anos para homens, 60 anos para mulheres) e eliminou os benefícios que tinham por base o tempo de serviço. Também introduziu um novo mecanismo de indexação das pensões, pelo qual seriam concedidos ajustes a todos os trabalhadores aposentados toda vez que a taxa de inflação acumulada alcançasse 15%.[6]

Ademais, uma reforma dramática da previdência ocorreu em novembro de 1980 com a promulgação do Decreto-lei nº 3.500, que pôs fim ao sistema de repartição já referido.[7] Por intermédio do recém-criado Instituto para a Normalização da Previdência, o Estado continuou encarregado da administração dos benefícios previdenciários daqueles que não se incorporaram ao novo sistema. O novo modelo eliminou a contribuição do empregador e introduziu um esquema de capitalização privada que exige que os trabalhadores dependentes mantenham pelo menos 10% de sua renda tributável em contas pessoais. A afiliação é obrigatória para todos os trabalhadores dependentes que se cadastraram na previdência social após maio de 1981, mas opcional para os trabalhadores autônomos. Graças a uma campanha publicitária agressiva, ao aumento na renda dos que aderissem ao novo sistema, à pobreza dos pensionistas e à pressão exercida por alguns empregadores, os trabalhadores abandonaram em massa o velho sistema de previdência (ver figura 1).[8]

---

[6] Ver Larraín (1993:27); Piñera (1991:59-61).

[7] Revisões adicionais foram introduzidas pelos Decretos nºs 3.501, 3.502, 3.626 e 101.

[8] Ver Borzutzky (1998:40).

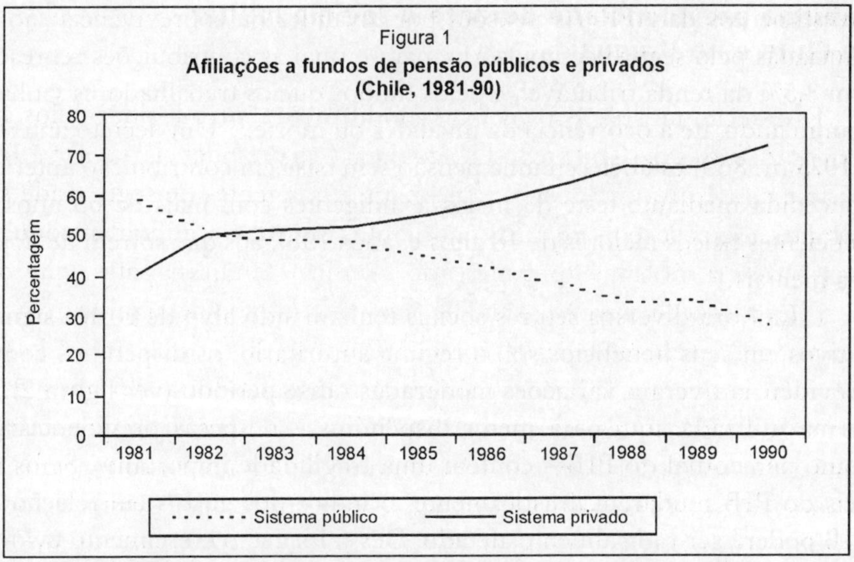

Fonte: Banco Central de Chile, indicadores econômicos e sociais e boletins mensais (vários números).

As poupanças individuais são administradas pelas administradoras de fundos da previdência (AFPs), fundos privados e que visam lucros. Suas operações são monitoradas pelo Estado através da superintendência da AFP. As AFPs substituíram os fundos para aposentadoria anteriormente existentes (com exceção daqueles pertencentes às Forças Armadas e à polícia) e cobram dos trabalhadores uma comissão por administrarem sua poupança. O novo sistema oferece três opções de aposentadoria, quais sejam: anuidade imediata, renda temporária com anuidade deferida ou aposentadoria programada. A todos os trabalhadores que aderissem ao novo sistema e que tivessem contribuído para qualquer fundo de aposentadoria por no mínimo cinco anos consecutivos antes da reforma foi outorgado um título de reconhecimento, isto é, uma compensação monetária validando suas contribuições anteriores.[9] A lei também estipula que o Estado conceda uma pensão mínima a todos os trabalhadores segurados com 20 anos de contribuição. Assim, se um trabalhador próximo à idade de se aposentar não tiver obtido o nível mínimo que lhe garanta uma pensão, o Estado cobrirá a diferença.[10] O novo sistema concede pensões por velhice, invalidez e sobrevivência. A velhice é coberta com as contribuições feitas pelo trabalhador durante a vida, equivalendo a 10% de sua renda tributável, mais o lucro gerado pelos

---

[9] Ver Mitchell & Barreto (1997:5); Valdez & Alvarado (1997:15).

[10] Ver Arellano (1985:143); Borzutzky (1990:63).

investimentos da AFP. As pensões por invalidez ou sobrevivência são financiadas pelo seguro compulsório, para o qual as contribuições representam 3,5% da renda tributável, e pelos fundos que os trabalhadores vinham acumulando até a ocorrência da invalidez ou morte.[11] Um decreto anterior a 1975 (nº 869) estabeleceu uma pensão sem base em contribuição anterior, concedida mediante teste de meios a indigentes com mais de 65 anos, a deficientes físicos maiores de 18 anos e, após 1987, aos que sofrem de doenças mentais.[12]

Embora diversos setores sociais tenham sido alvo de cortes significativos em seus benefícios sob o regime autoritário, os dispêndios com a previdência tiveram variações moderadas nesse período (ver figura 2). A forma utilizada aqui para medir dispêndios – despesas previdenciárias como percentual do PIB – contém uma fragilidade importante. Se os níveis do PIB mudarem drasticamente, o índice dos gastos em relação ao PIB poderá ser radicalmente afetado. Dessa forma, o crescimento evidente das despesas com a previdência por volta de 1982 não refletiu um aumento do "esforço empreendido em relação ao bem-estar social", mas uma queda dramática de 14,1% no PIB (ver figura 3).

Figura 2

Despesas com a previdência como percentagem do PIB (Chile, 1976-90)

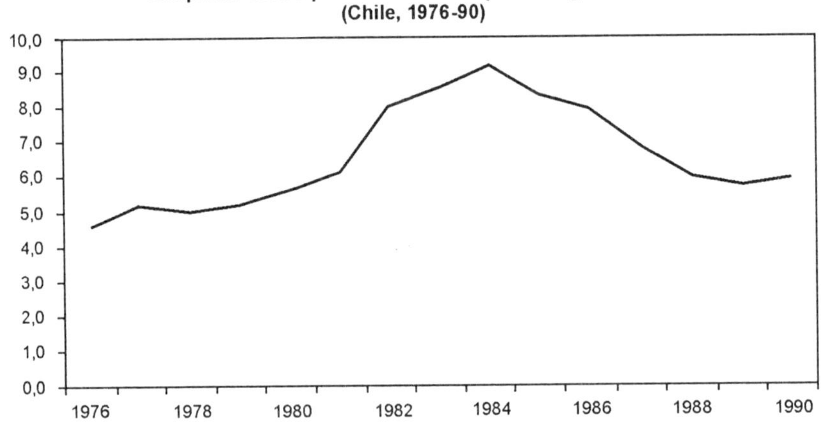

Fonte: Superintendencia de Seguridad Social, Departamento Actuarial, Costo de la Seguridad Social Chilena (vários anos).
Obs.: As despesas com a previdência incluem aposentadoria por idade e pensões por sobrevivência e invalidez. Os custos de transição e administração não estão incluídos.

[11] Ver Arellano (1985:142); Larraín (1993:35).

[12] Ver Mideplan (1996:238).

Figura 3

Crescimento do PIB (Chile, 1974-90)

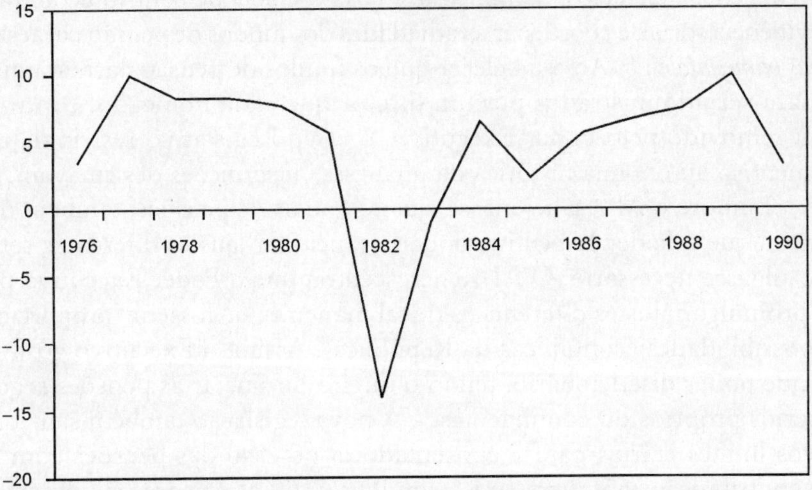

Fonte: Banco Central de Chile, indicadores econômicos e sociais e boletins mensais (vários números).

Em contraste com o processo de retração extrema ocorrido no Chile, o sistema previdenciário uruguaio não sofreu transformações radicais durante o regime militar (1973-85). Naquele período, aumentou-se a idade para aposentadoria e eliminaram-se algumas das opções de aposentadoria, bem como a adesão a múltiplos planos de aposentadoria (BPS, 1998:31). Como argumenta Mesa-Lago (1985:336), antes de se introduzir esta última medida, era comum os segurados ficarem excessivamente cobertos, pois estavam vinculados a diversos planos de aposentadoria. Para ilustrar, mostra que, até 1965, 117,3% da população economicamente ativa eram segurados. Ademais, os militares eliminaram os mecanismos da participação de representantes de aposentados, trabalhadores ativos e empregadores na administração da seguridade social.[13]

As mudanças mais importantes foram incluídas nos atos institucionais n°s 9 e 13. O AI 9, aprovado em outubro de 1979, foi a peça-chave na promoção da administração centralizada do sistema de previdência. O Banco da Previdência Social (BPS) foi substituído pela Direção Geral de Seguridade Social (DGSS). Daí por diante, a DGSS começou a administrar os principais fundos de aposentadoria e programas de previ-

[13] Embora a Constituição de 1967 tenha estabelecido que, além do Estado, a administração do Banco de Seguridade Social contaria com a participação dos atores mencionados, essa lei não foi implementada até o período de redemocratização.

dência social, exceto os da polícia e dos militares.[14] A DGSS era responsável por conceder benefícios, administrar e fazer a coleta de contribuições para a previdência social, e coordenar as atividades dos fundos de pensão paraestatais (*cajas paraestatales*).[15] Ao estabelecer que os fundos de pensão paraestatais deveriam ser administrados por um diretor que seria nomeado, controlado e/ou removido pelo Poder Executivo, o novo Legislativo restringia enormemente a autonomia histórica da qual essas instituições desfrutavam.[16]

Embora o AI 9 sancionasse ajustes anuais de pensões, também determinava que o Poder Executivo poderia sancionar ajustes diferentes sempre que julgasse necessário. O AI 13 acrescentou que o Poder Executivo poderia promulgar ajustes diferenciais de tal maneira que fossem "proporcionais às possibilidades econômicas da República". Assim, o Executivo gozava de grande poder discricionário, tendo o direito de ajustar as pensões segundo critérios próprios ou contingentes.[17] A nova legislação também sancionava novos limites etários para a aposentadoria no caso das pensões com base em contribuição (55 anos para as mulheres, 60 anos para os homens)[18] e um mínimo de 30 anos de trabalho. As contribuições dos empregadores foram reduzidas e houve uma crescente dependência do imposto de valor agregado para financiar o sistema. Porém, a conjuntura econômica difícil que o país atravessava no início dos anos 1980, devido ao segundo choque do petróleo, levou o governo a aumentar as contribuições de patrões e empregados à previdência social.[19] A despeito da introdução de algumas medidas para restringir as regras de habilitação, é interessante notar que o AI 9 identifica a solidariedade e o universalismo como os dois princípios que orientam o sistema de previdência.

---

[14] Ver Papadópulos (1992:69); Saldain (1990:255-56); Terra & Hopenhaym (1986:72). Os principais fundos de pensão e programas de previdência social incluíam: pensões familiares, seguros por motivo de doença, seguro-desemprego, fundos civis e educacionais, fundos de indústria e comércio, e seguros para serviços domésticos e rurais.

[15] Há três fundos paraestatais: Fundo Bancário, Fundo de Escrivão e Fundo para Professores Universitários, os quais concedem benefícios de previdência social a bancários, escrivãos e alguns profissionais universitários. Embora caiba ao Estado o papel de supervisão, esses fundos, cujos conselhos administrativos são formados pelos representantes de suas respectivas associações profissionais e por um representante do Poder Executivo, gozavam de grande independência em relação ao Estado. Como comenta Papadópulos (1992:45), esses fundos podem ser vistos como instituições sindicais privadas realizando funções públicas.

[16] Ver Ermida Uriarte & Grzetich (1991:100).

[17] Ver De los Campos & Minetti (1986:11-2); Papadópulos (1992:68-9).

[18] As idades de aposentadoria eram 45 e 50 anos, respectivamente, antes dessa alteração.

[19] Ver Terra & Hopenhaym (1986:74).

As despesas com pensões experimentaram variações durante o regime militar (ver figura 4). Entre 1973 e 1976 os gastos se mantiveram relativamente estáveis, mas entre 1976 e 1979 houve alguma erosão. Dali em diante e até 1982 os gastos aumentaram de forma marcante, mas essa tendência foi seguida por outra redução. Porém, como no caso do Chile, o crescimento notável nos gastos com a previdência por volta de 1982 reflete uma queda dramática de 9,5% no PIB (ver figura 5).

Figura 4
Despesas com a previdência como percentagem do PIB (Uruguai, 1973-85)

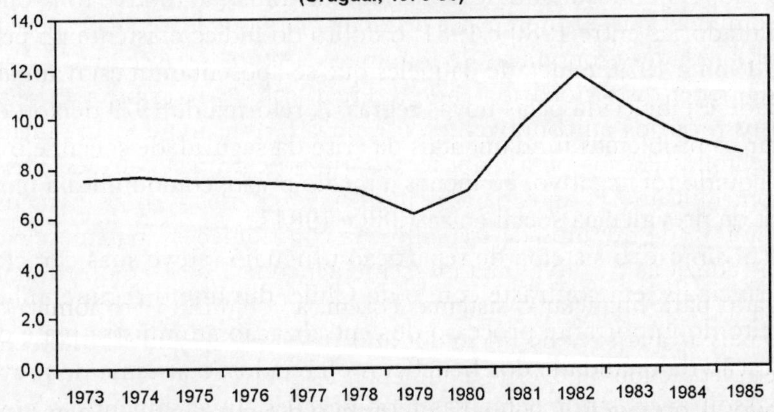

Fontes: Instituto Nacional de Estadísticas (vários anos), com exceção dos dados sobre fundos de pensão dos militares e da polícia entre 1973 e 1978, obtidos em Terra & Hopenhaym (1986).

Obs.: As despesas com a previdência incluem aposentadoria por idade, sobrevivência e invalidez. Os custos de administração não estão incluídos.

Figura 5
Crescimento do PIB (Uruguai, 1973-85)

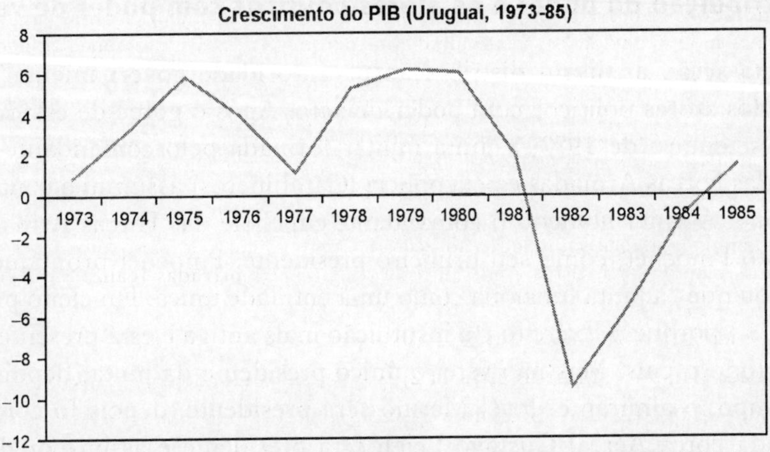

Fontes: Banco Central del Uruguay e Oficina de Planeamiento y Presupuesto, apud Pnud (1999).

As mudanças introduzidas no Uruguai mantiveram, segundo Filgueira (1995:33), "a estrutura estatista corrente. As reformas foram fruto da necessidade, e não de um projeto que tivesse por objetivo desmantelar o sistema herdado do início do século". Durante todo esse período o Estado permaneceu encarregado de administrar todo o sistema de previdência. Além disso, o impacto das mudanças foi um tanto quanto limitado. Como sugere Mesa-Lago (1994:1.570), o AI 9 "manteve o esquema de privilégios para os mais altos cargos políticos, assim como para os juízes e professores, e permitiu condições generosas para a aposentadoria durante um período de transição. Como resultado desse período de transição, houve uma onda de aposentadorias entre 1980 e 1981, o dobro do índice existente no período entre 1969 e 1979, e metade daqueles que se aposentaram estavam abaixo da idade estabelecida pelas novas regras. A reforma de 1979 deixou de enfrentar os problemas fundamentais da crise da seguridade social, e o resultado líquido foi negativo, ao menos a médio prazo, como indica a piora no déficit da previdência social entre 1980 e 1984".

Em síntese, o sistema de repartição uruguaio reteve suas características principais, em contraste com o do Chile, durante o regime militar. A despeito do importante processo de centralização administrativa e da deterioração da qualidade dos benefícios oferecidos, o sistema de previdência passou apenas por pequenas modificações. Inversamente, o governo militar chileno lançou uma estratégia de retração drástica. Assim, em 1981 o histórico sistema de repartição havia sido substituído por um esquema de capitalização individual administrado por instituições privadas.

A distribuição do poder e os atores políticos com poder de veto

Esta seção analisa a distribuição da autoridade governamental e o papel dos atores políticos com poder de veto. Após o golpe de estado de 11 de setembro de 1973, a junta militar formada pelo comandante-em-chefe das Forças Armadas e pela polícia (Carabineros) assumiu o controle no Chile. A junta nomeou o comandante-em-chefe das Forças Armadas, Augusto Pinochet, como seu primeiro presidente. Pinochet prontamente declarou que "a junta funciona como uma entidade única. Fui eleito presidente (...) porque o Exército é a instituição mais antiga e está presente em quase todo o país. Mas não serei o único presidente da junta; depois de um tempo, o almirante [José] Merino será presidente, depois [o comandante da Força Aérea] Gustavo Leigh será presidente e assim por diante".[20] Porém, a anunciada rotatividade do poder nunca ocorreu e Pinochet se tornou a figura mais proeminente e poderosa do regime militar até a restauração da democracia em 1990.

A junta militar chilena em muito se assemelhava àquelas de outros países do Cone Sul. Porém, a concentração da autoridade governamental num único membro da junta, a amplitude do poder desfrutado por Pinochet e o processo contínuo de remover de posições-chaves todas as figuras que pudessem contestar seu poder não tiveram precedente entre os outros regimes autoritários da região. Logo após o golpe, e supostamente para afastar oficiais militares leais a Allende, a junta aprovou os decretos n°s 33 e 220, que concederam ao general Pinochet o poder de nomear e aposentar oficiais do Exército. Além disso, ele pediu uma carta de demissão aos novos coronéis que poderia ser utilizada a seu critério.[21]

Após a aprovação do Estatuto da Junta, Pinochet foi proclamado "chefe supremo da nação" (mas um decreto posterior o qualificou como presidente da República), e os outros membros da junta perderam o poder de removê-lo como chefe do Executivo.[22] Pinochet ganhou controle da nomeação dos cargos públicos mais importantes, tais como ministros, governadores, prefeitos e reitores das universidades.[23] Assim, a junta acabou relegada a executar apenas as funções legislativas. Desde o princípio, muitos acreditavam que Leigh representava a liderança da junta. Ele tinha ligações próximas com a direita política chilena, em contraste marcante com Pinochet, que rejeitava a imagem de "políticos tradicionais" e se opunha a ceder-lhes o poder. Como argumentou Pinochet, "desde o início, a resposta dada àqueles que perguntavam por quanto tempo o atual governo [militar] permaneceria no poder foi: 'temos objetivos, mas não temos prazos'. Alguns *señores políticos* inicialmente tiveram uma postura favorável em relação ao governo, pois viam na liberação militar do Chile uma chance de retomar rapidamente o controle do Estado. Agora que perceberam o quanto estavam equivocados, passaram subitamente a se opor ao regime".[24]

---

[20] *Que Pasa*. Santiago, 27-9-1973. p. 7-8.

[21] Ver Valenzuela (1991:32-3).

[22] Ver Arriagada (1998:45-7); Cavallo Castro et alii (1990:65-8); Valenzuela (1991:35-7).

[23] Ver Agüero (1988:175).

[24] *Que Pasa*. Santiago, 15-3-1974. p. 7.

O poder gradativamente se concentrou em torno da equipe econômica. No entanto, inicialmente prevaleceram os militares, em vez dos tecnocratas civis, na implementação das políticas econômicas e sociais.[25] Até abril de 1975, os oficiais militares eram nomeados para praticamente todos os cargos ministeriais, e jovens economistas eram convidados a servir principalmente como consultores. Nesse contexto, a equipe econômica formada por civis encontraria dificuldade em implementar sua agenda, principalmente por causa da oposição do general Leigh. Como atesta o ex-presidente do Banco Central, Pablo Barona, "durante os primeiros dois anos [do regime militar], até abril de 1975, pouco se fez. Nunca tivemos problemas de comunicação com Pinochet e Merino, [o general César] Mendoza em geral os seguia, mas Leigh era um tanto rebelde".[26] Por mais restrita que tenha sido a equipe inicialmente, composta de um grupo de jovens economistas conhecidos como *Chicago boys*,[27] ela participou do processo de definição das políticas desde o começo.

O mau desempenho macroeconômico do Chile,[28] exacerbado pela crise do petróleo e uma queda de quase 50% no preço internacional do cobre, levou a uma guinada que culminou com a implementação das recomenda-

[25] Com a aprovação do Estatuto da Junta, os militares dividiram entre si as distintas áreas políticas. Segundo esse arranjo, a Marinha estaria encarregada da economia, a Força Aérea seria responsável pelas políticas sociais, a polícia iria concentrar seu foco nas políticas agrícolas e do trabalho, e o Exército cuidaria das políticas de segurança interna (Agüero, 1988:175; Silva, 1996:119).

[26] Entrevista concedida à autora (Santiago, 9-6-1999).

[27] Desde 1956, o Departamento de Economia da Universidade de Chicago e seu correspondente na Universidade Católica do Chile estabeleceram um acordo permitindo que jovens economistas promissores do Chile fizessem pós-graduação em Chicago. Embora os *Chicago boys* só tenham ganhado proeminência em meados da década de 1970, eles já atuavam em conjunto desde o final dos anos 1960 em seu próprio centro de pesquisas, o Centro de Estudos Socioeconômicos, onde prepararam um programa econômico para o candidato de direita às eleições de 1970, Jorge Allesandri. Essa experiência e a colaboração subseqüente culminaram com o delineamento de um programa de desenvolvimento econômico que ficou conhecido como *el ladrillo* (o tijolo). Em 1972, um ex-oficial da Marinha que tinha contatos próximos com os jovens economistas e que era amigo pessoal de Merino ofereceu a oficiais de alta patente daquela arma a chance de esboçar um plano para "resolver os problemas econômicos do Chile (Fontaine, 1988:18; Remmer, 1988:12). Embora um primeiro esboço tenha sido apresentado a alguns oficiais da Marinha em maio de 1973, no dia 12 de setembro de 1973 (o dia seguinte ao golpe!) o tijolo foi distribuído entre os membros proeminentes das Forças Armadas.

[28] Segundo dados do Banco Central, em 1975 o PIB do Chile caiu 12,9 pontos percentuais e a inflação subiu para 340,7%.

ções dos *Chicago boys* para as políticas governamentais. O recém-eleito ministro das Finanças Jorge Cauas, o czar do tratamento de choque de 1975, acreditava que para implementar a "necessária" e radical reforma fiscal seria essencial centralizar o processo de tomada de decisões econômicas e a coordenação da administração pública sob o guarda-chuva exclusivo do Ministério das Finanças. Segundo Cauas,[29] a opinião de todos seria ouvida durante o processo de tomada de decisões mas, uma vez tomada, a decisão seria implementada sem quaisquer debates adicionais. O presidente Pinochet concordou e apoiou a formulação de um decreto que tornaria o ministro das Finanças um superministro. Como atesta o então futuro ministro das Finanças Hernán Büchi (1993:20), o objetivo principal era "corrigir a falta de coordenação existente e introduzir homogeneidade numa área onde ainda restavam grupos indisciplinados que raramente conseguiam concordar com uma linha de ação consistente e coerente".

A concentração de poder materializou-se na aprovação do Decreto nº 966, de abril de 1975, estabelecendo que o ministro das Finanças seria o coordenador do sistema econômico e, portanto, teria o comando de todos os cargos governamentais que envolvessem políticas econômicas e da maioria dos ministérios e agências estatais.[30] Também outorgava ao ministro das Finanças maior controle sobre a alocação de recursos, o planejamento econômico e a nomeação e demissão de altas autoridades governamentais, à exceção dos ministros, que só podiam ser nomeados e dispensados pelo chefe de Estado. Tal decreto também pôs fim ao poder de veto dos membros da junta às nomeações e concedeu os novos poderes de maneira tão sutil que ninguém realmente percebeu as conseqüências que isso teria em relação à concentração de poder.[31] Outras instâncias decisórias lidavam diretamente com as políticas sociais, mas sempre estiveram subordinadas ao Ministério das Finanças e ao presidente Pinochet. Os *Chicago boys* dominaram o Escritório de Planejamento Nacional (Odeplan) desde o início, e muitas das políticas sociais do regime militar foram parcial ou totalmente delineadas ali.[32]

---

[29] Entrevista concedida à autora (Santiago, 31-5-1999).

[30] Ver Silva (1996:108). Esses ministérios e agências estatais são: Agricultura, Corfo, Economia, Saúde, Moradia, Trabalho, Mineração, Odeplan, Obras Públicas e Transporte.

[31] Ver Cavallo Castro et alii (1990:86-7).

[32] Embora seja evidente que Pinochet e sua equipe econômica conseguiram monopolizar o processo de definição das políticas sociais e econômicas, cabe ressaltar que a permanência da equipe econômica dependia do apoio de Pinochet. Essa é a principal razão pela qual a proeminência da equipe econômica variou ao longo do tempo.

Tanto no Chile como no Uruguai, a sociedade civil organizada foi severamente reprimida sob o regime militar. Não obstante, poderosos atores políticos com poder de veto trabalhando no interior da máquina estatal tentaram bloquear mudanças nas políticas estatais. No Chile, tais atores procuraram resistir à extrema concentração da autoridade governamental promovida por Pinochet e às reformas orientadas para o mercado adotadas pela equipe econômica. Embora Pinochet e os *Chicago boys* tenham conseguido monopolizar a criação e implementação de políticas, a reforma radical do sistema de previdência só pôde concretizar-se quando os atores políticos com poder de veto foram afastados das posições que ocupavam. Entre os oficiais militares chilenos havia lideranças, principalmente na Força Aérea, que constantemente colocavam obstáculos às políticas neoliberais. O general Leigh era um forte oponente dos *Chicago boys* e de seu modelo econômico. Como disse Leigh, "discuti com eles porque não aceito esse sistema de ação puramente econômico que desconsidera os problemas sociais".[33] O general defendia uma relação paternalista com os trabalhadores, "uma forma sutil de populismo, caracterizada por uma preocupação com os custos sociais dos programas de ajuste, e defendia especialmente a capacidade de organização e negociação dos trabalhadores".[34] Nesse contexto, não era fácil para os *Chicago boys* obter o apoio do general Leigh. Segundo Robert Kelly, diretor do Odeplan, "Leigh era totalmente estatista, como os aviadores e muitas pessoas uniformizadas, e tinha essa concepção de que os trabalhadores deveriam ser protegidos e de que os empresários eram ladrões".[35]

Uma proposta de privatização da previdência apresentada à junta em 1974 foi rejeitada devido à oposição do general Leigh. Como afirma Kelly, "nossa primeira apresentação da previdência social provavelmente foi em fevereiro ou março de 1974. E quando defendemos a idéia de que os fundos de pensão seriam administrados pelo setor privado, Leigh quase deu um pulo por cima da mesa. Afirmou que era uma idéia louca (...). Então Leigh disse: bem, precisamos estudar esse assunto em profundidade, e isso, e aquilo, e não se redigiu um projeto de lei, absolutamente nada".[36]

[33] Apud Marras (1998:134).

[34] Ver Moulian (1997:236).

[35] Cidoc (Centro de Investigación y Documentación en Historia de Chile Contemporáneo), Universidad Finis Terrae. Vídeo nº 25, 1992.

[36] Idem.

Somente depois do afastamento de Leigh foi que se implementou o processo de reforma radical do sistema de previdência. As ações do general Leigh e de outros oficiais da Força Aérea são fundamentais para explicar por que a retração da previdência social ocorreu apenas após 1979 e por que a equipe econômica não pôde adotar anteriormente algumas medidas cruciais (por exemplo, a privatização dos fundos de pensão dos militares e da polícia). Segundo Pablo Kangiser, membro da comissão legislativa que trabalhava com a previdência, a privatização foi postergada também por causa dos debates sobre os fundos de aposentadoria das Forças Armadas: "Pinochet resolveu que dentro de seis meses o governo estudaria como o sistema AFP funcionaria para as Forças Armadas. Até hoje, nada foi feito (...) devido à resistência dos próprios militares".[37] Para Pinochet (1991:180), a discordância de Leigh se refletia em "duras críticas em relação à política econômica levada adiante pelo governo, associadas a atitudes e comentários negativos em relação às políticas implementadas pela junta". Assim mesmo, Leigh nunca antecipou o que Pinochet poderia fazer com relação a sua posição na junta, mesmo depois de ter sido convidado a renunciar.[38] Pinochet exonerou Leigh por meio de uma cláusula do Estatuto estabelecendo que um membro da junta poderia ser afastado caso se mostrasse "absolutamente incapaz de cumprir seu dever" – cláusula a ser aplicada se algum membro da junta ficasse gravemente doente, seja física ou mentalmente. Ao declarar que Leigh era incapaz de governar (e ao expulsar 18 generais da Força Aérea!), Pinochet consolidou seu poder e minimizou a presença de atores políticos com poder de veto que pudessem desafiar ou criar obstáculos às suas escolhas em relação às políticas.

A autoridade governamental era muito mais descentralizada no Uruguai do que no Chile. Em vez de um processo unilateral de intervenção militar, o governo autoritário uruguaio contava com a permanência e a participação ativa de um presidente democraticamente eleito, Juan Maria Bordaberry, até 1976. Em 27 de junho de 1973, com o apoio das Forças Armadas, o presidente Bordaberry decretou a dissolução do Congresso e criou um conselho de Estado, composto de 25 civis, para executar funções legislativas. A justificativa de Bordaberry para esse ato era que o país estava imerso numa crise institucional profunda e que o Congresso era complacente em relação às "ações criminosas de uma conspiração con-

[37] Entrevista concedida à autora (Santiago, 29-6-1999).

[38] Ver Marras (1988:136-7); Varas (1979:21-2).

tra a nação".[39] Depois de 1976, quando Bordaberry foi afastado, dois civis obscuros ocuparam a presidência até 1981, quando o general Gregório Alvarez foi nomeado para o cargo. Como disse o capitão aposentado Tróccoli (1999:134), com a exceção de Alvarez, "o governo nunca foi encabeçado por uma figura militar". Isso, por sua vez, engendrou uma "forma de ação corporativista, que não era personificada por um inconfundível general, como costumamos ver em outras ditaduras militares. Tratava-se, em vez disso, de um governo militar que nunca teve uma identificação personalista".

Em conjunto com o presidente, os militares funcionavam como um corpo colegiado que participava no processo de formulação das políticas por intermédio de diversas instâncias decisórias. Essa forma de atuação em colegiado era "indicada pela falta de um serviço de inteligência militar centralizado, pela rotatividade dos cargos militares e presidencial, e pela eleição do chefe do exército pelos oficiais de alta patente".[40] A forma de atuação política em colegiados e a presença de diversas instâncias decisórias resultaram numa dispersão da autoridade governamental. Nas palavras do historiador Gerardo Caetano, "a estrutura colegiada das Forças Armadas nunca foi realmente contestada por uma liderança unificadora ou pela prevalência de uma facção militar incontestável, especialmente no interior do exército. Se você analisar os debates da Junta dos Oficiais Generais, você sempre irá reconhecer esse quadro de fragmentação".[41]

Os processos decisórios eram distribuídos entre diversas unidades. A Junta de Comandantes-em-Chefe (JCJ) foi criada em 1971 para coordenar as operações contra a guerrilha Tupamaro e para aconselhar o Poder Executivo na coordenação das atividades das Forças Armadas. A JCJ (1978: 62-3) também era encarregada de recolher informação e realizar pesquisa "acerca de todas as medidas e planos governamentais que têm influência sobre o desenvolvimento e a segurança". Mais de 20 oficiais no comando de cada setor das Forças Armadas formavam a Junta de Generais Oficiais (Joogg). Seus principais encargos eram formular e atualizar as políticas das Forças Armadas e promover e aposentar oficiais dos comandos militares. Rial (1986:30-1 e 1989:112) sustenta que esta última prerrogativa era freqüentemente utilizada para neutralizar a liderança carismática de figuras

---

[39] JCJ (1978:762).

[40] Remmer (1989:178-9).

[41] Entrevista concedida à autora (Santiago, 22-3-1999).

militares proeminentes e criar obstáculos à ascensão de oficiais militares que foram líderes de diferentes facções existentes nas Forças Armadas. Finalmente, o Conselho da Nação era composto pelo Conselho de Estado e pela Joogg. Suas funções principais eram nomear figuras cruciais, como o presidente da República, os membros do Conselho de Estado e a Corte Suprema de Justiça, bem como dar conta das acusações contra instituições ou oficiais proeminentes.[42] A variedade de instâncias envolvidas no processo de tomada de decisões – que freqüentemente refletia o profundo facciosismo existente no seio das Forças Armadas – e as regras rígidas para a seleção e aposentadoria de oficiais não possibilitavam a emergência de uma figura militar proeminente que pudesse concentrar a autoridade governamental. Aliás, houve severas desavenças entre oficiais militares acerca de questões relacionadas à concentração do poder.[43]

Na área de política econômica, monetaristas controlavam o Ministério da Economia, mas o ministro jamais conseguiu concentrar a autoridade governamental. Em 1974, o governo nomeou para esse cargo Alejandro Végh Villegas. Engenheiro e economista formado em Harvard, filho de renomada família de banqueiros, Végh Villegas foi escolhido devido a sua estreita ligação com a comunidade de banqueiros, tanto no plano doméstico quanto internacional. Em vão ele procurou estabelecer uma equipe econômica coesa instigando as autoridades militares a nomear alguns de seus colaboradores mais próximos para o Ministério das Indústrias e para outras posições no governo. A forma de atuação política dos militares uruguaios em colegiados e sua oposição às políticas neoliberais fizeram com que Végh sofresse grandes constrangimentos em relação a seu poder de nomear consultores. Como diz Biglaiser (1999:18-20), "embora o presidente Juan Maria Bordaberry defendesse políticas ortodoxas e tivesse nomeado Végh Villegas, poucos economistas compunham o resto da equipe. Estes representavam apenas 11,3%

[42] Ver JCJ (1978:385).

[43] Já em 1974, devido a discórdias em relação à política econômica prevalecente, alguns oficiais do Exército discutiram secretamente a possibilidade de substituir o presidente Bordaberry pelo comandante-em-chefe do Exército, general Chiappe Posse. Porém, a maioria dos generais rejeitou essa possibilidade porque nomear um comandante-em-chefe para a presidência concentraria poder demais nas mãos de uma única pessoa. A oposição de Chiappe Posse a essa decisão levou à sua exoneração, fato que, segundo oficiais militares proeminentes, como o general Queirolo e o brigadeiro Cardozo, quase terminou em derramamento de sangue (Lessa 1996:155-6).

dos formuladores de políticas econômicas entre 1973 e 1976 (...). Quando Végh Villegas renunciou ao cargo em 1976, a probabilidade de dar início a políticas ainda mais ortodoxas diminuiu. A proporção de economistas em cargos relacionados à formulação de políticas econômicas diminuiu para apenas 10,10% entre 1977 e 1982 (...). O regime colegiado e o apoio militar a políticas econômicas estatistas favoreceram a nomeação de poucos economistas".

Isso não quer dizer que Végh e seus aliados não fossem capazes de promover quaisquer políticas "pró-mercado". Porém o espaço para mudanças nas políticas era bastante restrito, uma vez que as políticas sociais não estavam sob o comando exclusivo dos formuladores da política econômica.

A burocracia tradicional associada ao desenvolvimento do sistema de previdência continuou a desempenhar suas funções e, de fato, participou das mudanças mais relevantes que ocorreram durante o regime militar, tais como os atos institucionais n°s 9 e 13. Realmente, a centralização administrativa da previdência envolveu uma forte participação da burocracia tradicional - em vez de uma equipe econômica tecnocrática – na reorganização (mas não na refundação) do sistema existente. José Etcheverry Stirling, então ministro do Trabalho, alega que a primeira coisa que fez após sua nomeação foi "aglutinar todas as pessoas vindas do Banco de Previdência Social para um trabalho em conjunto. Eles eram os melhores técnicos, as pessoas que mais conheciam essas questões".[44] De forma semelhante, Alfredo Baeza, ex-subsecretário do Trabalho, afirma que "a nossa grande vantagem era que podíamos contar com os excelentes técnicos do Banco de Previdência Social. Eles certamente foram o ponto de partida".[45]

A distribuição da autoridade governamental entre diversas instâncias decisórias impediu uma mudança radical no Uruguai. Em outras palavras, o poder não estava concentrado numa única e incontestada figura pública, como ocorria no Chile. Como notou Biglaiser (1999:4), "a liderança de um único homem no poder (...) gera mais oportunidades para a nomeação de economistas neoliberais do que governos colegiados ou militares divididos em facções que requerem acordos consensuais". A dispersão do poder, por sua vez, facilitou a ação de atores políticos com poder de veto que se opunham a mudanças nas políticas. A despeito da

[44] Entrevista concedida à autora (Montevidéu, 15 e 18-3-1999).

[45] Entrevista concedida à autora (Montevidéu, 18-3-1999).

forte repressão, proeminentes atores políticos com poder de veto operando no interior do Estado persistiram em sua oposição à adoção de medidas que buscavam promover reformas radicais.

Embora os militares não impedissem que Végh e seus aliados levassem adiante uma série de medidas "pró-mercado" – tais como o fomento de exportações não tradicionais ou a liberação do câmbio –, suas ações eram limitadas por oficiais militares, como o brigadeiro Jorge Borad ou o general Abdón Raimúndez.[46] Em particular, o general Raimúndez (presidente do Banco da República e presidente do Banco Central durante o regime militar) foi uma figura-chave no bloqueio às políticas propostas por Végh. Isso em parte porque, como disse Etcheverry Stirling,[47] os militares não queriam "um superministro que acabasse dirigindo o país. O general Raimúndez era um oponente constante de Végh. (...). Uma forte presença do Estado se manteve durante todo o regime militar. Essa tendência estatista foi mantida e não se modificou. Raimúndez entendia a abordagem tipo *Chicago boys* adotada por Végh, não compartilhava dela, e utilizou sua autoridade dentro do Exército para se opor a ele".

Os atores políticos com poder de veto no interior do aparelho de Estado também são importantes para explicar a impossibilidade de levar adiante a agenda de privatização ou a promoção de políticas com o objetivo de limitar o protecionismo (à indústria nacional) e reduzir o número de funcionários no setor público. Durante o período em que Végh esteve no cargo fizeram-se tentativas de privatizar algumas companhias de propriedade estatal. Porém, segundo Gillespie (1991:57-8), "a privatização foi bloqueada por setores nacionalistas dentro das Forças Armadas, que freqüentemente viam as companhias estatais como recursos geopolíticos. (...) o poder de Végh como ministro da Economia era limitado pela interferência dos militares e pela resistência da burocracia". No final das contas, a única empresa vendida ao capital privado foi uma pequena companhia de ônibus de propriedade de um município.[48]

Outro aspecto da contenda entre o ministro da Economia e os oficiais das Forças Armadas estava relacionado à diminuição das tarifas, especialmente durante o ano de 1975, quando Végh procurou limitar o protecionismo (à indústria nacional) ao promover uma série de medidas

[46] Ver Caetano & Rilla (1998:172); Handelman (1979:8).

[47] Idem.

[48] Ver Handelman (1979:18, 30).

para permitir a importação de carros montados.[49] Dessa vez a oposição veio não apenas do general Raimúndez, mas também do comandante-em-chefe das Forças Armadas (Estado-Maior Conjunto – Esmaco). Essa questão foi subseqüentemente entregue ao ministro das Indústrias, e nenhum decreto foi promulgado. Numa entrevista, Végh reconhece que suas duas maiores decepções enquanto ministro das Finanças foram sua incapacidade de vender empresas estatais a empresas privadas estrangeiras e sua incapacidade de reduzir significativamente o número de funcionários públicos. Ele alegou que "forças poderosas no interior do governo" a ele se opuseram em ambas as questões, mas recusou-se a nomear que forças eram essas.[50]

As mudanças introduzidas na previdência não eram radicais, tampouco revolucionárias, mas assim mesmo sofreram oposição no interior do Estado. Durante os debates acerca da aprovação do Ato Institucional nº 9, a resistência não veio dos militares, mas do Conselho Estatal. Para evitar atrasos na implementação da reforma, o Executivo decidiu passar ao largo do Conselho Estatal e, em vez de ditar uma lei ordinária, decretou a nova medida por um ato institucional. Em suma, a dispersão da autoridade governamental ofereceu aos atores políticos com poder de veto múltiplas oportunidades para bloquear a implementação de políticas indesejadas.

Posições ideológicas dos formuladores de políticas

Esta seção examina as posições ideológicas de diferentes atores políticos e seus efeitos na formulação de políticas. Embora a concentração de poder seja essencial para se compreender a possibilidade de implementar um processo de retração radical das políticas sociais, ela não explica o conteúdo que as reformas específicas acabam assumindo. Portanto, precisamos voltar nossa atenção para as posições ideológicas dos atores centrais no processo de formulação de políticas, na medida em que são cruciais para entendermos o conteúdo das decisões tomadas e a orientação das mudanças operadas nas políticas governamentais. Durante o regime militar no Chile, duas ideologias distintas moldaram o conteúdo das mudanças nas políticas governamentais: a segurança

---

[49] Ver Handelman (1979:254).

[50] Ver Handelman (1981:279).

nacional e o monetarismo.[51] Em diferentes períodos, um desses pontos de vista contrastantes prevaleceu sobre o outro, mas algumas vezes eles se associaram, resultando em políticas aparentemente erráticas.

Como em outros países, a ideologia principal dos militares chilenos era a da segurança nacional. A eleição de um governo socialista e os níveis crescentes de polarização política que precederam o colapso democrático contribuíram para a radicalização das idéias militaristas. No dia 8 de outubro de 1973, o Decreto-lei nº 77 estabeleceu que os principais objetivos do novo governo militar eram "extirpar o marxismo do Chile, para restaurar o país, moral e materialmente, rumo ao desenvolvimento econômico e à justiça social, e para vitalizar novas formas institucionais que possam pôr em prática uma democracia moderna, que esteja livre dos vícios que favoreceram a atuação de seus inimigos".[52] Em suma, os objetivos dos militares eram definidos em oposição àqueles seguidos pelo governo socialista de Allende. A doutrina da segurança nacional determinou as escolhas das primeiras políticas do governo militar e levou à adoção de medidas repressivas e a flagrantes violações dos direitos humanos durante todo o regime.

A ideologia da equipe econômica requer atenção especial, na medida em que teve grande impacto na reforma da previdência. Como vimos, os *Chicago boys* conseguiram monopolizar grande poder, que só poderia ser limitado por Pinochet. Ademais, à época em que a maioria das decisões concernentes à previdência foram tomadas (1979-81), a posição da equipe econômica era sustentada pela plena realização das metas de política econômica estabelecidas em 1975. Assim, segundo Kurtz (1999:416), "idéias neoliberais começaram a ganhar terreno. O sucesso na redução da infla-

---

[51] Outra ideologia que modelou as políticas foi o gremialismo. Embora os gremialistas não tivessem influência direta nas pensões, eles certamente promoveram reestruturações políticas. Liderados por Jaime Guzmán – importante conselheiro de Pinochet –, os gremialistas eram representantes históricos de um pequeno grupo católico de direita das elites tradicionais, vinculado ao Partido Conservador. Porém, durante os anos 1960, os gremialistas ganharam proeminência ao vencer as eleições estudantis na Universidade Católica (Sanders, 1981:290-1). Suas raízes filosóficas remontam ao integralismo católico, ao franquismo espanhol e ao corporativismo (Vergara, 1985:59). A declaração de princípios do governo chileno de março de 1974, o discurso de Chacarillas de Pinochet em 1977 (quando anunciou o caminho em direção à "democracia autoritária") e a reforma constitucional de 1980 são bons exemplos da influência gremialista (Arriagada, 1998:76; Valenzuela, 1991:44-5).

[52] Apud Vergara (1985:20).

ção ajudou a convencer a junta de que as idéias liberais poderiam talvez ser aplicadas com sucesso em outras áreas de políticas". Conseqüentemente, o monetarismo tornou-se a ideologia dominante do "processo de modernização". Embora os militares em geral não compartilhassem de um ponto de vista bem definido acerca das políticas sociais e econômicas, eles rejeitavam as escolhas políticas favorecidas pelo governo Allende e, em alguma medida, por administrações anteriores. Essa rejeição se explicitava principalmente nos discursos do almirante Merino e do contra-almirante Gotuzzo (o primeiro ministro das Finanças do governo Pinochet). Como alegava o almirante Merino, o principal objetivo da política econômica era "romper o critério estatizante que havia orientado as políticas nos últimos 40 anos. Em economia, ou você é eficiente com altos níveis de produtividade, ou é liquidado (...). Porém, quando o Estado Pai procura remendar ineficiências, não há corretivo viável. E, nessas circunstâncias, quem é que sofre? Sem dúvida é o país como um todo. Não há pior empreendedor do que o Estado".[53]

Os *Chicago boys* forneceram aos militares um diagnóstico dos problemas do país e lhes propuseram um plano abrangente para saná-los. Suas idéias eram profundamente influenciadas pela orientação monetarista do Departamento de Economia da Universidade de Chicago, e seus gurus eram os paladinos do livre-mercado, como Milton Friedman, Arnold Harberger, Friedrich von Hayek e Theodor Schultz. Em oposição à estrutura econômica keynesiana e à sua contrapartida, a abordagem estruturalista adotada pela Comissão Econômica para a América Latina e Caribe (Cepal), os *Chicago boys* defendiam uma redução da intervenção do Estado, o fortalecimento do setor privado, a adoção de políticas de estabilização e de livre-mercado, e a privatização.[54] Acima de tudo a equipe econômica abraçava o princípio do papel suplementar do Estado. Segundo esse princípio, o Estado "deveria se abster de participar em qualquer atividade que pudesse ser desenvolvida pelo setor privado. (...) [O] governo deveria se envolver no fornecimento de serviços apenas naquelas áreas em

---

[53] *Que Pasa*. Santiago, 22-3-1974. p. 6-9.

[54] Ver Montecinos (1998:129); Ramos (1986:7-10); Silva (1996:208-9). A despeito de seu apelido, nem todos os meninos de Chicago estudaram em Chicago; aliás, alguns dos membros mais destacados da equipe econômica fizeram pós-graduação em outras universidades americanas. Por exemplo, o ministro das Finanças Hernán Büchi e Jorge Cauas estudaram na Universidade de Columbia, e o ministro do Trabalho José Piñera estudou em Harvard.

que o setor privado ou grupos de cidadãos voluntários não pudessem fazê-lo adequadamente".[55]

As idéias principais da equipe econômica acerca de praticamente todos os aspectos da formulação de políticas podem ser encontradas no seu plano de desenvolvimento de 1973, apelidado de "o tijolo", que faz um diagnóstico dos principais problemas da economia chilena e oferece um extenso conjunto de recomendações políticas.[56] Segundo os *Chicago boys*, essas recomendações deveriam ser adotadas de maneira rápida e centralizada. Para obter aprovação, a equipe também fez o esforço explícito de retratar o monetarismo como a antítese do socialismo, tornando-o compatível com a doutrina da segurança nacional. Segundo o ex-ministro das Finanças, Sergio de la Cuadra, "a junta [militar] pôde ter excelentes aulas de economia, pois se se quiser escrever um texto de economia, e se começar com todos os erros de Allende, fica fácil apontar o que não deve ser feito. As políticas adotadas por Allende representaram um fator-chave para que as políticas econômicas [pró-mercado] ganhassem aceitação".[57]

Na área de reforma das políticas sociais, ou das "sete modernizações",[58] o curso geral de ação já estava traçado no "tijolo", mas as mudanças mais significativas não ocorreram senão em 1979, quando a equipe econômica conseguiu implementar o programa de estabilização e quando se conseguiu afastar os atores políticos com poder de veto das posições que ocupavam. As políticas sociais tinham que ser estruturadas de tal forma que não entrassem em choque com o crescimento econômico; tinham que ser focais e fundamentadas em testes de meios, com o Estado concentrando sua atenção apenas nos setores de baixa renda. Segundo o ex-ministro das Finanças Hernán Büchi (1993:127), "devido à intima correlação entre cres-

---

[55] Espínola (1993:79).

[56] O diagnóstico identifica seis grandes problemas, a saber: baixo índice de crescimento; estatismo exacerbado; escassez de empregos produtivos; inflação alta; estagnação da produção agrícola; e extrema pobreza em segmentos significativos da população (*El Ladrillo,* 1992:27-38). As soluções que "o tijolo" oferecia consistiam num conjunto de 13 prescrições políticas que serviam como base para as políticas econômicas da equipe, embora em diferentes períodos do regime militar a ênfase tenha sido colocada em distintos objetivos políticos.

[57] Cidoc (Centro de Investigación y Documentación en Historia de Chile Contemporáneo), Universidad Finis Terrae. Vídeo nº 4, 1992.

[58] As sete modernizações incluíam a descentralização, bem como as reformas na agricultura, educação, atenção à saúde, previdência social, e o sistema judiciário.

cimento [econômico] e redistribuição de renda, as políticas sociais que se contrapõem ao crescimento nunca são saudáveis. Seu impacto sobre o crescimento tem que ser no mínimo neutro. As políticas sociais que interferem, minam ou atrasam o processo de desenvolvimento econômico são desastrosas e acabam por não favorecer aqueles a quem se destinam. Os programas sociais precisam incluir algum incentivo para o esforço individual e para que as pessoas se tornem gradativamente responsáveis por seu próprio destino. Não há nada mais patético do que programas sociais que encorajam o parasitismo social".

Uma vez que se presumia que o mercado era muito mais eficiente do que o Estado na alocação de recursos, o Estado deveria ter um envolvimento mínimo na administração e implementação dos programas sociais, cabendo o papel principal ao setor privado (*El ladrillo*, 1992:139). Assim, para se inaugurar um sistema "moderno" e eficiente, seria necessário promover a liberdade de escolha e a concorrência. Na medida em que os indivíduos pudessem escolher livremente os serviços sociais de que iriam usufruir, os prestadores desses serviços seriam forçados a concorrer para assegurar sua clientela, e assim a qualidade dos serviços iria melhorar. Como observa Mercedes Cifuentes, ex-ministra da Saúde, "todas as reformas [dos setores sociais] eram orientadas por um mesmo arcabouço: o mercado era o melhor agente de alocação de recursos e, assim, a liberdade de escolha individual era a principal condição para que o mercado estimulasse a concorrência. Nós queríamos que o mercado distribuísse os recursos e para esse fim era imperativo que os indivíduos pudessem escolher".[59]

Como conseqüência, o processo de retração do sistema de previdência se inscreveu num projeto mais abrangente de transformação social e econômica.

No Uruguai, a ideologia militar, embora inspirada pela doutrina de segurança nacional, era bem diferente daquela existente no Chile. A definição de segurança nacional, segundo os militares uruguaios, implicava não só um componente repressivo ("eliminar a subversão"), mas também a promoção do desenvolvimento. Para os militares, as más condições sociais e econômicas do país eram terreno fértil para a crescente inquietação política e para a "sedição". Conseqüentemente, para alcançar a segurança era necessário promover "a estabilidade e o progresso socioeconômico

[59] Entrevista concedida à autora (Santiago, 8-6-1999).

(...) evitar a deterioração da qualidade de vida da população, que não apenas afeta as potencialidades da nação, mas também gera um clima de insatisfação e descrença que nutre a sedição e subversão. Em suma, o desenvolvimento é inconcebível sem segurança, e a segurança não é viável sem desenvolvimento".[60]

A segurança nacional era assim considerada uma doutrina que evocava tanto a eliminação da inquietação política quanto a promoção do desenvolvimento nacional.

A autoproclamada missão dos militares uruguaios não envolvia a refundação das instituições do país, como ocorreu no Chile, mas a eliminação dos atores supostamente responsáveis pelo seu colapso.[61] Nesse contexto, o "inimigo" número um dos militares era a guerrilha Tupamaro, movimento que atuava fora do contexto institucional, sem ligação com o Estado ou a política eleitoral. Porém, os militares não consideravam o sistema político responsável pelos problemas que o país enfrentava. Nas palavras da junta militar (JCJ, 1978:382-3), "é incorreto culpar os partidos políticos pelas dificuldades morais e materiais da nação, em vez dos homens que foram diretamente responsáveis por esses problemas, ao tentar satisfazer sua avidez pelo poder. As Forças Armadas, pelo contrário, acreditam que não é sensato culpar o sistema por erros e desvios pessoais".

A alegada incapacidade e irresponsabilidade de líderes políticos serviu como justificativa para a implementação de medidas repressivas que levaram a flagrantes violações dos direitos humanos. Porém, os políticos, e não o sistema, eram considerados incompetentes e incapazes de lidar com a crise econômica e a crescente inquietação política. Segundo os militares, para livrar-se dos riscos enfrentados pelo país era necessário proteger o sistema dos "homens que são responsáveis" pelos problemas do país, em vez de refundar suas instituições.[62] Essa perspectiva se aplicava não apenas ao sistema político, mas também às esferas econômica e social.

---

[60] JCJ (1978:249).

[61] Alguns estudiosos atestam, porém, que no final da década de 1970 os militares promoveram um ensaio fundacional envolvendo a aprovação de uma nova Constituição. Esse ensaio fracassou devido à derrota militar no plebiscito de 1980 para reformar a Constituição. Ver Caetano & Rilla (1994:265-70 e 1996:7); Gonzalez (1985:9-10).

[62] Como atesta Weinstein (1988:49), o principal objetivo dos militares uruguaios "era destruir todas as formas de subversão para preservar o Estado uruguaio. Para isso era necessário realizar ações que fossem muito além da destruição das guerrilhas Tupamaro, mas a destruição das guerrilhas era considerada fundamental para a preservação do Estado".

Como afirmou Etcheverry Stirling, ex-ministro do Trabalho e da Seguridade Social, "em termos de privatização, os militares não queriam inovar, eles queriam que as coisas continuassem do jeito que estavam. Em vez de questionar o sistema, eles questionavam as pessoas, isto é, este país vai mal porque as pessoas encarregadas não prestam".[63]

Em termos da política econômica e social, o governo autoritário baseou-se no Plano Nacional de Desenvolvimento (PND), preparado, antes do golpe, para o período de 1973 a 1977 pelos consultores da administração Bordaberry.[64] Depois do golpe, membros das Forças Armadas e civis que participavam do governo promoveram uma série de reuniões que serviram tanto para ratificar algumas das recomendações do PND como para introduzir novas questões que não haviam sido contempladas inicialmente. Embora o PND constituísse um nítido afastamento do tipo de abordagem desenvolvimentista da Cepal que prevalecera até então, o PND estava bem distante da proposta chilena de desenvolvimento econômico. Ademais, como atesta Garcé (2000:351-3), "o PND não é a antítese do desenvolvimentismo, como tem sido retratado freqüentemente, e sim o mais liberal de seus filhos (...). [No PND] há uma ênfase maior na orientação para a exportação e menos confiança tanto na viabilidade de acordos sociais visando financiar o desenvolvimento quanto no Estado para conduzi-lo. Porém, há planejamento, há intervencionismo, há uma promoção seletiva da indústria e da agricultura".

Conseqüentemente, embora o PND fosse uma proposta de desenvolvimento econômico relativamente mais liberal que as anteriores, ele não se configurava como uma receita para alterar radicalmente o modelo de desenvolvimento, como era o caso do plano chileno.

Com a nomeação de Végh Villegas para o Ministério da Economia, os aspectos mais liberais do PND foram implementados. Entre 1974 e 1978, o governo adotou uma série de políticas visando fomentar as exportações não-tradicionais, assim como abrir e liberalizar os mercados financeiro e de câmbio.[65] No entanto, o Estado continuou tendo um papel importante na economia. Como afirma o próprio Végh (1977:68), "com relação ao papel desempenhado pelo Estado na economia, (...) a tarefa

---

[63] Entrevista concedida à autora (Montevidéu, 15 e 18-3-1999).

[64] Ricardo Zerbino e Alberto Bensión escreveram a maior parte deste documento no Departamento de Orçamento e Planejamento durante o ano de 1972 (Garcé, 2000:350).

[65] Ver Notaro (1984:41); Terra & Hopenhaym (1986:44).

que precisa ser empreendida pelo Uruguai (...) pode ser resumida da seguinte forma: precisamos reestruturar o Estado. Esse postulado de reestruturação do Estado pode ser considerado contraditório com minhas conhecidas perspectivas liberais e com o objetivo de reduzir a ação do Estado na esfera econômica. Em minha opinião não há contradição. Acredito que o Estado precisa intervir pouco e bem; precisa intervir em questões importantes, mas não em questões triviais; e isto é precisamente o contrário do que temos feito por muito tempo".

Desde a exoneração de Végh, em 1976, até 1982, quando Valentin Arismendi assumiu o Ministério da Economia, deu-se continuidade à linha de atuação anterior, embora com maior ênfase na estabilização dos preços. O inesperado segundo choque do petróleo afetou profundamente o país, de tal maneira que, de 1982 até a redemocratização, houve um período de administração da crise que culminou com o retorno de Végh.

Ademais, a política social não era, aparentemente, uma prioridade do PND: o único setor social analisado foi a saúde. Embora haja uma referência sucinta à seguridade social e à educação, o PND afirma explicitamente que irá postergar a discussão acerca dessas áreas de políticas. O encontro governamental de Colônia Suiza, realizado em outubro de 1973, trouxe à baila a questão da previdência e propiciou uma estrutura para a reorganização do sistema.[66] Essa estrutura, ratificada pelos encontros de Sólis em novembro e dezembro de 1977, foi considerada o ponto de partida para a elaboração dos atos institucionais n°s 9 e 13. As principais recomendações resultantes desses encontros foram: fazer uma revisão das idades e opções para aposentadoria; promover a centralização do sistema de seguridade social; estabelecer valores máximos para as aposentadorias e pensões; e controlar a acumulação de múltiplos benefícios por um único beneficiário. No entanto, ainda mais interessantes do que essas recomendações são os princípios do esquema de seguridade social discutidos durante o encontro: universalidade do sistema, manutenção de uma estrutura de financiamento que se fia no Estado, nos empregadores e nos empregados, e integralidade da cobertura dos riscos. Assim, a ausência de um plano visando o desmantelamento do sistema de previdência resultou num conjunto de políticas que visavam introduzir modificações na estrutura existente sem substituí-la.

---

[66] É interessante notar que nenhum economista participou desse encontro. A maioria dos participantes eram oficiais militares, e entre os civis predominavam os advogados.

Conclusão

Este capítulo defendeu a idéia de que uma retração radical da previdência depende da combinação de três fatores: a distribuição da autoridade governamental, a presença de atores com poder de veto e as posições ideológicas dos formuladores de políticas. A exacerbada concentração de poder nas figuras do general Pinochet e do ministro das Finanças, juntamente com a presença de uma equipe tecnocrática monetarista altamente coesa explicam o drástico processo de retração observado no Chile. Devido à extrema concentração de poder, a equipe econômica somente podia ser contestada pelo presidente Pinochet, que controlava o processo decisório e a implementação de políticas. Já no caso uruguaio a autoridade governamental distribuía-se entre várias instâncias decisórias. A forma de atuação dos militares em colegiados, a existência de regras que impediam a concentração de poder num único indivíduo ou instituição e a incapacidade do ministro da Economia de monopolizar a formulação das políticas inviabilizaram a adoção de um programa de mudanças radicais.

Embora ambos os governos militares reprimissem severamente todas as manifestações coletivas de oposição, atores proeminentes com poder de veto agindo no interior do Estado resistiram à concentração da autoridade governamental e à adoção de reformas orientadas para o mercado. No caso do Chile, os atores com poder de veto foram efetivamente afastados, mas sua presença explica o momento em que ocorreram as mudanças nas políticas. Em outras palavras, a retração radical só pôde ocorrer depois que esses atores foram removidos de suas posições no final da década de 1970. No Uruguai, a dispersão da autoridade governamental ofereceu aos atores com poder de veto a oportunidade de efetivamente bloquearem mudanças indesejáveis ao *status quo*. Dessa maneira, setores militares nacionalistas impuseram obstáculos à implementação de uma agenda de reformas apresentada pelo ministro da Economia Végh Villegas e seus colaboradores.

Finalmente, se a distribuição de poder e a presença de atores com poder de veto são fatores cruciais para compreender a capacidade dos governos de levar adiante mudanças nas políticas, o conteúdo das decisões tomadas é explicado pelas posturas ideológicas de seus formuladores. No caso do Chile, as posições ideológicas dos formuladores de políticas são fundamentais para entender o movimento radical em direção a um novo sistema de previdência. Embora em diferentes momentos ideologias contrastantes (a doutrina de segurança nacional e o monetarismo) moldassem a formulação de políticas, quando se promoveu a privatização da previdência prevalecia o monetarismo. Uma equipe tecnocrática altamente coesa, os *Chicago boys*, apresentou ao governo militar um diagnóstico abrangente dos problemas do país, bem como um conjunto de medidas para saná-los. Diferentemente dos chilenos, os militares uruguaios não defendiam um processo radical de transformação envolvendo a refundação das instituições do país. Embora tecnocratas monetaristas controlassem o Ministério da Economia no Uruguai, suas idéias eram mais moderadas que as de seus pares no Chile e seu papel na formulação de políticas sociais foi bastante limitado. Tais fatores contribuíram para a manutenção, ao longo do governo autoritário, do sistema de previdência existente. Em síntese, a combinação de três fatores principais – os padrões de distribuição do poder, as posições ideológicas dos formuladores de políticas e a presença de atores com poder de veto – ajuda-nos a compreender a adoção de políticas contrastantes.

Referências bibliográficas

Agüero, Felipe. La autonomía de las Fuerzas Armadas. In: Gazmuri, Jaime (ed.). *Chile en el umbral de los noventa.* Santiago: Planeta, 1988. p. 163-88.

Arellano, José P. *Políticas sociales y desarrollo: Chile 1924-84.* Santiago: Cieplan/ Alfabeta, 1985.

Arriagada, Genaro. *Por la razón o la fuerza: Chile bajo Pinochet.* Santiago: Sudamericana, 1998.

Banco Central de Chile. *Indicadores económicos y sociales: 1960-88.* Santiago: Banco Central, 1989.

_____. *Monthly bulletins (Jan. 1988-Jan. 1991).* Santiago: Banco Central, 1991.

Biglaiser, Glen. Military regimes, neoliberal restructuring, and economic development: reassessing the Chilean case. *Studies in Comparative International Development*, Spring 1999. p. 3-26.

BPS (Banco de Previsión Social). *La seguridad social en el Uruguay.* Montevideo: Productora, 1998.

Borzutzky, Silvia. Chile. In: Dixon, John & Scheurell, Robert (eds.). *Social welfare in Latin America.* London; New York: Routledge, 1990.

_____. Chile: the politics of privatization. In: Cruz-Saco, María Amparo & Mesa-Lago, Carmelo (eds.). *Do options exist? The reform of pension and health care systems in Latin America*. Pittsburgh: University of Pittsburgh Press, 1998. p. 35-55.

Büchi, Hernán. *La transformación económica de Chile: del estatismo a la libertad económica*. Bogotá: Norma, 1993.

Caetano, Gerardo & Rilla, José. *Historia contemporánea del Uruguay: de la Colonia al Mercosur*. Montevideo: Colección Claeh/Fin de Siglo, 1994.

_____ & _____. La era militar. In: Zubillaga et alii (eds.). *El Uruguay de la dictadura*. Montevideo: EBO, 1996. p. 37-72.

_____ & _____. *Breve historia de la dictadura*. Montevideo: EBO, 1998.

Cavallo Castro, Ascanio; Salvo, Manuel Salazar & Pacheco, Oscar Sepúlveda. *La historia oculta del régimen militar*. México, DF: Diana, 1990.

De los Campos, Hugo & Minetti, Luis. *El aumento de las pasividades*. Montevideo: Ceals/Edita, 1986.

El Ladrillo: bases de la política económica del gobierno militar chileno. Santiago: CEP, 1992.

Ermida Uriarte, Oscar & Grzetich, Antonio. La estructura de la seguridad social, su evolución y situación actual. In: Rodríguez, Américo Plá (ed.). *La seguridad social en el Uruguay*. Montevideo: Fundación de Cultura Universitaria, 1991. p. 71-118.

Espínola, Viola. The educational reform of the military regime in Chile: the school system's response to competition, choice, and market relations. College Cardiff, University of Wales, 1993. (PhD Thesis.)

Filgueira, Fernando. *A century of social welfare in Uruguay*. Kellogg Institute, University of Notre Dame, 1995. (Working Paper 5.)

Fontaine Aldunate, Arturo. *Los economistas y el presidente Pinochet*. Santiago: Zig-Zag, 1988.

Garcé, Adolfo. La partitura, la orquesta, el director y algo más. In: Lanzaro, Jorge (ed.). *La segunda transición en el Uruguay*. Montevideo: CSIC-ICP-FCU, 2000.

Gillespie, Charles. Uruguay's transition from collegial military-technocratic rule. In: O'Donnell, Guillermo et alii (eds.). *Transitions from authoritarian rule: prospects for democracy*. Baltimore: Johns Hopkins Univ. Press, 1986. p. 173-95.

_____. *Negotiating democracy: politicians and generals in Uruguay*. New York: Cambridge Univ. Press, 1991.

González, Luis E. Transición y restauración democrática. Montevideo: Ciesu, 1985. (Documento de Trabajo 105.)

Handelman, Howard. Economic policy and pressures in Uruguay: interest groups in an authoritarian political system. American Universities Field Staff, 1979. (Report 27.)

_____. Military authoritarianism and political change. In: Handelman, Howard & Sanders, Thomas (eds.). *Military government and the movement toward democracy in South America.* Bloomington: Indiana Univ. Press, 1981. p. 215-36.

Huber, Evelyne. Welfare reform in Latin America: comparative perspectives. In: Conference on Social Policies for the Urban Poor in Latin America. Welfare Reform in a Democratic Context. Kellogg Institute, University of Notre Dame, Sept. 12-14, 1997.

_____; Ragin, Charles & Stephens, John. Social democracy, christian democracy, constitutional structure, and the welfare state. *American Journal of Sociology, 99*(3):711-49, 1993.

Instituto Nacional de Estadística. *Anuario estadístico.* Montevideo: INE, 1972-86.

JCJ (Junta de Comandantes en Jefe). *Las Fuerzas Armadas al pueblo oriental: el proceso político.* Montevideo: Fuerzas Armadas Uruguayas, 1978.

Kay, Stephen. Politics and social security reform in the Southern Cone and Brazil. Los Angeles, University of California, 1998. (PhD Thesis.)

Kingdom, John. Agendas, ideas, and policy change. In: Dodd, Lawrence & Jillson, Calvin (eds.). *New perspectives on American politics.* Washington, DC: CQ Press, 1994. p. 215-29.

Kurtz, Marcus. Chile's neo-liberal revolution: incremental decisions and structural transformation, 1973-89. *Journal of Latin American Studies, 31*(2): 399-427, 1999.

Larraín, Luis. Social security reform. In: Larroulet, Cristián (ed.). *Private solutions to public problems.* Santiago: Fundación Libertad y Desarrollo/Trineo, 1993. p. 15-51.

Lesa, Alfonso. *Estado de guerra: de la gestación del golpe del 73 a la caída de Bordaberry.* Montevideo: Fin de Siglo, 1996.

Marras, Sergio. *Confesiones: entrevistas con Sergio Marras.* Santiago: Ornitorrinco, 1988.

Mesa-Lago, Carmelo. *El desarrollo de la seguridad social en América Latina.* Santiago: Publicaciones de las Naciones Unidas, 1985.

_____. *Changing social security in Latin America.* Boulder: Lynne Rienner, 1994.

Mideplan. *Balance de seis años de políticas sociales: 1990-96.* Santiago: Andros, 1996.

Mitchell, Olivia & Barreto, Flavio Ataliba. After Chile, what? Second-round pension reforms in Latin America. National Bureau of Economic Research, 1997. (Working Paper 6316.)

Montecinos, Verónica. Economists in party politics: Chilean democracy in the era of the markets. In: Centeno, Miguel & Silva, Patricio (eds.). *The politics of expertise in Latin America.* London: Macmillan, 1998. p. 126-41.

Moulian, Tomás. *Chile actual: anatomía de un mito.* Santiago: LOM, 1997.

Muller, Wolfgang C. & Wright, Vincent. Reshaping the state in Western Europe: the limits to retreat. *West European Politics, 17*(3):1-11, 1994.

Notaro, Jorge. *La política económica en Uruguay (1968-94).* Montevideo: Ciedur/EBO, 1984.

Orloff, Ann S. *The politics of pensions: a comparative analysis of Britain, Canada, and the United States, 1880-1940.* Madison: University of Wisconsin Press, 1992.

Papadópulos, Jorge. *Seguridad social y política en el Uruguay.* Montevideo: Ciesu/Valgraf, 1992.

Pierson, Paul. *Dismantling the Welfare State? Reagan, Thatcher, and the politics of retrenchment.* Cambridge: Cambridge Univ. Press, 1994.

_____. New politics of the welfare state. *World Politics, 48*(2):143-79, 1996.

Piñera, José. *El cascabel al gato: la batalla por la reforma previsional.* Santiago: Zig-Zag, 1991.

Pnud Uruguay. *Desarrollo humano en Uruguay, 1999.* Montevideo: Impresores Asociados/Fotosistemas, 1999.

Pinochet Ugarte, Augusto. *Camino recorrido: memorias de un soldado.* Santiago: Instituto Geográfico Militar de Chile, 1991.

Rabkin, Rhoda. How ideas became influential: ideological foundations of export-led growth in Chile (1973-90). *World Affairs, 156*(1):3-25, 1993.

Raczynski, Dagmar. Social policies in Chile. Kellogg Institute, University of Notre Dame, 1994. (Working Paper 4.)

Ramos, Joseph. *Neoconservative economics in the Southern Cone of Latin America, 1973-83.* Baltimore; London: Johns Hopkins Univ. Press, 1986.

Remmer, Karen. The Chilean military under authoritarian rule, 1973-87. Albuquerque: Latin American Institute, University of New Mexico, 1988. (Occasional Papers Series n. 1.)

_____. *Military rule in Latin America.* Boston: Unwin Hyman, 1989.

Rial, Juan. *Las Fuerzas Armadas: soldados-políticos garantes de la democracia?* Montevideo: Ciesu/Clade/EBO, 1986.

_____. The military in the role of the "substitute political party" and redemocratization in Uruguay. In: Varas, Augusto (ed.). *Democracy under siege: new military power in Latin America.* Westport: Greenwood, 1989. p. 97-114.

Saldain, Rodolfo. Uruguay. In: Dixon, John & Scheurell, Robert (eds.). *Social welfare in Latin America.* London; New York: Routledge, 1990. p. 249-74.

Sanders, Thomas. Military government and national organization. In: Handelman, H. & Sanders, T. *Military government and the movement toward democracy in South America.* Bloomington: Indiana Univ. Press, 1981. p. 287-306.

Silva, Eduardo. *The state and capital in Chile: business elites, technocrats, and market economics.* Boulder: Westview, 1996.

Superintendencia de Seguridad Social. Departamento Actuarial. *Costo de la seguridad social chilena.* Santiago: Superintendencia de Seguridad Social, 1981-91.

Terra, Juan P. & Hopenhaym, Mabel. *La Infancia en el Uruguay (1973-84): efectos sociales de la recesión y las políticas de ajuste.* Montevideo: Claeh/Unicef/EBO, 1986.

Tróccoli, Jorge N. *La ira del Leviatán: del método de la furia a la búsqueda de la paz.* Montevideo: Polo, 1999.

Tsebelis, George. Decision making in political systems: veto players in presidentialism, parliamentarism, multicameralism and multipartyism. *British Journal of Political Science, 25*:289-325, 1995.

Uruguay. Presidencia de la República. Oficina de Planeamiento y Presupuesto. *Plan Nacional de Desarrollo, 1973-77.* Montevideo: Imprenta Nacional, 1977.

Valdez, Luis A. & Alvarado, Jorge Bernedo. La reforma de la seguridad social: perspectivas y proyecciones. Konrad Adenauer Stiftung/Ciedla, 1997. (Documento de Trabajo nº 2.)

Valenzuela, Arturo. The military in power: the consolidation of one-man rule. In: Drake, Paul & Jaksic, Iván (eds.). *The struggle for democracy in Chile, 1982-90* Lincoln; London: University of Nebraska Press, 1991. p. 21-72.

Varas, Florencia. *Gustavo Leigh: el general disidente.* Santiago: Aconcagua, 1979.

Végh Villegas, Alejandro. *Economía política: teoría y acción.* Montevideo: Polo, 1977.

Vergara, Pilar. *Auge y caída del neoliberalismo en Chile.* Santiago: Flacso/Salesianos, 1985.

Weinstein, Martin. *Uruguay: democracy at the crossroads.* Boulder: Westview, 1988.

Privatizações inesperadas: política e reforma da previdência social no Cone Sul*

*Stephen J. Kay***

No mundo todo, governos defrontam-se com a tarefa politicamente arriscada de conter os gastos crescentes da previdência social.[1] Contas privadas de investimentos, com capitalização individual, estão sendo atualmente oferecidas como solução financeira para as crises da previdência social tanto nos países em desenvolvimento quanto nos países industrializados. A América Latina é a primeira região onde a privatização da previdência social tornou-se politicamente viável.[2] Neste estudo comparativo entre Argentina, Brasil e Uruguai, analisa-se o papel dos grupos de interesse e das instituições políticas na estruturação dos conflitos

---

* Traduzido por Regina Thompson e Alana Madureira (Unitrad). Publicado originariamente em *Comparative Politics* (July 2002) sob o título Unexpected privatizations: politics and social security reform in the Southern Cone.

** Federal Reserve Bank of Atlanta. As idéias expressas neste trabalho são do autor e não necessariamente refletem as visões ou opiniões do Federal Reserve Bank of Atlanta ou do Federal Reserve System. A pesquisa foi possível graças ao auxílio do North-South Center, do Latin American Center da Ucla e do programa Isop da Ucla. Agradeço a George Avelino, Fernando Filgueira, Jeff Frieden, Barbara Geddes, Terry Karl, Raúl Madrid, Joan Nelson, Michael Wallerstein, Jennifer Weissman, Kurt Weyland e a três revisores anônimos por seus proveitosos comentários.

[1] Refere-se a programas destinados a compensar trabalhadores pela perda da renda devido a viuvez, orfandade, idade e invalidez.

[2] A previdência social foi privatizada na Argentina, Bolívia, Chile, Colômbia, El Salvador, México, Peru e Uruguai. Hungria e Polônia são os primeiros países do Leste europeu a privatizar. Sobre a tendência global de privatização, ver Demirguç-Kunt & Schwarz (1996).

políticos que acompanham a reforma da previdência social, com o objetivo de especificar as condições políticas que favorecem ou desfavorecem a privatização. A privatização da previdência social introduz novos custos, riscos e potenciais recompensas, gerando forte oposição política por parte de trabalhadores, aposentados, pensionistas e outros grupos com interesses atendidos pelos antigos sistemas previdenciários geridos pelo Estado. A capacidade desses grupos de interesse para influenciar o resultado das reformas das políticas sociais dependeu das oportunidades oferecidas pelas instituições políticas para que moldassem a política a partir de seu poder de veto. Nesse contexto, os governos da Argentina e do Uruguai foram mais bem-sucedidos na privatização do que o governo brasileiro.

No início da década de 1990, surgiu um consenso de que os sistemas de previdência social de repartição existentes na região necessitavam de reformas – o sistema de repartição é o sistema mais difundido no mundo e conta com as contribuições do trabalhador, do empregador e do governo para financiar os benefícios dos aposentados e pensionistas. No entanto, houve pouco apoio popular à privatização, experiência implantada pela primeira vez no Chile, onde os trabalhadores financiam suas próprias aposentadorias por meio de contribuições a contas pessoais de investimento. Muitos analistas afirmaram que, se a privatização podia ser levada adiante numa ditadura repressiva como a do Chile, era improvável que reformas similares ocorressem em países democráticos devido à oposição dos trabalhadores e dos interesses da classe média.[3]

No entanto, desde 1993 a região tem sido palco de drásticas reformas que, em graus variados, estão transformando o seguro de aposentadoria por idade, invalidez e sobrevivência propiciado por sistemas públicos de repartição em planos de previdência social com capitalização individual. A Argentina, o Brasil e o Uruguai foram os primeiros países com governos eleitos democraticamente e com programas de previdência social comparáveis aos da OCDE (em termos de taxa de cobertura, demografia e gastos como porcentual do PIB) a tentar a privatização. Conseqüentemente, o papel da política no processo de definição da reforma da previdência social na América Latina merece ser explicado e isso pode ajudar a compreensão das lutas políticas que se travam em torno da reforma do seguro social em outros países.

---

[3] Ver Sherraden (1995); Hochman & Williamson (1995).

Abordagens teóricas

Como explicar os diversos rumos da reforma da previdência social na região? Há uma farta literatura a respeito de como a política influencia o desenvolvimento das políticas sociais nos países industrializados, mas são relativamente poucos os estudos visando explicar a política e as políticas sociais na América Latina.[4]

Como argumenta Remmer (1995), “tentar entender as políticas nacionais isoladas das forças internacionais provavelmente se mostrará particularmente inútil, se não contraproducente”. De fato, a adoção de políticas de exportação conduzidas pelo mercado e o declínio da industrialização por substituição de importações tiveram um impacto profundo na política e nas políticas públicas da região. À medida que as barreiras ao comércio diminuem, o preço de um determinado produto comerciável tende a convergir para o preço internacional, pressionando os fabricantes nacionais a produzirem produtos com preços competitivos. Frieden e Rogowski (1996:46) levantaram a hipótese de que uma facilitação exógena do comércio fornecerá incentivos para que os atores econômicos capazes de se aproveitar do aumento do comércio persigam políticas que os beneficiem, ao passo que os atores desfavorecidos apoiarão políticas que os protejam de prejuízos.

Essa hipótese fornece uma orientação importante para a compreensão do conjunto de incentivos que motivaram os defensores e os adversários da privatização da previdência social na Argentina, Brasil e Uruguai. Com o fim do protecionismo, os empregadores procuraram reduzir os salários, que na América Latina incluíam impostos sobre a folha de pagamento comparáveis aos da Europa.[5] A mão-de-obra organizada, representada por funcionários públicos e trabalhadores em setores de bens comerciáveis que se beneficiaram ao máximo dos programas de substituição das importações, foi colocada na defensiva. Esse padrão tem-se repetido em todo o Cone Sul.

A pressão econômica internacional forneceu aos governos incentivos adicionais para reformar seus sistemas de previdência social, mas ela não consegue explicar por que os governos preferem a privatização – política que

---

[4] Ver Mesa-Lago (1978); Malloy (1979).

[5] Por exemplo, no Brasil o total dos impostos sobre folha de pagamento de salários varia entre 38 e 45%. Ver World Bank (1995:12).

requer maiores gastos públicos a curto e médio prazos – a uma reforma do sistema de repartição. Os altos custos de transição encarecem a privatização, e esta transfere aos indivíduos os riscos de inflação e baixos retornos até então assumidos pelo governo. Os governos poderiam ter tentado uma estratégia menos onerosa e menos arriscada restringindo a reforma a uma reestruturação do sistema de repartição mediante a elevação das alíquotas de imposto e do teto sobre a renda tributada, a redução dos benefícios, o aumento da idade de aposentadoria ou a reestruturação das fórmulas de benefício.

Essas alternativas à privatização eram possíveis, mas não eram viáveis politicamente. Como observou Peter Hall (1993), "o processo pelo qual um paradigma acaba substituindo outro é provavelmente mais sociológico do que científico". Após a privatização em 1981, a política experimental adotada pelo Chile para a previdência social atraiu amplo apoio político tanto da comunidade financeira internacional quanto de governos que procuravam reproduzir o crescimento econômico do Chile. Instituições financeiras internacionais como o Banco Mundial, o Fundo Monetário Internacional e o Banco Interamericano de Desenvolvimento (BID) tiveram papel ativo no incentivo às privatizações por meio de assistência financeira e técnica (ofuscando o papel antes predominante da Organização Internacional do Trabalho como defensora do sistema de repartição), enquanto os tecnocratas chilenos viajaram o mundo promovendo a privatização.[6] Como observa Edwards (1995:56), as instituições financeiras internacionais "influenciaram a nova convergência de visões doutrinárias na América Latina por meio da pesquisa empírica, da análise econômica e setorial, da prática de empréstimos e do diálogo sobre as políticas e restrições". Por exemplo, o BID ofereceu incentivos financeiros à privatização e patrocinou pesquisas que serviram como base para a reforma uruguaia. Em resumo, não houve apoio internacional financeiro ou técnico para reformas que não incluíssem alguma forma de capitalização individual. As instituições financeiras internacionais influenciaram profundamente a condução das reformas, mas não ditaram os resultados das políticas sociais.[7] As políticas finalmente ado-

[6] Os tecnocratas alemães que inventaram os primeiros sistemas mundiais de previdência social financiados pelo Estado também viajaram o mundo para divulgar sua política inovadora. Ver Ritter (1986:7).

[7] Por exemplo, o estudo uruguaio do BID recomendou privatização parcial, mas evitou recomendações específicas (e potencialmente controversas). A reforma final foi preparada por uma comissão parlamentar especial. Ver Oliveira (1994).

tadas só prevaleceram, no entanto, porque passaram pelo prisma da política nacional.

Uma abordagem pluralista sugeriria que as políticas sociais que prevaleceram refletem pressões políticas de grupos de interesse. Entre os grupos citados nos estudos de países industrializados estão os sindicatos de trabalhadores e seus representantes políticos, os partidos políticos conservadores e católicos, os funcionários públicos, as categorias atuariais, as categorias de idade e os atuais beneficiários.[8] Em seu estudo comparativo da América Latina, Mesa-Lago (1978:3-21) cita grupos organizados por categorias ocupacionais. Para adotar uma abordagem pluralista da privatização é preciso identificar os atores relevantes e determinar como suas ações influenciaram as políticas sociais resultantes.

Interpretações estritamente pluralistas retratam as instituições políticas como arenas neutras (ou as ignoram por completo), uma visão insuficiente quando a "força" de grupos de interesse nem sempre está correlacionada com os resultados. Alguns estudos recentes procuraram explicar como as instituições políticas criam incentivos para os atores políticos no processo de formação de políticas sociais. Por exemplo, a importância do suporte financeiro no sistema partidário brasileiro, onde os legisladores precisam confiar mais no apoio individual do que no apoio partidário, ajuda a explicar por que o Legislativo rejeita reiteradamente a eficiência e a imparcialidade no aprimoramento de reformas da previdência social que ameacem o eleitorado de classe média, como os funcionários públicos.[9]

Tsebelis (1995) sugere que a estabilidade das políticas reflete o grau em que as instituições políticas permitem aos grupos de interesse influenciar as políticas agindo como *veto players* (atores com poder de veto). *Veto player* é um indivíduo ou ator coletivo cuja concordância é necessária para mudar uma política. Os *veto players* institucionais são construídos na estrutura do governo (por exemplo, nos *checks and balances*, isto é, na separação e equilíbrio dos poderes, da Constituição dos EUA), e os *veto players* partidários são membros de uma coalizão governante. Por exemplo, Immergut (1992) constatou que, embora os médicos fossem bem organizados na França, na Suíça e na Suécia, o sistema federal suíço, com o referendo, deu aos médicos

---

[8] Ver Shalev (1983); Esping-Andersen (1990); Heclo (1974); Baldwin (1990); Pampel & Williamson (1989); Pierson (1994).

[9] Ver Ames (1987); Geddes (1994); Weyland (1996a).

daquele país maiores oportunidades de vetar seguros de saúde nacionais do que o sistema sueco unitário, no qual os socialdemocratas tinham maioria parlamentar. Os médicos suíços estavam em melhores condições de alcançar suas metas políticas porque os *checks and balances* do sistema federal suíço e o referendo lhes davam oportunidades de vetar políticas que prejudicassem seus interesses. Essa abordagem nos força a reconhecer que as instituições políticas modelam (mas não determinam) os conflitos políticos ao dar aos grupos de interesse várias oportunidades de vetarem políticas.[10]

Ao adotar uma abordagem institucional, este estudo reconhece a pressão que os fluxos internacionais de capitais e a abertura econômica exerceram sobre os salários, levando os governos e os empregadores a considerar com mais atenção a possibilidade de diminuir os gastos com a previdência social. As instituições financeiras internacionais definiram uma agenda de reforma voltada para a privatização e, para viabilizá-la, ofereceram assistência técnica e financiamento, mas os resultados de reformas específicas dependeram dos debates travados na arena política de cada país. Como os grupos de interesse – que estão na luta para ganhar ou perder – são provavelmente os principais combatentes na batalha travada em torno da reforma, é importante examinar como eles tentaram influenciar as políticas. No entanto, para entender por que alguns grupos de interesse acabam tornando-se *veto players* eficazes e outros não, é necessário considerar o papel das instituições políticas. Este estudo analisa como as instituições políticas dão aos atores oportunidades diferentes de se comportar como *veto players* no debate político sobre a reforma da previdência social.

O declínio do sistema de previdência social pública de repartição

Ao procurar reformar os sistemas de previdência social que beneficiam a classe média e os trabalhadores organizados, os governos assumem grandes riscos políticos.[11] Mesa-Lago (1978) observou que na América Latina a expansão dos benefícios da previdência social esteve relacionada com a importância política de vários grupos ocupacionais, ao passo

[10] Para um argumento similar, de que a constituição da autoridade do Executivo e das instituições representativas ajuda a explicar a iniciação e consolidação da reforma econômica nos países em desenvolvimento, ver Haggard & Kaufman (1995).

[11] Ver Nelson (1989).

que a garantia de benefícios previdenciários para as classes média e trabalhadora industrial contribuiu para selar as coalizões políticas que respaldaram a industrialização por substituição das importações.[12]

É inegável que os sistemas de previdência social pública de repartição na América Latina enfrentaram enormes dificuldades financeiras.[13] Um indicador, a baixa proporção de trabalhadores segurados (contribuintes) para aposentados e pensionistas, reflete tanto o envelhecimento da população quanto os altos índices de evasão. Essas proporções são de 1 para 1 no Uruguai; 1,66 para 1 na Argentina; e 2,5 para 1 no Brasil.[14]

Os problemas financeiros dos sistemas de previdência social também foram exacerbados por administrações ineficientes, injustiças, evasão, escassez de investimentos e pelo crescimento do setor informal.[15] Assim, embora populações mais velhas tornem inevitável o declínio da proporção de trabalhadores por aposentados e pensionistas, deve-se levar em conta que investimentos imprudentes e a concessão de benefícios generosos para eleitorados importantes têm origens políticas.[16] Na década de 1990, a alta vertiginosa dos custos, o encolhimento da média real dos benefícios e a tendência para reduzir os salários devido ao aumento da concorrência internacional levaram ao consenso de que era necessário algum tipo de reforma. Assim, no Chile, depois que o governo de coalizão de centro-esquerda eleito democraticamente adotou as políticas de livre-mercado de seu predecessor autoritário, a privatização da previdência social acabou ganhando aceitação.[17]

---

[12] Ver Malloy (1991).

[13] Ver Mesa-Lago (1989).

[14] Ver Mesa-Lago (1994:156); Schulthess & Demarco (1993:119); Brasil (1995:36).

[15] Ver Mesa-Lago (1989); World Bank (1994).

[16] Parcela significativa dos gastos da previdência social nos três países foi para financiar aposentadorias e pensões privilegiadas. Na Argentina, as aposentadorias especiais de fundos de pensão de funcionários do Estado consumiram 6% dos gastos com pensões, mas representaram apenas 0,7% dos benefícios (Lo Vuolo, 1993:17). No Brasil, em 1995, 796 mil trabalhadores do setor público receberam um total de R$15 bilhões em aposentadorias e pensões, enquanto um número 20 vezes maior de trabalhadores (15,8 milhões) no principal sistema de previdência social recebeu pouco mais que o dobro desse valor: R$32 bilhões (*Zero Hora*, 29-7-1996). No Uruguai, as transferências para as aposentadorias são regressivas porque o Estado financia programas previdenciários generosos para militares, funcionários públicos e professores, com impostos regressivos e renda geral (Mesa-Lago, 1994:161).

[17] Ver Edwards (1995:56).

Do sistema de repartição à privatização: riscos e recompensas

A privatização da previdência social tem diversas conseqüências distributivas, tanto para a eficiência quanto para a eqüidade. Primeiro, o risco é redistribuído na medida em que o sistema muda de benefícios definidos, com níveis de aposentadoria garantidos pelo governo, para contribuições definidas, com benefícios dependentes das contribuições e dos retornos do mercado. A privatização leva à individualização do risco, pois o trabalhador poderá obter baixos retornos, se o desempenho econômico for fraco, ou colher as recompensas de um desempenho positivo dos investimentos e do crescimento econômico. Para os fundos de pensão capitalizados a inflação representa um risco não coberto pelos seguros – os únicos investimentos que podem cobrir o risco de inflação são os títulos indexados pelo governo.[18] Ao vincular estritamente as contribuições e os benefícios, um sistema de capitalização individual não distribuirá renda; a distribuição é deixada para programas residuais de assistência social, a partir da avaliação dos meios de subsistência dos cidadãos. Uma percentagem significativa da população que trabalha no setor informal não será coberta pela previdência social.[19]

Embora a privatização prometa reduzir os gastos do governo a longo prazo, trata-se de uma reforma muito cara porque o governo precisa continuar pagando os benefícios de aposentadoria atuais, enquanto as contribuições individuais são desviadas para os planos privados. Por exemplo, os custos de transição no Chile estão atualmente na casa dos 5% do PIB, e há considerável divergência sobre quando eles começarão a diminuir.[20] Para cobrir o enorme déficit, o governo

---

[18] Ver Barr (1992).

[19] Embora os defensores da capitalização argumentem que a evasão diminuirá porque os trabalhadores têm maior incentivo para contribuir quando estão financiando sua própria aposentadoria, a evasão persiste. Por exemplo, no Chile, em junho de 1995, 43,4% dos que estavam filiados ao novo sistema não fizeram nenhuma contribuição. Em dezembro de 1995, 35% dos que estavam filiados ao novo sistema haviam acumulado menos de US$500 em suas contas, enquanto mais da metade tinha menos de US$1.228. Ver Shah (1997).

[20] Raczynski (1992) argumenta que os custos de transição como percentual do PIB aumentarão anualmente até 2007; outros esperam que eles caiam abaixo de 2% até 2010 (*Latin American Weekly Report*, 29-4-1993).

precisa registrar um superávit orçamentário e/ou emitir títulos da dívida pública – o que leva as administradoras dos fundos de pensão a concentrar seus investimentos nesses títulos. O ônus da dívida da previdência social pode, pois, forçar os governos a desviarem os gastos sociais de áreas como saúde e educação, que promovem a redistribuição (como aconteceu no Chile).[21] Comparativamente, a reforma do sistema de repartição por meio de ajustes na idade de aposentadoria, nos impostos e nos níveis de benefício não acarreta altos custos de transição.

Dependendo das taxas futuras de retorno, os aposentados e pensionistas poderão receber benefícios superiores àqueles obtidos nos antigos sistemas de repartição não reformados. É claro que, mesmo se os retornos agregados aumentarem, alguns indivíduos poderão se aposentar com pensões generosas, enquanto trabalhadores-investidores não tão bem-sucedidos terão de se arrumar com menos. O novo sistema é mais transparente, pois os trabalhadores podem acompanhar a poupança de seus fundos previdenciários. As próprias administradoras de fundos de pensão podem estimular o desenvolvimento de mercados internos de capitais. Embora não tenha sido quantificado, o crescimento dos mercados internos de capitais no Chile teve um impacto positivo no crescimento econômico.[22]

Os retornos futuros do novo sistema privado são desconhecidos porque dependem das taxas de crescimento econômico, inflação e retorno de investimentos, bem como da eficácia da regulamentação governamental. Com certeza, os membros de grupos ocupacionais, como os militares e os funcionários públicos, que se beneficiaram de pensões privilegiadas e aposentadorias antecipadas nos sistemas geridos pelo Estado terão pouca chance de se sair tão bem depois da privatização. Por isso mesmo protestaram contra sua inclusão nessas reformas. Para os trabalhadores comuns, é mais difícil prever: uma série de projeções com base nos dados argentinos mostra que o impacto da privatização vai variar de acordo com o gênero, a idade, a situação conjugal e a renda, e

---

[21] Ver Vergara (1994:254); Gillion & Bonilla (1992).

[22] Ver Barr (1994:214). Os defensores da privatização tendem a exagerar o impacto dos novos fundos de pensão nas taxas de poupança nacional. Estudo recente argumenta que o aumento da poupança corporativa resultante da reforma fiscal chilena de 1984 (e não da reforma da previdência social) explica o drástico aumento da taxa de poupança nacional. Ver Arrau (1996).

também conforme a taxa de retorno.[23] Por fim, o impacto sobre os grupos mais pobres vai depender da eficácia dos programas residuais na substituição do componente distributivo da previdência social. No entanto, se os não-pobres defenderem os aspectos do Estado de bem-estar que os beneficiam e se opuserem aos que não os beneficiam, então é provável que os programas residuais não venham a contar com grande apoio político.[24]

Resumo das reformas da previdência no Cone Sul[25]

Durante a privatização chilena de 1981, os trabalhadores assalariados contribuíram com 10% de sua renda para as administradoras de fondos de pensión (AFPs), que aplicam os fundos em carteiras de investimento estritamente regulamentadas. A contribuição do empregador foi eliminada. Aproximadamente 3% da renda vão para uma comissão e um prêmio de seguro e invalidez. Na aposentadoria, os fundos podem ser utilizados para adquirir uma anuidade, sacados em parcela única ou, ainda, continuar investidos. O sistema era opcional para os trabalhadores do antigo sistema público de repartição, que tinham forte incentivo para mudar porque a eliminação da contribuição do empregador resultava num aumento imediato de seu salário. O sistema privado é compulsório para os trabalhadores que ingressaram na força de trabalho depois de 1981. Portanto, o sistema de repartição acabará por desaparecer. Os trabalhadores que contribuíram para o sistema público antes da mudança recebem uma compensação na forma de "títulos de reconhecimento". Os militares ficaram fora da reforma.

No novo sistema argentino, os trabalhadores têm a opção de contribuir com 11% de seus salários para o sistema de repartição reformado ou para uma conta individual administrada por uma Administradora de Fondos de Jubilación y Pensión (AFJP). O imposto de 16% do

[23] Homens e mulheres são colocados em categorias atuariais separadas. As mulheres recebem sistematicamente benefícios menores devido à sua maior longevidade (com benefícios ainda menores se optarem pela aposentadoria antecipada). Os trabalhadores solteiros são favorecidos porque os trabalhadores casados pagam por seguro de aposentadoria por sobrevivência (quanto mais jovem o cônjuge do arrimo de família, menor o benefício). Ver Isuani, Rofman & San Martino (1996).

[24] Ver Goodin & Le Grande (1987:203).

[25] Ver Saldain (1996); Shulthess & Demarco (1996).

empregador na folha de pagamento continua financiando o benefício básico universal a que todos os trabalhadores têm direito no sistema público de repartição. Não houve incentivo financeiro imediato (na forma de impostos mais baixos sobre a folha de pagamento) para mudar para o novo sistema. As contribuições feitas anteriormente ao sistema público são reconhecidas, e os militares e policiais federais ficaram fora da reforma.

No Uruguai, trabalhadores com até 40 anos têm a opção de contribuir com até metade de seus impostos sobre a folha de pagamento em ganhos de até US$800 para um fundo de pensão administrado por uma Administradora de Fondos de Ahorro y Previsión (Afap). Ao contrário do Chile, as empresas de administração de fundos de pensão no Uruguai e na Argentina podem ser estatais (a maior Afap é estatal). Os impostos sobre ganhos entre US$800 e US$2.400 devem ir para uma Afap. As contribuições ao sistema público financiam o benefício básico universal, e, como incentivo, os trabalhadores que ganham menos de US$800 e que optam por contribuir para o novo sistema receberão um benefício maior do Estado. Os fundos de pensão que pertencem a militares, policiais, tabeliões, bancários e profissionais com nível universitário ficaram fora da reforma.

No Brasil, o governo de Fernando Henrique Cardoso priorizou a privatização quando assumiu mas, devido aos protestos generalizados, concentrou-se na reforma do sistema público de repartição. Em junho de 1998, a Câmara dos Deputados aprovou o texto básico do projeto de lei de uma reforma da previdência social que vinculava os benefícios aos anos de contribuição, ao mesmo tempo em que reduzia o benefício máximo para alguns trabalhadores do setor público. No entanto, foi adiado o debate sobre os detalhes mais controversos, incluindo as regras referentes a transição para um novo sistema, benefícios privilegiados, tetos de benefício e idade mínima para se aposentar.

Assim, as reformas da previdência social na Argentina e no Uruguai mantiveram o benefício básico universal público, enquanto o sistema público de repartição chileno está sendo gradualmente eliminado. Além disso, enquanto o sistema privado do Chile é compulsório para todos os trabalhadores assalariados, a contribuição para fundos de pensão com capitalização individual é opcional para todos os trabalhadores argentinos e para a maioria dos trabalhadores uruguaios. A reforma da previdência social no Brasil procurou em grande parte restaurar as finanças do sistema público, incentivando ao mesmo tempo a expansão de fundos de pensão privados complementares.[26]

Oposição dos grupos de interesse

A privatização chilena de 1981 gerou a oposição de uma gama de grupos de interesse, incluindo interesses corporativos (grêmios), acadêmicos, burocratas, sindicatos, a direita tradicional (partidários da livre empresa combinados com o paternalismo do Estado) e generais estatistas da junta militar. No entanto, a ditadura repressiva simplesmente ignorou esses grupos.[27]

Na Argentina, no Brasil e no Uruguai, países que restabeleceram as instituições democráticas na década de 1980, os grupos que representavam os potenciais ganhadores e perdedores desempenharam papel proeminente nas lutas distributivas pela reforma. Uma pesquisa da força dos grupos de interesse, medida em termos de recursos e densidade sindical, fornece um indicador das capacidades relativas dos interesses da oposição. No entanto, essas medidas não revelam necessariamente por que alguns grupos tiveram mais êxito do que outros em influenciar os resultados. Cumpre também examinar como esses atores foram capazes de influenciar as políticas, isto é, como as instituições políticas lhes deram a oportunidade de vetar reformas.

Um indicador da força do grupo de interesse é a densidade sindical. Estudos de países industrializados indicam que a densidade sindical é um determinante importante da força política dos sindicatos.[28] Uma vez que os sindicatos foram adversários centrais da privatização, a densidade sindical pode servir como indicador de sua força política relativa. Na década de 1980, a filiação sindical como proporção da população economicamente ativa era de 36,1% na Argentina, 29% no Brasil e 20,9% no Uruguai.[29] Esses números indicam que deveríamos esperar uma oposição mais inten-

---

[26] Apesar de fracassar em 1995, o presidente Fernando Henrique Cardoso continuou a pressionar pela privatização. Em maio de 1998, propôs uma reforma ao estilo uruguaio, na qual os trabalhadores que ganhassem mais de cinco salários mínimos contribuiriam tanto para um benefício universal de repartição quanto para uma conta individual de investimento (*Jornal do Brasil*, 28-5-1998).

[27] Ver Piñera (1992:23-30).

[28] Ver Wallerstein (1989).

[29] Ver McGuire (1997:267).

sa à privatização dos sindicatos argentinos do que dos brasileiros e uruguaios. No entanto, como discutido adiante, a principal confederação de trabalhadores da Argentina apoiou a privatização; os sindicatos no Brasil conseguiram bloqueá-la; e os sindicatos uruguaios a combaterem com sucesso até que um governo de coalizão, sem precedente no Uruguai, aprovou as reformas de 1995.

A força dos grupos de interesse também pode ser medida pelo grau de monopólio dos grupos de interesse sobre a representação e as alianças formadas com outros grupos de pressão e partidos. Um movimento sindical dividido em linhas partidárias ou ideológicas exercerá menos influência política do que uma organização unificada. Além disso, os grupos que formam coalizões com outros grupos de interesse podem ter maior impacto nas políticas do que os grupos que não conseguem fazer alianças.

A organização dos grupos de interesse difere bastante. Enquanto os adversários brasileiros e uruguaios da reforma eram relativamente bem organizados e unificados e formaram alianças para se opor à privatização, os argentinos eram fragmentados em partidos, sindicatos e linhas ideológicas. Enquanto isso, organizações pró-privatização na Argentina, representando os setores financeiro, industrial e comercial, mobilizaram-se muito antes no processo de reforma e fizeram *lobby* mais ativamente do que suas congêneres brasileiras e uruguaias.

Os atores políticos

Os principais atores políticos que buscaram influenciar os resultados das políticas foram os grupos de interesse organizados e mais diretamente atingidos pela reforma (o público em geral não estava consciente do impacto da privatização).[30] O apoio político à capitalização veio dos setores de negócios e financeiros, enquanto os principais oponentes eram os sin-

[30] Na Argentina, por exemplo, havia pouco conhecimento da reforma e muitos dos principais atores políticos não estavam a par dos problemas e das soluções propostas para a crise da previdência social (Isuani & San Martino, 1993:150). O líder da ala trabalhista do Partido Peronista na Câmara dos Deputados reclamou da falta de conhecimento dos parlamentares sobre a previdência social (entrevista com Juan H. Gonzalez Gaviola, Buenos Aires, 13-12-1994). Pesquisas de opinião pública revelaram pouco conhecimento sobre o novo sistema privado. Em maio de 1994, 14% dos entrevistados estavam cientes da opção de aderir ao novo sistema, 29% estavam pouco cientes, 25% ouviram falar sobre o assunto e 32% nunca ouviram falar sobre o assunto (*Clarín*, 15-5-1994). Tentava-se persuadir as pessoas a aderirem aos fundos de pensão privados por meio de campanhas promocionais que incluíam pirotecnia publicitária, presentes e prêmios.

dicatos de trabalhadores, os aposentados e seus representantes políticos. O setor financeiro buscou acesso à florescente indústria da aposentadoria privada (e o capital que levantaria), enquanto os empregadores defendiam a privatização por conta da promessa de redução dos impostos sobre a folha de pagamento. Do outro lado, os sindicatos que representavam os grupos ocupacionais que mais se beneficiaram dos programas de repartição lideravam a oposição à privatização. Os grupos de aposentados e pensionistas fizeram oposição cerrada à reforma apesar da garantia dos governos de que a transição para um novo sistema não diminuiria os benefícios. Os dirigentes de organizações de aposentados e pensionistas em todos os três países eram céticos quanto aos compromissos dos governos de manter o nível de benefícios após a privatização.[31]

Alianças de grupos de interesse organizados no Uruguai e no Brasil

Tanto no Uruguai quanto no Brasil, os movimentos nacionais de aposentados e pensionistas e as centrais sindicais formaram alianças com partidos de esquerda para tentar derrotar a reforma da previdência social. Essas coalizões revelaram um enorme potencial de oposição. Barraram a capitalização e muitos cortes propostos no Brasil e atrasaram, mas não derrotaram, a reforma no Uruguai. As organizações patronais em ambos os países apoiaram a privatização, mas, comparadas a suas congêneres argentinas, não assumiram um papel de proa na defesa da reforma. Por exemplo, no Uruguai, a Associación Cristiana de Dirigentes de Empresas e o Consejo Superior Empresarial (CSE), que representam empresas financeiras, agrícolas, da construção civil, do comércio e indústria, endossaram o plano governamental de privatização somente após um debate de vários meses no âmbito do governo de coalizão, um mês antes da aprovação da lei no Senado. A CSE defendera anteriormente uma privatização nos moldes da chilena, embora essa proposta nunca tenha sido levada seriamente em consideração. No Brasil, as organizações patronais apresentaram demandas diretas mas, devido à divergência generalizada e à fragmentação organizacional, fizeram pouco esforço para promover a reforma e deixaram a tarefa para seus representantes nos ministérios da Fazenda e do Planejamento.[32]

---

[31] Entrevistas com Henrique Toja (Montevidéu, 3-5-1995), Gílson Oliveira (Brasília, 31-5-1995) e Amancio Pafundi (Buenos Aires, 8-5-1995).

[32] Ver Weyland (1996b).

O sindicalismo no Uruguai sempre colaborou com o Estado, o capital e os partidos políticos nas alianças para substituição de importações, embora mantendo sua autonomia.[33] Conseqüentemente, a central sindical PIT-CNT unida e independente emergiu da ditadura mais bem preparada para combater as reformas liberais do que suas congêneres argentinas, que haviam-se tornado dependentes do Estado. A aliança da PIT-CNT com o Frente Amplio se opôs fortemente à privatização, e seus líderes criticaram o projeto do BID, taxando-o de "impreciso" e "catastrófico".[34] Os aposentados e pensionistas uruguaios se uniram também numa entidade nacional, a Organización Nacional de Asociaciones de Jubilados y Pensionistas del Uruguay, formada por 120 associações de aposentados com escritórios em todo o país.

Os aposentados e pensionistas uruguaios organizaram em meados de 1980 um movimento de protesto contra as leis que reduziam a indexação dos benefícios previdenciários e venceram em 1989 um plebiscito exigindo que as aposentadorias fossem reajustadas de acordo com o índice calculado pela média salarial.[35] A decisão da PIT-CNT e do Frente Amplio de apoiar o plebiscito dos aposentados marcou o início da aliança antiprivatização. Inúmeras tentativas de reformas foram obstruídas, inclusive o plebiscito de novembro de 1994, que anulou o aumento da idade mínima para a aposentadoria e a redução dos benefícios. O governo de coalizão finalmente venceu quando conseguiu aprovar uma privatização parcial em agosto de 1995. Em meados de 1998, a oposição tentou emplacar um plebiscito com a eleição de 1999 para reduzir as dimensões da reforma.

No Brasil, a oposição à reforma da previdência social foi conduzida pelos sindicatos e organizações de aposentados e pensionistas que representam grupos ocupacionais de classe média beneficiados pelo sistema público de repartição. Muitos desses grupos receberam aumentos nos benefícios com base na Constituição de 1988 e estavam dispostos a defendê-los.[36] Os grupos de oposição, incluindo a central sindical CUT, a associação nacional dos aposentados e pensionistas (Cobap), a associação dos auditores da previdência social (Associação Nacional dos Fiscais de Con-

---

[33] Ver Lopez-Alvez (1994).

[34] Entrevistas com Hugo De los Campos (Montevidéu, 26-4-1995) e Adolfo Bertoni (Montevidéu, 4-5-1995).

[35] Ver Papadópulos (1992).

[36] Ver Weyland (1996b:67).

tribuições Previdenciárias – Anfip), uma associação de militares aposentados e o Partido dos Trabalhadores (PT), formaram a Frente Parlamentar de Oposição em maio de 1995. Esses opositores argumentavam que a ineficiência do sistema de repartição era de origem política e poderia ser remediada por meio de reforma, em vez de privatização. A Anfip forneceu o conhecimento do assunto; os sindicatos comandaram o apoio entre os funcionários públicos; e o PT e o PDT organizaram a oposição no Legislativo.

Argentina: fragmentação e divisão

Em contraste com o Uruguai e o Brasil, os principais opositores da reforma da previdência social na Argentina estavam dispersos em organizações concorrentes e não conseguiram formar uma aliança duradoura. Após a eleição de Carlos Menem, o movimento sindical rachou, formando a Confederación General de Trabajadores (CGT), pró-Menem, o Movimiento de los Trabajadores Argentinos (MTA), peronista, contra a reforma, e o Congreso de Trabajadores de la Argentina (CTA), não-peronista. A CGT menemista apoiava a privatização da previdência social em troca do apoio do governo aos planos de seguro-saúde sindicais (uma importante fonte de receita) e da oportunidade de investir nos fundos de pensão privados (os sindicatos têm participação majoritária em dois dos novos fundos de pensão privados).[37] Embora os deputados do partido peronista vinculados à CGT tenham exigido concessões de última hora, inclusive a transformação dos novos planos privados em opcionais e a exigência de que o Estado garantisse o retorno para o plano de aposentadoria do Banco de La Nación Argentina (este último foi anulado mais tarde por decreto presidencial), a oposição ficou por conta da inexperiente CTA.

Ainda em contraste com o Brasil e o Uruguai, uma ampla gama de grupos de interesse financeiros e comerciais argentinos começou a defender ativamente a privatização da previdência social logo no início do processo de reforma. As principais organizações do empresariado propuseram a privatização antes da apresentação, em julho de 1992, do projeto de lei original no Legislativo. Entre março e julho de 1992, organizações

[37] O sindicato Luz y Fuerza detém 72% do fundo de pensão AFJP Futura, enquanto a AFJP San José tem participação majoritária de uma coalizão de 10 sindicatos e duas empresas privadas.

como a União da Indústria Argentina (UIA), a Bolsa de Valores de Buenos Aires e a Associação das Corretoras de Seguro da Argentina divulgaram relatórios em favor da privatização. A Associação de Bancos Argentinos (Adeba) já havia divulgado uma proposta de privatização em outubro de 1990, dois anos antes de o governo começar sua campanha de privatização.[38]

Enquanto os grupos pró-privatização estavam relativamente ativos na Argentina, os grupos de interesse que representavam os trabalhadores e os aposentados e pensionistas não conseguiram formar uma aliança antirreforma. Embora nem todas as organizações de aposentados sejam ligadas a sindicatos, o quadro geral em termos de organização geralmente reflete a divisão do movimento sindical. Por exemplo, grupos de aposentados associados à organização Plenario Permanente de Organizaciones de Jubilados, da central dissidente CTA, refletem os sindicatos afiliados à central; como diz uma liderança dos aposentados, o objetivo é reproduzir o movimento sindical para os aposentados.[39]

A oposição argentina à privatização foi ainda mais fragilizada devido à falta de articulação entre os grupos de interesse e os partidos políticos. O sindicalismo argentino tradicionalmente teve vínculos estreitos com os peronistas, e os peronistas anti-Menem não se aliaram aos partidos de oposição para protestar contra a reforma. Embora o Partido Radical, de oposição, fosse contrário à privatização da previdência social e apoiasse a campanha pelo abaixo-assinado, nenhuma aliança comparável aos movimentos de oposição à reforma no Uruguai e no Brasil uniu os grupos oposicionistas aos partidos políticos.

No Uruguai, na Argentina e no Brasil, não houve correlação clara entre a força dos grupos de interesse e os resultados das políticas. Em termos de densidade sindical, seria de esperar que a privatização fosse menos provável na Argentina e no Brasil do que no Uruguai. A expressiva aliança de oposição uruguaia formada pelo Frente Amplio, movimento dos aposentados e pensionistas e a PIT-CNT, deveria tornar a privatização menos provável no Uruguai do que na Argentina e no Brasil com seus movimentos sindicais divididos. Como os sindicatos formaram alianças antiprivatização com aposentados e pensionistas e partidos no Brasil e no Uruguai, mas não na Argentina, esperaríamos que a privatização fosse

[38] Ver Adeba (1990).

[39] Entrevista com Amancio Pafundi (Buenos Aires, 8-5-1995).

menos provável naqueles países. O papel secundário das principais organizações patronais no Uruguai e no Brasil, mas não na Argentina, nos deu mais uma razão para esperar que a privatização fracassasse no Uruguai e no Brasil. Em resumo, a força relativa dos grupos de interesse foi insuficiente para explicar os resultados da reforma.

As instituições políticas e o poder de veto

O grau de acesso às decisões que as instituições políticas franquearam aos grupos de interesse foi o principal fator determinante da capacidade desses grupos para influenciar a reforma. A disciplina partidária é mais fraca nos sistemas onde a boa ou má sorte dos candidatos ao Legislativo depende mais de iniciativas individuais e contribuições, como no sistema de lista aberta do Brasil, do que nos sistemas onde os parlamentares dependem de hierarquias partidárias.[40] Os plebiscitos dão aos opositores a oportunidade de obstruir a política. Quando a oposição tem cargos na própria gestão da previdência social, como no Uruguai, os reformadores precisam evitar ou neutralizar essa oposição. Os grupos de interesse têm menos poder de veto nos sistemas onde o Executivo consegue evitar o Congresso e apresentar legislação diretamente – como no caso do presidente Menem, que utilizou com freqüência decretos de emergência – do que nos sistemas onde os poderes do Executivo são mais restritos. Em suma, como a privatização teve pouco apoio popular e gerou intensa oposição por parte dos grupos sindicais e de aposentados, os governos conseguiram implementá-la apenas onde os grupos de interesse estavam impedidos de atuar como *veto players.* As oportunidades abertas pelas instituições políticas aos grupos de interesse para que participassem da definição das reformas variaram radicalmente.

Disciplina partidária

Uma disciplina partidária maior aumenta a possibilidade de os governos conseguirem aprovar legislação que impõe custos políticos. O controle sobre a seleção de candidatos, a capacidade dos líderes de expulsar membros e forçar renúncias, o controle do financiamento, a capacidade dos candidatos de eleger-se de maneira independente com relação a seus colegas de partido e a capacidade dos eleitores de dar um único voto

[40] Ver Mainwaring (1995); Geddes (1994).

interpartidário, votos múltiplos ou voto em partido são algumas questões fundamentais que determinam a disciplina.[41] Sem disciplina partidária os legisladores precisam buscar suas próprias fontes de apoio político, ficando assim mais suscetíveis às pressões dos grupos de interesse e, logo, menos propensos a respaldar uma reforma impopular como a privatização (pelo menos sem uma medida compensatória expressiva). Os governos que buscam medidas que impõem custos, como a reforma da previdência social, têm menos possibilidade de aprovação pelo Legislativo ou de obter maioria a um menor custo quando a disciplina é fraca, como no Brasil.

Na Argentina, os membros da Câmara Federal são escolhidos por representação proporcional nas províncias, sendo cada uma delas um distrito com vários membros. A hierarquia da lista é determinada por meio de regras internas ao partido. Como os candidatos dependem do apoio do partido para subir na hierarquia, têm um grande incentivo a ouvir as lideranças partidárias. Entretanto, há facções nos partidos. No caso da reforma da previdência social, o governo teve de fazer muitas concessões à sua ala trabalhista.

No Brasil, os parlamentares num sistema eleitoral de lista aberta contam com seus próprios recursos para disputar os votos do eleitor com candidatos do mesmo partido e de outros, e a conseqüência disso é uma disciplina partidária muito fraca.[42] Além disso, a tradicional confiança dos partidos fisiológicos brasileiros no apadrinhamento do Estado os faz relutar em iniciar reformas que limitem as oportunidades de favorecimento.[43] Sem maioria no Legislativo, os presidentes precisam fechar acordos para cada projeto de lei. O governo de Fernando Henrique Cardoso fez alianças com outros partidos, mas tem tido dificuldade em manter a disciplina e conseguir reformas estruturais porque precisa sempre oferecer compensações aos parlamentares em troca de votos (isso ocorre principalmente com a bancada rural, que conta com 179 deputados).

Por exemplo, em 1996, para ganhar o apoio do PPB – partido presidido pelo prefeito de São Paulo, Paulo Maluf – ao projeto da previdência social na Câmara dos Deputados, o governo federal prometeu assumir a pesada dívida da cidade de São Paulo. Outros parlamentares pepebistas, com promessas de diretorias de empresas estatais, pediram que seus pleitos

[41] Ver Geddes (1994:189); Carey & Shugart (1995).

[42] Ver Mainwaring (1995:382).

[43] Id. ibid., p. 394.

fossem atendidos imediatamente (antes da segunda votação do projeto), pois receavam ofender sua base eleitoral de funcionários públicos. O deputado Odelmo Leão alegou que esses pedidos não significavam clientelismo, mas "cobrança conceitual".[44] Quando o projeto fracassou pela primeira vez que entrou no Senado, em maio de 1996, os líderes do governo reclamaram que o preço do voto estava simplesmente alto demais.[45]

No raro sistema de votação dupla e simultânea do Uruguai, os eleitores demonstram suas preferências interpartidárias por meio de seleção nas listas de candidatos de cada partido. As cadeiras do Legislativo são divididas proporcionalmente entre as listas concorrentes. Como os candidatos têm que se diferenciar de outros candidatos nos seus próprios partidos, precisam criar bases de apoio independentes. Esse sistema cria constantemente novos concorrentes à liderança do partido porque um número relativamente pequeno de votos permite que novas facções ganhem cadeiras.[46] Mesmo que um partido tenha maioria, não conseguirá disciplinar os membros das sublegendas que votam contra o partido. González (1993:241) previu que uma aliança entre partidos tradicionalmente rivais seria "quase impossível num sistema presidencialista como o do Uruguai". Esses incentivos institucionais impedem os governos de construir maioria e geralmente levam a impasse político, sendo citados como causa de rupturas democráticas.[47]

Entretanto, após a eleição de 1994, quando os dois partidos tradicionais e o Frente Amplio, de esquerda, receberam, cada um, perto de um terço dos votos, os *blancos* e os *colorados* formaram um governo de coalizão sem precedente. A quase vitória do Frente Amplio (e uma vitória potencial em 1999) ameaçou a alternância dos dois partidos tradicionais no poder e deu o impulso para a formação do governo de coalizão. Essa aliança se pôs de acordo sobre buscar a reforma da previdência social, uma lei de segurança pública, um pacote de ajuste econômico e uma reforma eleitoral. Para ajudar a garantir a lealdade, o presidente Sanguinetti deixou os principais cargos do governo em aberto até que as reformas fossem aprovadas. Assim, a ameaça de derrota e o acordo para a formação da coalizão para

[44] *Jornal do Brasil*, 29-3-1996.

[45] *O Estado de S. Paulo*, 23-5-1996.

[46] Ver González (1993).

[47] Ver González & Gillespie (1994).

aprovar as principais reformas estruturais ajudaram a superar os tradicionais motivos para impasse político no Legislativo.

A previdência social serviu tradicionalmente como fonte de favorecimentos para políticos, de modo que os parlamentares que votassem a favor de reformas como as da Argentina e do Uruguai corriam o risco de indispor-se com os grupos de interesse e perder uma fonte de privilégios no futuro. Embora a maior disciplina partidária no Legislativo argentino tivesse aumentado a possibilidade de aprovação, a incapacidade do governo para conseguir pelo menos o *quorum* mínimo deu aos dissidentes partidários a chance de exigir concessões de última hora. Devido à falta de disciplina no Legislativo brasileiro, os parlamentares exigiram grandes recompensas em troca de votos; os custos delas atrasaram a reforma por pelo menos três anos. Em contraste, a vitória do Frente Amplio no Uruguai proporcionou o incentivo para a obtenção de consenso e a superação dos obstáculos tradicionais à cooperação.

O plebiscito

No Uruguai, o referendo popular dá aos grupos de interesse a chance de aprovar ou bloquear legislação, donde o seu grande impacto no andamento da reforma da previdência. Em três ocasiões, desde a redemocratização de 1984, os plebiscitos decidiram questões relativas à defesa dos benefícios e ao caráter público do sistema de previdência social. Em 1989, o movimento dos aposentados e pensionistas patrocinou uma emenda constitucional que vinculava os níveis de proventos previdenciários ao salário médio. O plebiscito do governo, de agosto de 1994, incluía uma medida para diminuir as barreiras à privatização; perdeu. Um plebiscito iniciado pelos aposentados e pensionistas, aprovado em novembro de 1994, rechaçou cortes em benefícios que haviam sido incluídos, inconstitucionalmente, nos projetos de orçamento.

O referendo é um importante instrumento de veto potencial que não existe na Argentina (embora incluído na Constituição argentina de 1994, a legislação complementar não foi aprovada) nem no Brasil. Por exemplo, se são necessários 10% dos eleitores para pôr uma medida em votação, como no Uruguai, não há dúvida de que os opositores da privatização na Argentina, que em 1993 recolheram em três meses 1,3 milhão de assinaturas num abaixo-assinado contra a reforma, poderiam ter recolhido mais 400 mil para convocar um plebiscito. Em meados de 1998, a oposição à privatização no

Uruguai estava recolhendo assinaturas para um plebiscito em 1999 onde se pretendia rejeitar boa parte da reforma da previdência.

Governo por decreto de emergência e o Poder Executivo na Argentina

Na Argentina, o crescente poder do Executivo com relação ao Legislativo barrou a oportunidade de os opositores políticos vetarem as políticas. Num fenômeno que Nino (1996) rotulou de "hiperpresidencialismo", o presidente Menem dilatou os poderes do Executivo ao ampliar a Suprema Corte e nomear aliados políticos como juízes, fazendo uso freqüente do veto parcial e, mais importante ainda para a reforma da previdência, de decretos de emergência do Executivo no lugar da legislação ordinária.[48] Apesar de sua capacidade de alcançar maioria com pequenos partidos regionais aliados, Menem usava o decreto de emergência - destinado a emergências como uma invasão ou desastre natural - para encaminhar legislação ordinária. As leis argentinas exigem que tais decretos sejam ratificados pelo Congresso, mas eles raramente o foram. Antes de Menem, os presidentes argentinos eleitos lançaram apenas 25 decretos de emergência. Menem lançou 308 de 1989 a 1993, apesar do parecer de especialistas em direito de que sua utilização no lugar da legislação ordinária era inconstitucional.[49]

O decreto de emergência do Executivo foi uma ferramenta legislativa particularmente importante durante o processo da reforma da previdência. Por exemplo, Menem prometera aos membros da ala trabalhista de seu próprio partido que os retornos garantidos pelo governo para o fundo de pensão do Banco de La Nácion Argentina não seriam eliminados por veto parcial.[50] Ele manteve a promessa, mas por meio do decreto de emergência eliminou a garantia, que era contestada pelo setor financeiro por dar uma vantagem competitiva ao banco estatal. A mera ameaça de um decreto de emergência enfraquecia o poder de veto do Legislativo. Por exemplo, em dezembro de 1994, os parlamentares de oposição do Partido Radical concordaram em votar partes de um projeto que estabelecia um teto nos benefícios da previdência e limitava o aumento desses

[48] Ver Mustapic & Ferreti (1995).

[49] Entrevista com Delia Ferreira Rubio (16-3-1995).

[50] Entrevista com Juan H. Gonzalez Gaviola (Buenos Aires, 13-12-1994).

benefícios porque temiam provocar um decreto de emergência caso se opusessem.

No Brasil e no Uruguai, o Poder Executivo não pode usar decretos de emergência (nem a ameaça de um decreto) para passar por cima do Legislativo ou impor a reforma. No Brasil, o presidente pode recorrer a "medidas provisórias", embora elas não sejam tão eficazes quanto os decretos de emergência. Na Argentina, Menem aparelhou a Suprema Corte e podia contar que o Judiciário não atuaria como *veto player*. No Brasil, o Judiciário manteve sua independência, e o presidente correu o grande risco de o Supremo Tribunal Federal invalidar uma medida provisória. Quando, em 1997, o presidente Fernando Henrique Cardoso tentou usar uma medida provisória para pôr fim à prática que permitia ao aposentado receber tanto pensão quanto aposentadoria, teve de retirar seu plano porque sofreu oposição de seus aliados no Legislativo: a confederação dos aposentados e pensionistas (Cobap) declarou que recorreria da medida no Supremo. Como observa Mainwaring (1997:66), os presidentes brasileiros nem sempre conseguem o que querem por meio de medidas provisórias.

Grupos de interesse e gestão da previdência

Finalmente, a burocracia da previdência no Uruguai deu aos sindicatos e aposentados e pensionistas a oportunidade de vetar projetos por meio de seus representantes no órgão gestor do Banco da Previdência (BPS). Desde 1992, aposentados, sindicatos e patrões elegem um representante para atuar em conjunto com quatro representantes do governo na diretoria do BPS, composta de sete membros. Eles conseguiram barrar o plano de modernização do ex-presidente do BPS, Rodolfo Saldain, e o representante sindical, Ernesto Murro, co-patrocinou o plebiscito de novembro de 1994 contra a privatização. Murro e o representante dos aposentados e pensionistas, Luis Collutuzzo, anunciaram seu apoio ao plebiscito para rechaçar a privatização de 1995. Um diretor nomeado pelo presidente Sanguinetti disse que a presença desses diretores no BPS era "como ter o inimigo dentro de casa".[51]

No Brasil e na Argentina, não existe nenhum espaço institucional desse tipo para os grupos de oposição. Na Argentina, a lei da privatização exige a criação de um conselho nacional da Previdência Social vinculado ao

[51] Entrevista com Mila Belestri Ofelia (Montevidéu, 26-4-1996).

Ministério do Trabalho e da Seguridade Social. Esse conselho teria a participação de representantes dos sindicatos, empresas e aposentados, porém isso nunca saiu do papel. As burocracias da previdência podem se tornar politizadas sem contarem com uma representação oficial dos grupos de interesse. No Brasil, o conflito político da reforma surgiu entre os ministérios. O ministro da Previdência Social buscava manter a contribuição previdenciária dentro dos mesmos tetos (10 salários mínimos), enquanto os ministros da Fazenda e do Planejamento defendiam a privatização.[52] Entretanto, em nenhum dos casos os opositores tiveram direito a uma representação política oficial no interior da burocracia da previdência.

Em suma, em comparação a seus vizinhos, as instituições políticas argentinas previam menos oportunidades de poder de veto para a oposição. A disciplina partidária reduziu a ameaça de defecção nos partidos que apoiavam o governo; o plebiscito previsto na Constituição ainda não foi implementado; e a burocracia da previdência permaneceu relativamente apática. O crescente domínio do Executivo refletiu-se em parte na utilização sem precedente de decretos de emergência do Executivo. Essas limitações institucionais deixaram os opositores da privatização com pouca chance de influenciar os resultados das políticas. Já no Uruguai eles conseguiram barrar a reforma no Legislativo, por meio da burocracia da previdência e de plebiscitos. Sindicalistas, aposentados e a esquerda foram finalmente derrotados após a formação do primeiro governo de coalizão da história, mas poderiam ainda vetar a reforma num plebiscito em 1999. Finalmente, a fraca disciplina partidária no Legislativo brasileiro, apesar de uma coalizão majoritária, prejudicou as tentativas do presidente Fernando Henrique Cardoso de formar maioria para a reforma da previdência social.

Conclusão

Nessas condições, no embate político em torno da reforma da previdência não havia uma correlação clara entre a força dos grupos de interesse e os resultados. Apesar do alto nível de sindicalização na Argentina, a CGT aceitou as exigências do governo, deixando a oposição por conta da dissidente CTA. As concessões aos sindicatos foram depois anuladas por

---

52 Ver Weyland (1996b:69).

decreto do Executivo. No Uruguai, a extraordinária coalizão formada pelos sindicatos, aposentados e pensionistas e a esquerda obstruiu sistematicamente reformas significativas da previdência, até que uma coalizão governamental sem precedente cerrou fileiras para aprovar uma privatização parcial e outras reformas constitucionais. Os opositores prontamente embarcaram numa campanha para um referendo sobre a reforma. Uma oposição liderada pelos sindicatos bloqueou a privatização no Brasil. Em meados de 1998, o Legislativo brasileiro quase aprovou a reforma do sistema público após três anos de debates. A reforma brasileira reduziria privilégios no sistema financiado pelo Estado e ampliaria a poupança das aposentadorias complementares individuais.

A abordagem do veto vai além das interpretações pluralistas tradicionais ao explicar como as instituições criam oportunidades para os grupos de interesse influenciarem os resultados das políticas. Os incentivos à disciplina partidária em sistemas eleitorais e legislativos, o plebiscito, os poderes do Executivo e as oportunidades de representação oficial da oposição na burocracia da previdência social se configuraram como oportunidades distintas para os grupos de interesse influenciarem as políticas. Os opositores da privatização no Uruguai fizeram uso do plebiscito, e seus pares no Brasil contaram com o alto preço (e possivelmente proibitivo) de se obter uma maioria no Legislativo para promover uma reforma significativa. Os opositores na Argentina não tinham essas opções devido a um Executivo relativamente forte. Em resumo, a capacidade relativa desses grupos de interesse para bloquear ou modificar os resultados das políticas dependeu das instituições políticas de cada país.

Esses casos ilustram os obstáculos políticos que impediram governos democraticamente eleitos de repetir os elementos mais radicais da reforma de 1981 feita pela ditadura chilena: a eliminação do benefício previdenciário básico, universal e de repartição financiado pelo Estado e a participação compulsória no sistema privado de todo cidadão que entrava no mercado de trabalho. Conseqüentemente, as reformas na Argentina, no Brasil e no Uruguai causam menos riscos, despesas e desigualdade do que a eliminação de benefícios universais. Embora esses três governos eleitos tenham implementado reformas da previdência que, em graus variados, instituem contas individuais de aposentadoria, uma reforma como a do Chile, que elimina completamente um benefício público universal, não parece ser politicamente viável num cenário democrático.

Segundo um relatório do Banco Mundial de 1994, "a única maneira de se ganhar apoio amplo para a reforma da previdência é estruturar o novo programa de forma que haja mais ganhadores influentes do que perdedores. Os ganhos precisam ser alocados de uma forma justa e que torne a reforma politicamente popular".[53] Na verdade, como a escolha entre a previdência social pública de repartição e os sistemas baseados em poupança privada individual tem implicações na distribuição de renda para a população, essas reformas precisam de um grande debate público. Entretanto, estruturar uma aliança política vencedora, definir e conseguir "justiça" e popularizar politicamente a reforma são três tarefas distintas, não necessariamente complementares. Os governos do Cone Sul concentraram-se quase que exclusivamente na primeira dessas três metas. A privatização não foi politicamente popular, e as reformas foram implementadas sem consenso (e sem muito debate público) sobre o que constituiria uma reforma igualitária.

Enquanto o diálogo nacional, e mesmo o pacto político, é viável em países como a França, a Noruega e a Dinamarca, onde sindicatos e empregadores têm uma tradição de gestão conjunta de fundos de pensão, é menos provável que tal processo ocorra nos países do Cone Sul, onde não existe uma tradição de pacto político. Dada a ausência de apoio popular à privatização na região, os governos poderiam conseguir essas reformas em cenários institucionais onde os oponentes fossem incapazes de ter poder de veto.

Referências bibliográficas

Adeba (Associación de Bancos Argentinos). *Reforma previsional: la vision de Adeba.* Buenos Aires: Adeba, 1990.

Ames, Barry. *Political survival: politicians and public policy in Latin America.* Berkeley: University of California Press, 1987.

Arrau, Patricio. *Nota sabre el aumento de ahorro en Chile.* Santiago: Cepal, 1996.

Baldwin, Peter. *The politics of social solidarity class bases of the European welfare state.* Cambridge: Cambridge Univ. Press, 1990.

Barr, Nicholas. Economic theory and the welfare state: a survey and interpretation. *Journal of Economic Literature, 30*:741-803, June 1992.

[53] World Bank (1994:270-1).

______. *Labor markets and social policy in Central and Eastern Europe: the transition and beyond.* Oxford: Oxford Univ. Press, 1994.

Brasil. Ministério da Previdência Social. *Reforma da previdência.* Brasília: MPAS, 1995.

Carey, John M. & Shugart, Matthew Soberg. Incentives to cultivate a personal vote: a rank ordering of electoral formulas. *Electoral Studies, 40*:417-39, 1995.

Demirguç-Kunt, Ash & Schwarz, Anita M. Taking stock of pension reforms around the world. In: Pension systems: from crisis to reform. Washington, DC, World Bank, 21-22 nov. 1996.

Edwards, Sebastian. *Crisis and reform in Latin America: from despair to hope.* New York: Oxford Univ. Press, 1995.

Esping-Andersen, Gosta. *The three worlds of welfare capitalism.* Princeton: Princeton Univ. Press, 1990.

Frieden, Jeffry & Rogowski, Ronald. The impact of the international economy on national policies: an analytical overview. In: Keohane, Robert O. & Milner, Helen V. (eds.). *Internationalization and domestic politics.* New York: Cambridge Univ. Press, 1996. p. 46.

Geddes, Barbara. *Politician's dilemma: building state capacity in Latin America.* Berkeley: University of California Press, 1994.

Gillion, Collin & Bonilla, Alejandro. Analysis of a national private pension scheme: the case of Chile. *International Labour Review, 2*:192-5, 1992.

González, Luis Eduardo. *Estructuras políticas y democracia en Uruguay.* Montevidéu: Fundación de Cultura Universitaria, 1993.

______ & Gillespie, Charles Guy. Presidentialism and democratic stability in Uruguay. In: Linz, Juan J. & Valenzuela, Arturo (eds.). *The failure of presidential democracy: the case of Latin America.* Baltimore: The Johns Hopkins Univ. Press, 1994.

Goodin, Robert E. & Le Grande, Julien. *Not only the poor: the middle classes and the welfare state.* London: Allen & Unwin, 1987.

Haggard, Stephan & Kaufman, Robert R. *The political economy of democratic transitions.* Princeton: Princeton Univ. Press, 1995.

Hall, Peter. Policy paradigms, social learning, and the state: the case of economic policymaking in Britain. *Comparative Politics, 25*:280, Apr. 1993.

Heclo, Hugh. *Modern social politics in Britain and Sweden.* New Haven: Yale Univ. Press, 1974.

Hochman, Gilberto & Williamson, John B. The Brazilian public pension system: policy changes, political effects. *International Social Security Review, 48*:31-47, 1995.

Immergut, Ellen M. The rules of the game: the logic of health policy making in France, Switzerland, and Sweden. In: Steinmo, Sven (ed.). *Structuring politics: historical institutionalism in comparative analysis*. Cambridge: Cambridge Univ. Press, 1992.

Isuani, Ernesto Aldo & San Martino, Jorge A. *La reforma previsional Argentina: opciones y riesgos*. Buenos Aires: Miño y Dávila/Ciepp, 1993.

_____; Rofman, Rafael & San Martino, Jorge A. Las jubilaciones del siglo XXI: podemos gastar la cuenta? *Boletín Informativo Techint* (286):79-104, abr./jun. 1996.

Lo Vuolo, Rubén. *El Estado de bienestar en la Argentina contemporanea*. Buenos Aires: Ciepp, 1993.

Lopez-Alvez, Fernando. Why not corporatism? Redemocratization and regime formation in Uruguay. In: Rock, David (ed.). *Latin America in the 1940s: war and postwar transitions*. Berkeley: University of California Press, 1994.

Mainwaring, Scott. Brazil: weak parties, feckless democracy. In: Mainwaring, S. & Scully, T. R. (eds.). *Building democratic institutions: party systems in Latin America*. Stanford: Stanford Univ. Press, 1995.

_____. Multipartism, robust federalism, and presidentialism in Brazil. In: Mainwaring, Scott & Shugart, Matthew Soberg (eds.). *Presidentialism and democracy in Latin America*. New York: Cambridge Univ. Press, 1997.

Malloy, James M. *The politics of social security in Brazil*. Pittsburgh: University of Pittsburgh Press, 1979.

_____. *Statecraft, social policy, and governance in Latin America*. Notre Dame: Kellogg Institute, 1991. (Working Paper 151.)

McGuire, James W. *Peronism without Perón: unions, parties, and democracy in Argentina*. Stanford: Stanford Univ. Press, 1997.

Mesa-Lago, Carmelo. *Social security in Latin America: pressure groups, stratification, and inequality*. Pittsburgh: University of Pittsburgh Press, 1978.

_____. *Ascent to bankruptcy. Financing social security in Latin America*. Pittsburgh: University of Pittsburgh Press, 1989.

_____. *Changing social security in Latin America*. Boulder: Lynne Rienner, 1994.

Mustapic, Ana Maria & Ferreti, Natalia. El veto presidencial bajo Alfonsin y Menem (1983-95). In: Congresso Internacional da Associação de Estudos Latino-Americanos, Washington, DC, 28-30 set. 1995.

Nelson, Joan M. The politics of pro-poor adjustment. In: Nelson, Joan M. (ed.). *Fragile coalitions: the politics of economic adjustment.* New Brunswick: Transaction Books, 1989.

Nino, Carlos Santiago. Hyperpresidentialism and constitutional reform in Argentina. In: Lijphart, Arend & Waisman, Carlos H. (eds.). *Institutional design in new democracies: Eastern Europe and Latin America.* Boulder: Westview, 1996.

Oliveira, Francisco E. Barreto de (org.). *Diagnóstico y perspectivas de la seguridad social en el Uruguay.* Montevidéu: Programa de Cooperación Técnica, 1994.

Pampel, Fred C. & Williamson, John B. *Age, class, politics, and the welfare state.* New York: Cambridge Univ. Press, 1989.

Papadópulos, Jorge. *Seguridad social y política en el Uruguay.* Montevidéu: Ciesu, 1992.

Pierson, Paul D. *Dismantling the welfare state? Reagan, Thatcher, and the politics of retrenchment.* New York: Cambridge Univ. Press, 1994.

Piñera, José. *El cascabel al gato: la batalla por la reforma previsional.* Santiago: Zig-Zag, 1992.

Raczynski, Dagmar. *Estado de bienestar y políticas sociales en Chile: origen, transformaciones, y perspectivas.* Santiago: Cieplan, 1992.

Remmer, Karen L. New theoretical perspectives on democratization. *Comparative Politics, 28*:105-6, Oct. 1995.

Ritter, Gerhard A. *Social welfare in Germany and Britain: origins and development.* New York: Berg, 1986.

Saldain, Rodolfo. *Reforma jubilatoria: el nuevo modelo previsional.* Montevidéu: Fundación de Cultura Universitaria, 1996.

Schulthess, Walter & Demarco, Gustavo. *Argentina: evolución del sistema nacional de previsión social y propuesta de reforma.* Santiago: Cepal, 1993.

_____ & _____. *Reformas a los sistemas de pensiones: Argentina, Chile, Peru.* Santiago: SAFP, 1996.

Shah, Hemant. *Toward better regulation of private pension funds.* Washington, DC: World Bank, LAC Division, 16-1-1997.

Shalev, Michael. The social democratic model and beyond. *Comparative Social Research, 6*:315-51, 1983.

Sherraden, Margaret S. Social policy in Latin America: questions of growth, equality, and political freedom. *Latin American Research Review, 30*:176-90, 1995.

Tsebelis, George. Decision making in political systems: veto players and presidentialism, parliamentarism, multicameralism, and multipartism. *British Journal of Political Science, 25*:289-325, July 1995.

Vergara, Pilar. Market economy, social welfare, and democratic consolidation in Chile. In: Smith, William C.; Acuña, Carlos H. & Gamarra, Eduardo A. (eds.). *Democracy, markets, and structural reforms in Latin America*. New Brunswick: Transaction/North-South Center, 1994.

Wallerstein, Michael. Union organization in advanced industrial democracies. *American Political Science Review, 83*:481-501, June 1989.

Weyland, Kurt. *Democracy without equity: failures of reform in Brazil*. Pittsburgh: University of Pittsburgh Press, 1996a.

______. How much political power do economic forces have? Conflicts over social insurance reform in contemporary Brazil. *Journal of Public Policy, 16*:68, 1996b.

World Bank. *Averting the old age crisis: policies to protect the old and promote growth*. New York: Oxford Univ, Press, 1994.

______. *Brazil: social insurance and private pensions*. Washington, DC: World Bank, 1995. (Report 12336-BR.)

Poder Executivo e reforma da previdência na América Latina*

*Vera Schattan P. Coelho***

Introdução

Este capítulo analisa os processos de elaboração dos projetos governamentais de reforma da previdência na Argentina, no Uruguai e no Brasil nos anos 1990, considerando em cada país as condições da conjuntura econômica e do sistema previdenciário, bem como as características do próprio Poder Executivo. O objetivo da análise é investigar se é possível, em face dos constrangimentos impostos pelas duas primeiras condições, estabelecer uma relação entre a natureza – incremental, mista ou radical – desses projetos e a distribuição de poder entre os diversos atores estatais.

Na década de 1990, governos da América Latina implementaram reformas estruturais que, embora seguindo cursos diversos, privatizaram total ou parcialmente a previdência social. Ocorreram reformas *radicais*, como a mexicana, que promoveram a substituição integral do sistema de repartição

---

* Publicado originariamente em *Novos Estudos* (São Paulo: Ceprab, nov. 2001), este texto apresenta resultados da pesquisa "O Poder Executivo e a previdência social na América Latina", realizada no Cebrap com apoio da Fapesp.

** Agradeço a Ana Maria Mustapic e Carlos Filgueira a hospitalidade e as valiosas orientações para encaminhar a pesquisa na Argentina e no Uruguai, ao grupo de Política e Políticas Públicas do Cebrap, a Sonia Draibe, a Robert Kaufman e a Sérgio Fausto o apoio e as valiosas sugestões.

pelo de capitalização;[1] *mistas*, como a argentina e a uruguaia, em que a partir de um sistema de pilares múltiplos se combinaram a repartição e a capitalização; e *incrementais*, como a brasileira, que manteve o sistema de repartição existente. Mesmo as reformas mais moderadas implicaram a retração do sistema da seguridade social que norteara a construção dos Estados de bem-estar social, com garantia universal de um mínimo de direitos de cidadania, como saúde, educação e assistência social.

Ao investigar por que governos democráticos implementaram reformas estruturais, os estudiosos identificaram variáveis associadas ao legado das políticas prévias (magnitude do déficit previdenciário, alcance e grau de maturidade do sistema de previdência, existência de um sistema de pensões ocupacionais, nível de poupança interna) às condições políticas (capacidade do Executivo de controlar o Legislativo, número de partidos no Congresso, grau de democracia, estratégias para apresentação e negociação do projeto do Executivo) à força dos atores sociais (sindicatos e associações de aposentados) e à atuação das agências multilaterais.[2] Essas linhas explicativas são coerentes com as das análises das reformas econômicas "pró-mercado" realizadas na região no início da década de 1990,[3] que destacaram o papel das diferentes coalizões sociais que apoiaram tais reformas;[4] a capacidade do presidente para alcançar a cooperação dos partidos políticos;[5] e, ainda, certas capacidades técnicas no interior do Estado.[6]

---

[1] Em ambos os sistemas há correspondência entre contribuição e benefício, mas no de repartição há também algum espaço para a redistribuição de renda, como será detalhado logo adiante.

[2] Ver James & Brooks (2001); Madrid (2001); Mesa-Lago & Muller (2001); Graham et alii (1999); Filgueira & Filgueira (1998); Muller (2000).

[3] Tais reformas privilegiaram a liberalização das barreiras comerciais, a privatização das empresas estatais e a ampliação do papel do mercado no processo de regulação da economia. Ver Haggard & Kaufman (1995); Iazzetta (1996); Kay (1997); Corrales (1999).

[4] Kay (1997) enfatizou a disputa entre os setores ligados ao "velho modelo econômico", tais como os sindicatos da indústria e do setor público, e aqueles ligados à "nova economia", tais como o setor de serviços e empresários ligados ao comércio internacional e ao sistema financeiro.

[5] Ao analisar as reformas na Venezuela, Corrales (1999) mostrou que a crise não foi condição suficiente para a promoção de reformas, as quais só ocorreram quando o presidente obteve a cooperação do Congresso.

[6] Para Haggard e Kaufman (1995:359) "países com maior capacidade tecnocrática e administrativa dispõem de maior gama de opções, já que podem combinar mais efetivamente a política de liberalização econômica com uma intervenção estatal de apoio e têm capacidade de explorar respostas mais heterodoxas".

Esses trabalhos conformaram um rico debate sobre a importância relativa dos aspectos sociais, políticos e econômicos na definição das reformas, mas em muitos casos a sua abrangência teórica e metodológica inibiu a percepção de fatores que, embora não suficientemente analisados na literatura, influenciaram de forma evidente o curso das reformas. Foi o que ocorreu com estudos que investigaram a influência das variáveis políticas e analisaram as relações Executivo-Legislativo, o grau de democracia[7] e o papel das agências multilaterais, mas não contemplaram devidamente o processo de formulação dos projetos no interior do próprio Poder Executivo. Nota-se, por exemplo, que a literatura atribuiu ao presidente da República, sem contar com as evidências necessárias, uma nítida preferência por projetos de natureza radical – até mesmo quando estes não chegaram a ser enviados ao Congresso, o que foi interpretado como conseqüência de resistências de atores sociais e políticos ou de constrangimentos ditados pela política econômica ou previdenciária.[8]

Com isso, passou praticamente despercebido o fato de que o Executivo não é um ator homogêneo encarnado no presidente. Ao contrário, as burocracias previdenciária e econômica, os políticos que ocupam postos de mando nas agências do Executivo e o presidente defendem projetos diferentes e lutam entre si para fazer prevalecer o que cada um reconhece como o projeto não só mais adequado econômica e politicamente, como também que lhe reservará o maior quinhão de poder político na gestão do novo sistema previdenciário. Para estudar essa dinâmica foram escolhidos os casos de Argentina, Uruguai e Brasil em parte porque esses países contavam com sistemas previdenciários maduros, o que os colocava diante de constrangimentos previdenciários semelhantes, e em parte porque há uma gradação nos projetos enviados pelo Executivo ao Congresso, sendo o argentino mais radical, o brasileiro mais conservador e o uruguaio um projeto que ocupa uma posição intermediária entre os outros dois.

Nesses países, os vários atores estatais dispunham de recursos muito diferentes para fazer valer suas preferências e influenciar a definição dos projetos enviados pelo Executivo ao Congresso. Tais preferências apare-

---

[7] As relações Executivo-Legislativo foram analisadas em função do número de partidos presentes no Congresso (James & Brooks, 2001) e dos poderes legislativos do presidente (Figueiredo & Limongi, 1999), e o grau de democracia foi inferido a partir dos direitos políticos e das liberdades civis existentes em cada país (Mesa-Lago & Muller, 2001).

[8] Ver Kay (1997); Filgueira & Filgueira (1998); Noya et alii (1998); Busquets (2001).

ceram em estreita relação com as respectivas posições institucionais. A burocracia previdenciária defendeu recorrentemente reformas incrementais, o que significava manter o sistema de repartição, isto é, um sistema em que os riscos são coletivamente compartilhados e pode-se proceder a algum grau de redistribuição de renda entre os aposentados dos vários estratos sociais. A burocracia econômica propugnou por reformas mistas, e os técnicos oriundos do setor privado propuseram reformas radicais, de modo que nos dois casos se introduziria a capitalização, que teria o mérito de: permitir ao trabalhador fiscalizar o destino das contribuições; proteger o sistema previdenciário dos efeitos da transição demográfica; promover a poupança interna e, portanto, o crescimento econômico.

Em suma, a literatura interpretou os diferentes cursos de reforma como um processo em que, dadas certas condições econômicas e políticas, o Executivo interagiu com o Legislativo e com a sociedade civil para definir uma reforma política e economicamente viável. Neste capítulo destaco a importância dos processos ocorridos no interior do Executivo – e que antecederam boa parte daquelas interações – para a promoção ou contenção da privatização da previdência social nestes últimos anos.

Relações de poder no interior do Executivo

Estudos sobre as reformas previdenciárias realizadas nos últimos anos em mais de 60 países identificaram um conjunto importante de variáveis que concorreram tanto para desencadear reformas estruturais em mais de 20 desses países quanto para definir o grau de privatização do novo sistema.[9] Procurarei mostrar aqui que o estudo das relações de poder entre os diferentes atores estatais no interior do Executivo pode contribuir para ampliar a capacidade explicativa e mesmo prospectiva dessas pesquisas. Mas como identificar essas relações de poder? Que recursos institucionais representaram força política nos processos de reforma previdenciária? Como comparar os papéis dos vários atores estatais nos diferentes países durante a elaboração do projeto do Executivo? Existem poucos estudos empíricos centrados nessas questões, o que dificulta a construção de modelos para elaborar hipóteses sobre a força política desses atores no interior do Executivo.

[9] Ver Queisser (1998); Fultz & Ruc (2001); Brooks (2000); Graham et alii (1999); Madrid (2001); Mesa-Lago & Muller (2001).

Moe (1997) e Ackerman (2000) sugerem que a estrutura institucional do Executivo reflete a cristalização de uma permanente disputa entre burocratas e políticos pelo poder político. Ao acirrar tal disputa, o sistema presidencialista estaria fadado a produzir uma excessiva politização no interior do Executivo,[10] a qual pode ser reconhecida, por exemplo, no grande número de cargos preenchidos por livre nomeação do presidente, bem como em mecanismos que lhe permitem rever em última instância as decisões dos ministérios. Essas práticas levariam a uma multiplicação de instâncias decisórias no interior do Executivo, o que acabaria por selar sua fragmentação e baixa capacidade governativa.

Kingdom (1995), por sua vez, baseado em extensa pesquisa empírica nos Estados Unidos, sugeriu a existência de uma relação de complementaridade, e não de oposição, entre a Presidência e a burocracia: enquanto a primeira definiria a agenda, a segunda a especificaria, num processo em que capacidade governativa e mudanças incrementais nas políticas públicas se reforçariam. Ao destacarem o papel das "capacidades institucionais" na construção de diferentes projetos de reforma, Sikkink (1993), Haggard e Kaufman (1995) e Iazzetta (1996) parecem trabalhar com um modelo semelhante ao proposto por Kingdom.

Vários países latino-americanos imprimiram desde a década de 1950 uma constante redefinição na orientação de suas políticas previdenciárias, ora pautadas pelo seguro social, ora pela seguridade social e, mais recentemente, pelo seguro individual. Tais mudanças ocorreram num cenário onde a burocracia previdenciária sempre se manifestou favorável ao seguro social, enquanto a Presidência da República apresentou mudanças em suas preferências, associadas ao próprio perfil ideológico de cada presidente. Diante desse quadro, como estabelecer distinção entre as situações em que a política para a previdência mudou porque a burocracia previdenciária foi responsiva às demandas da Presidência e aquelas em que a Presidência, ao enfrentar uma burocracia resistente, conseguiu fazer valer seu projeto graças à existência de uma burocracia fragmentada e em disputa? Ou, ainda, como reconhecer as situações em que a política mudou porque novos grupos políticos passaram a controlar a política previdenciária? E qual terá sido o papel de cada ator nas reformas recentes? O presidente brasileiro teve preferências muito distintas das que tinham os presidentes da Argentina e do Uruguai? Enfim, que

[10] Situação que se agravaria no presidencialismo de coalizão; ver Deheza (1997); Amorim Neto & Strom (1999).

recursos de poder estão à disposição de cada um desses atores no interior do Executivo?

A literatura reconhece três fatores que podem alterar a distribuição de poder entre tais atores: o processo de nomeação, a estruturação do processo decisório e os mecanismos de coordenação. A fim de analisar o processo de reforma nos três países em estudo, a partir da combinação dessas variáveis construímos três situações típicas. Na primeira, a burocracia detém maior poder político no interior do Executivo. Isso ocorre em contextos de baixa politização, isto é, quando há poucos cargos disponíveis para livre nomeação e poucos quadros que exerçam funções similares. Em tal situação a burocracia não necessariamente deixa se ser responsiva à Presidência, mas dispõe de recursos que lhe permitem contemplar seus próprios interesses. Na segunda situação o poder se concentra entre os políticos que ocupam posições de mando nas agências do Executivo. Assim é quando o fato de o presidente nomear quadros de fora da burocracia para os altos escalões ministeriais não reverte necessariamente a seu favor. Nesse caso, servindo as nomeações para garantir a base de sustentação do governo no Congresso, há maior heterogeneidade partidária no interior do Executivo. Se no entanto essa alta politização for acompanhada da presença simultânea de mecanismos de coordenação e da existência de quadros que exercem funções similares, configura-se uma terceira situação em que o presidente poderá controlar os demais atores estatais. Os mecanismos de coordenação levam à redução da autonomia das agências do Executivo, garantindo que as decisões dessas agências sejam revistas permanentemente pela Presidência, enquanto a duplicação de quadros permite ampliar as fontes de informação à disposição do presidente e, portanto, suas chances de poder identificar as alternativas que mais lhe convêm.

Definidas as condições que favorecem cada um dos atores estatais, tornou-se possível investigar empiricamente em que medida o teor dos projetos de reforma da previdência na Argentina, no Uruguai e no Brasil pode ser interpretado como o resultado da combinação entre os constrangimentos e incentivos criados tanto pela conjuntura econômica e o sistema previdenciário quanto pela estrutura do Executivo. O estudo orientou-se pelas seguintes hipóteses: quanto maior o poder da burocracia previdenciária, maior a probabilidade de que um projeto de reforma incremental fosse apresentado ao Congresso; as reformas mais radicais seriam propostas por técnicos vindos do setor privado que contassem com forte apoio do presidente, já que eles, ao contrário da burocracia previdenciária, não têm vínculos institucionais com as agências responsáveis pela gestão do sistema anterior, o que lhes propicia maior liberdade para defender alternativas que signifiquem mudanças no *status quo* e que possam garantir-lhes um papel relevante na gestão do novo sistema; entre esses dois grupos estariam os políticos com cargos de mando no interior do Executivo e a burocracia econômica: os políticos, por estarem vinculados às suas bases eleitorais, dificilmente teriam incentivos para defender reformas radicais, enquanto a burocracia econômica tenderia, em razão das suas preocupações com o equilíbrio fiscal de médio e longo prazos, a defender reformas mistas moderadas.

As reformas previdenciárias na Argentina, no Uruguai e no Brasil

Entre os países latino-americanos que até o início de 2001 converteram total ou parcialmente seu sistema previdenciário em sistemas de capitalização, Argentina e Uruguai (além de Costa Rica) promoveram as reformas menos radicais,[11] enquanto o Brasil viveu um longo processo de reforma que não levou a mudanças estruturais em seu sistema previdenciário.[12] As reformas brasileira, uruguaia e argentina, portanto, foram as que mais preservaram o seguro social, mas cada uma delas apresentou características diferentes: a argentina, mais radical entre as três, inaugurou um grande pilar privado;[13] a brasileira, incremental, manteve o sistema previdenciário obrigatório sob administração do setor público; e a uruguaia, intermediária entre as outras duas, preservou parcela significativa do sistema de repartição e introduziu a capitalização.[14] Embora essas reformas não correspondam inteiramente ao teor dos projetos

[11] Esse rol de países inclui ainda Bolívia, Chile, Colômbia, El Salvador, México e Peru; ver Brooks (2000); Mesa-Lago & Muller (2001).

[12] Ver Coelho (1999).

[13] Na Argentina, 21% dos segurados permaneceram no antigo sistema de repartição e 79% estão no novo sistema. Para estes últimos o pilar público ficou restrito à pensão universal básica.

[14] Segundo o gerente da Assessoria Econômica e Atuarial do Banco de Previsión Social (BPS), Luis Camacho (entrevista à autora em 5-4-2001), se todos os contribuintes optassem pelo novo sistema, este passaria a administrar 25% do que era o sistema previdenciário público em 1995, já que o BPS segue gerindo em regime de repartição as contribuições e benefícios até o teto de US$800. Tanto no Uruguai como na Argentina o sistema de capitalização conta com administradoras públicas.

enviados pelo Executivo ao Congresso, foram-lhes bastante fiéis quanto ao seu desenho básico, seja de repartição ou misto, de modo que boa parte das atuais diferenças entre os três sistemas reitera as diferenças que já existiam originariamente entre os projetos.

A análise do processo de elaboração desses projetos contemplou dois grupos de variáveis. No primeiro são examinados o sistema previdenciário preexistente e a conjuntura econômica no momento em que as reformas foram propostas pelo Executivo ao Congresso. Para entender o cálculo dos atores estatais na formulação dos projetos é preciso considerar que as reformas previdenciárias, ao contrário das privatizações, geram no curto prazo um expressivo déficit fiscal associado aos custos de transição, isto é, a dívida implícita herdada do sistema anterior,[15] e que as projeções sobre os custos de manter o sistema ou de introduzir mudanças estruturais, isto é, adotar, em algum grau, um sistema de capitalização, baseiam-se em modelos em que o valor atribuído à variável "crescimento econômico" depende da expectativa dos agentes econômicos. Assim, sob conjuntura econômica favorável, as projeções trabalham com as hipóteses mais otimistas, o que propicia a aceitação de novos riscos, bem como se criam boas condições para que o país obtenha recursos a juros baixos para financiar os custos de transição, o que conta a favor de uma reforma estrutural. No segundo grupo de variáveis, por fim, figuram os aspectos do Poder Executivo associados à forma de organização do processo de decisão e à distribuição de poder entre os atores estatais.

Conjuntura econômica e sistema previdenciário

A Argentina, o Uruguai e o Brasil fazem parte do grupo de países latino-americanos pioneiros na introdução da previdência social. O sistema uruguaio alcançou a maturidade já na década de 1970, e os outros dois, na década de 1980.

Argentina

Em 1989, quando Carlos Menem assumiu o governo argentino, pelo Partido Justicialista, o país enfrentava uma difícil situação econômica. Na-

[15] Esses custos representam os compromissos com aposentados e pensionistas, a perdurar por mais 50 anos, o reconhecimento da dívida dos trabalhadores ativos, que já haviam contribuído e adquirido direitos como futuros beneficiários, e os custos assistenciais associados ao pagamento de pensões mínimas para as camadas pobres da população.

quele mesmo ano o secretário de Seguridade Social, Santiago de Estrada, lançou um documento intitulado "Bases para a reforma da previdência", em que sugeria redimensionar os benefícios sem alterar a estrutura básica do sistema de repartição. Essa proposta foi enviada no ano seguinte ao Congresso, mas não chegou a ser votada. Em 1990 foram pagos 3 milhões de benefícios previdenciários, cujo valor, que por lei deveria oscilar entre 70 e 82% do salário, ficou em torno de 50%, o que levou a uma piora sistemática nas condições de vida dos aposentados e à permanente ameaça de insolvência do sistema. A proporção de trabalhadores ativos para cada aposentado era de 1,52 e o déficit do sistema previdenciário girava em torno de 1% do PIB.[16] A situação exigia, portanto, cuidados especiais.

No começo de 1991, com a ascensão de Domingo Cavallo ao Ministério da Economia e o sucesso do Plano de Convertibilidade, o país conseguiu inverter o quadro de crise, estabilizando a economia e promovendo a entrada de capitais externos, que naquele momento estavam disponíveis graças a um ciclo de grande liquidez internacional.[17] O *boom* de consumo gerado por essa dinâmica favoreceu a aceitação das novas regras do jogo propostas por Cavallo, que incluíam privatizações, a reforma da previdência e a liberalização do comércio internacional.[18] Desde o princípio Cavallo priorizou a reforma da previdência, logrando que um grupo de técnicos da sua confiança ocupasse a Secretaria de Seguridade Social, assumida por Walter Schulthess, especialista em seguridade ligado à Fundação Mediterrânea,[19] que já assessorara o Ministério da Economia na gestão Raúl Alfonsín (1984-89). Sua nomeação representou a opção política do presidente e do ministro por introduzir um sistema de capitalização individual, subordinando claramente a área de seguridade social às estratégias mais gerais da gestão macroeconômica.[20] Schulthess trouxe para a secretaria cerca de 20 técnicos pagos

---

[16] Ver Isuani & San Martin (1993).

[17] Veja-se a variação do PIB argentino, que após decrescer 6,2% em 1989 passou a crescer entre 1990 e 1994 a taxas de 0,1%, 8,9%, 8,7%, 6,5% e 5,5%, respectivamente; ver Acuña (1995).

[18] Ver Torre & Gerchunoff (1999).

[19] A Fundação Mediterrânea, com sede em Córdoba, fazia trabalhos de consultoria e foi presidida até 1990 por Cavallo. Muitos dos técnicos que o assessoraram no governo foram aí recrutados.

[20] Ver Alonso (2000).

pelo BID e pelo Banco Mundial. Com isso, os "velhos" atores, que eram contra as reformas estruturais, praticamente desapareceram de cena. A nova equipe calculou que, caso o sistema não fosse reformado, o déficit acumulado do sistema de previdência social chegaria a representar em 2025 algo como três vezes a dívida externa da Argentina de 1991.[21]

Em junho de 1992 o Executivo enviou ao Parlamento um projeto de reforma que inovava ao propor um sistema misto, combinando o regime de repartição existente com um regime de capitalização – um desenho que viria a inspirar inúmeras outras reformas tanto na América Latina quanto no Leste europeu. No final de 1993, depois de uma longa negociação no Congresso, estabeleceram-se três alternativas aos trabalhadores argentinos: um sistema público de repartição, um sistema misto em que o componente de capitalização ficaria sob administração estatal – a Administradora de Fondos de Jubilación y Pensión (AFJP), do Banco Nación – e outro sistema misto em que o componente de capitalização seria administrado por AFJPs privadas, sociedades anônimas constituídas com esse único fim. A arrecadação das contribuições continuaria a cargo do Estado, que as encaminharia às administradoras, e haveria ainda uma superintendência de AFJPs, na órbita do Ministério do Trabalho e Seguridade Social, que ficaria encarregada do controle do novo sistema. Parte dos custos de transição foi financiada com recursos advindos da privatização da empresa petrolífera YPF. Esse sistema passou a vigorar a partir de julho de 1994.

Uruguai

Em 1989 houve um forte movimento de protesto dos aposentados uruguaios contra a deterioração de seus vencimentos, o qual culminou num plebiscito e na subseqüente mudança das regras constitucionais para o cálculo e reajuste dos benefícios. Durante todo o governo de Luis Lacalle (1990-94), do Partido Blanco, foram tomadas medidas que contribuíram para o aquecimento da economia e permitiram que o PIB chegasse a crescer 7,3% em 1994. O processo inflacionário e o déficit fiscal, porém, não foram sanados, tendo o déficit da previdência duplicado de 2,5% do PIB

[21] Ver Schulthess & Demarco (1993). Esses cálculos consideraram o valor estipulado pelas normas legais, e não o que efetivamente estava sendo pago.

em 1991 para 5,2% em 1994.[22] Diante dessa situação, discutiu-se intensamente a reforma do sistema previdenciário e vários projetos foram enviados ao Congresso, mas não se chegou a aprovar nenhum deles. Esses projetos foram coordenados inicialmente pelo Banco de Previsión Social (BPS), instituição que administrava a previdência pública e defendia uma reforma que preservasse o sistema de repartição. A Oficina de Planeamiento y Presupuesto (OPP) – agência diretamente subordinada à Presidência da República e responsável pela coordenação de todos os ministérios – e o Ministério da Economia, que defendiam a adoção de um sistema misto, passaram a ganhar espaço na discussão da reforma, tendo recebido verbas do BID, sobretudo a partir de 1993, para aprofundar seus estudos e detalhar um projeto de reforma. Esses estudos mostraram que o custo de transição para um sistema de capitalização completo seria quase três vezes o PIB do país, que em 1994 era de US$17,5 bilhões. Nesse ano a relação entre contribuintes e aposentados era de dois trabalhadores ativos para um aposentado.

Em 1994, Julio Sanguinetti foi eleito presidente pelo Partido Colorado, situado no centro no espectro político. Seu programa de governo defendia reformas estruturais e propunha um sistema de previdência com três pilares: um em regime de repartição (hoje esse pilar atende aqueles com ganhos até US$800), um segundo pilar de capitalização, obrigatório (ganhos entre US$800 e US$1.500), e um terceiro, também de capitalização, opcional.[23] Antes mesmo da posse de Sanguinetti começaram as negociações para dar andamento à reforma da previdência.

Em 1995, empossado o presidente, a economia experimentou um período de desaceleração associado à crise mexicana, mas nesse mesmo ano começou a se recuperar. A crise não afetou o andamento da reforma, ademais facilitada pelo fato de o Executivo ter iniciativa privativa em matéria de seguridade e de sua aprovação no Congresso depender apenas de maioria simples. O projeto do Executivo foi negociado no Congresso por Ariel Davrieux, da OPP, que já tinha uma trajetória como técnico em governos anteriores, e por Ana Lía Piñeyrua, ligada ao Partido Blanco e ministra do Trabalho e Seguridade Social. Durante a sua tramitação, fizeram-se algumas mudanças importantes no tocan-

---

[22] Ver Filgueira & Filgueira (1998); Saldain (1995). Como resultado das novas regras definidas a partir do plebiscito de 1989, o quociente da divisão do valor médio da aposentadoria pelo valor médio do salário de contribuição saltou de 0,582 em 1989 para 0,775 em 1991.

[23] Ver Forteza (2000).

te às condições de acesso aos benefícios e às taxas de reposição do sistema, mas a natureza mista do sistema permaneceu intocada. A lei foi aprovada em setembro de 1995 e entrou em vigência em abril de 1996. Os custos iniciais de transição foram bancados por financiamentos do BID, de US$150 milhões, e do Banco Mundial, de US$100 milhões, ambos negociados pela OPP.

Brasil

Em 1994, o Plano Real conseguiu inverter o quadro inflacionário em que o Brasil estava mergulhado há vários anos, assim contribuindo para atrair investimentos externos. Em 1995, logo após a posse de Fernando Henrique Cardoso, o plano sofreu um forte abalo em razão da crise mexicana, mas a partir de meados do ano a economia voltou a dar sinais positivos, que se mantiveram até 1997. O presidente nomeou o deputado federal Reinhold Stephanes (PFL), conhecedor da doutrina previdenciária, como titular do Ministério da Previdência e Assistência Social, ao qual está vinculado o Instituto Nacional do Seguro Social (INSS), responsável pela administração do sistema de previdência social do setor privado, que administra a conta de quase 30 milhões de contribuintes e paga cerca de 18 milhões de benefícios. Os funcionários públicos federais contribuem para o Regime Jurídico Único (RJU), que distribui 3 milhões de benefícios. Em 1995, no início desse mandato, o governo federal gastava e arrecadava no sistema do INSS cerca de US$32,6 bilhões, e no RJU gastava US$15,6 bilhões mas arrecadava apenas US$2,2 bilhões. O déficit deste último sistema era de 2,5% do PIB, enquanto o do primeiro não passara de 0,1% do PIB.

Proposta de emenda constitucional enviada ao Congresso logo nos primeiros meses do governo visava ajustar o sistema de repartição em vigor, aproximando os dois sistemas previdenciários, extinguindo os privilégios e recuperando o vínculo contributivo. Diante das resistências que esse projeto enfrentou na Câmara dos Deputados, o Ministério da Administração e Reforma do Estado e o Ministério do Planejamento e Orçamento procuraram modificá-lo, pondo toda a ênfase na reforma da previdência dos funcionários públicos, que era uma das principais fontes de déficit público. Esse projeto fracassou, e no Senado voltou-se ao projeto original.

Em 1997, com o agravamento do déficit previdenciário e ainda durante a tramitação do projeto no Senado, a Presidência da República nomeou uma nova equipe para definir uma reforma estrutural (que ficaria conhecida como "Reforma 2"), liderada por André Lara Resende, um dos pais do Plano Real, a qual deveria trabalhar "insulada" da burocracia e diretamente subordinada ao presidente. Os custos de transição completa do sistema público de previdência para o de capitalização foram estimados em cerca de 200% do PIB pela Cepal, em 218% pelo IBGE/Ipea e em 250% pela FGV/RJ.[24] Em 1998, tais estimativas de custos e a ameaça de uma profunda crise econômica levaram o governo a abandonar a Reforma 2. A partir daí os técnicos do Ministério da Previdência e Assistência Social e do BNDES definiram um projeto de "capitalização escritural" que mantinha o sistema de repartição e procurava garantir algumas vantagens da capitalização. O processo de reforma terminou em 1998 com a aprovação de um texto que introduziu ajustes no sistema de repartição, permitindo controlar no curto prazo as tendências de déficit explosivo.[25]

Déficit previdenciário e custo de transição

Esse quadro geral mostra que os três países compartilhavam uma série de condições comuns. As respectivas conjunturas econômicas eram favoráveis no momento em que o Executivo enviou ao Congresso o projeto que serviu de base para as reformas implementadas. Os três sistemas previdenciários eram maduros, os custos de transição eram altos, havia uma baixa relação entre o número de contribuintes e o de aposentados, e nenhum dos países contava com sólidas instâncias de regulação e supervisão da previdência complementar.[26]

Nesse contexto, duas condições sucessivas parecem ter ditado diferenças de rumo no Brasil: até 1997 o Ministério da Previdência e Assistência Social contara com disponibilidade de caixa, e em 1998, quando se evidenciou a deterioração da situação financeira da previdência, a situação econômica do país também piorou (em parte por conta da crise econômica russa), de modo

---

[24] O FMI calculou que em 2000 as despesas diretas com as pensões públicas, somadas ao custo do serviço da dívida incorrida para pagá-las, chegavam a quase 10% do PIB. Simulações feitas na mesma ocasião indicavam que, mantidas as condições de junho de 2000, os déficits do regime geral e do RJU aumentariam para R$20 bilhões e R$23 bilhões, respectivamente, em 2005, e para aproximadamente R$40 bilhões cada qual em 2010; ver Banco Mundial (2000). Assim, mesmo após a reforma de 1998, a situação dos dois sistemas requer atenção.

[25] Em 2003, com a posse do presidente Lula, teve início uma nova rodada da reforma. A proposta enviada buscou tornar o regime previdenciário do setor público mais semelhante ao do setor privado (INSS).

[26] Ver Queisser (1998); Noya et alii (1998); Coelho (2001).

que, ao contrário dos outros países, o Brasil não contou com recursos que lhe permitissem financiar a custos aceitáveis a transição para um regime previdenciário misto. Esses fatos sugerem que se deve reavaliar o efeito do tamanho do déficit do sistema previdenciário nos processos de reforma. Madrid (2001:23) conclui que "a análise estatística não sustenta a visão convencional segundo a qual os países latino-americanos privatizaram seus sistemas previdenciários em resposta aos problemas financeiros desses sistemas" – conclusão que parece adequada quando se considera que o Uruguai tinha um déficit maior que o da Argentina e fez uma reforma menos radical, ou que o Brasil não fez uma reforma estrutural mesmo tendo apresentado um déficit expressivo a partir de 1998, mas que perde força quando se pensa na situação do Brasil em 1995, a qual não era tão diferente da dos outros dois países quando estes encaminharam suas reformas, a não ser pelo fato de o Brasil não estar enfrentado déficits previdenciários naquele momento. Esse fato parece ter sido decisivo para definir o caráter incremental do projeto de reforma do governo brasileiro, já que o déficit impõe, como bem notaram Mesa-Lago e Muller (2001), a necessidade de recorrer a subsídios fiscais e liberação de recursos por parte da área econômica, o que significa trazer para a negociação um ator que em regra defende a adoção de reformas estruturais. Assim, se o déficit previdenciário não representa uma condição suficiente para que se venham a promover reformas estruturais, como sugere Madrid, é plausível argumentar que quanto menor o déficit maior a possibilidade de a burocracia previdenciária seguir liderando a condução da política previdenciária e, portanto, maiores as chances de o governo enviar ao Congresso um projeto de reforma incremental.

No que se refere ao papel dos custos de transição no processo de reforma, os casos aqui estudados corroboram as conclusões de Brooks (2000:35), para quem esses custos oferecem "um mecanismo adicional pelo qual o processo de progressiva integração entre as economias nacionais encontra um limite à sua própria expansão, mitigando a possibilidade de um 'desmonte total' das políticas sociais". Afinal, quanto mais vulnerável a economia de um país, mais dificuldade ele terá para financiar seus custos de transição.

Atores estatais e Poder Executivo

A análise da conjuntura econômica e das condições do sistema previdenciário dos três países no momento em que o projeto do Executivo foi enviado ao Congresso mostrou que a magnitude do déficit previdenciário e a capacidade de financiar os custos de transição influenciaram o curso de suas reformas. No entanto, esses fatos não são suficientes para explicar, por exemplo, por que na Argentina, que apresentava um déficit previdenciário relativamente modesto, o governo optou por um projeto bastante radical, ou então por que o governo brasileiro oscilou entre tantos projetos entre 1995 e 1998. Procuro mostrar a seguir que para entender esses movimentos é preciso investigar quem de fato liderou o processo de elaboração do projeto de reforma do Executivo e como o poder político esteve distribuído entre o presidente, os políticos dirigentes das agências estatais envolvidas na reforma, os burocratas e os técnicos oriundos do setor privado.

O presidente

À diferença dos presidentes uruguaio e brasileiro, Menem presidia um governo de maioria unipartidária, o que lhe permitiu garantir maior homogeneidade partidária no interior do Executivo e constituir uma "burocracia paralela" no Ministério da Economia, liderada por Cavallo. A esse ministério subordinava-se, na prática, a Secretaria de Seguridade Social, por sua vez vinculada ao Ministério do Trabalho, que não estava politicamente autorizado a se opor a esse arranjo. Dessa forma, o presidente argentino desfrutou de ampla liberdade para nomear no primeiro escalão de seu governo técnicos do setor privado que defendiam a necessidade de uma reforma estrutural.

Sanguinetti e Fernando Henrique também gozaram de autonomia na definição dos nomes para liderar a reforma, mas tiveram de negociar seu conteúdo com maior número de atores estatais. Sanguinetti delegou a Ariel Davrieux o comando da elaboração do projeto de reforma, nomeando-o para a OPP. Fatores decisivos para garantir o sucesso do processo de reforma foram a confiança depositada pelo presidente em Davrieux, o alinhamento entre este e o ministro da Economia, a capacidade política do presidente de alinhar também o Ministério do Trabalho e Seguridade Social, comandado por outro partido da coalizão política, bem como de marginalizar o BPS, que era favorável à manutenção do regime de repartição e havia participado ativamente das negociações durante o governo anterior.

Nesse contexto, uma comparação entre as atuações dos governos Lacalle e Sanguinetti na questão da previdência reforça a noção de que a fragmentação partidária tende a debilitar politicamente o Executivo:[27] muito embora ambos tenham sido governos de coalizão, a capacidade de Sanguinetti de coordenar os atores do Executivo garantiu o sucesso de uma reforma que o próprio Lacalle tentara debalde e repetidas vezes avançar. Isso não significa, porém, que não tenha havido negociação com os membros da coalizão; ao contrário, tal como no mandato anterior, o Partido Blanco defendeu o setor público e nessa segunda rodada conseguiu incluir iniciativas que asseguravam ao BPS um papel maior do que o previsto inicialmente no projeto de Davrieux, e ao final do processo o banco ficou responsável pela arrecadação de todas as contribuições e também pela organização de uma administradora de fundos cujos acionistas fossem entidades estatais.[28]

Fernando Henrique entregou ao Ministério da Previdência e Assistência Social a condução da reforma, mas no interior do Executivo a discussão da questão previdenciária foi travada entre atores com preferências políticas e posições institucionais muito diferentes. Assim, todo o processo de elaboração e negociação do projeto de reforma envolveu de forma mais ou menos intensa, além do Ministério da Previdência e Assistência Social, o Ministério da Administração e Reforma do Estado (ministro Luiz Carlos Bresser-Pereira, do PSDB), ao qual cabia equacionar o problema previdenciário dos funcionários públicos, os ministérios da área econômica, Fazenda (Pedro Malan) e Planejamento e Orçamento (José Serra, do PSDB); e ainda o Gabinete da Casa Civil (Clóvis Carvalho). Nesse múltiplo arranjo pode-se supor divergência de interesses entre os membros da coalizão (PSDB e PFL), entre a área previdenciária (manter o sistema de repartição) e a área econômica (adoção de um sistema misto), e, ainda, no interior desta, entre "liberal-desenvolvimentistas" do Ministério do Planejamento e "fundamentalistas" do Ministério da Fazenda.[29]

Para lidar com tal heterogeneidade de posições, o governo Fernando Henrique lançou mão de alguns mecanismos de coordenação: a Secretaria Executiva dos Ministérios foi mantida, tal como no governo Collor, como

---

[27] Ver González (1993); Chasquetti & Moraes (1997).

[28] Essa administradora deveria ter como acionistas o Banco República (que ficou com 51% das ações), por ser o principal banco do país, o BPS (que acabou ficando com 37% das ações), enquanto ente administrador da Seguridade Social, e alguns outros bancos estatais (entre eles o Banco de Seguros do Estado, que ficou com 12%).

[29] Ver Sallum Jr. (1999).

cargo de confiança do presidente; subordinaram-se as assessorias parlamentares e jurídicas dos ministérios à Casa Civil; e criou-se uma Câmara de Política Econômica, que discutia semanalmente o encaminhamento das principais questões enfrentadas pelo governo. Esses mecanismos, combinados à eleição da estabilidade econômica como prioridade do governo, permitiram ao presidente contar com um critério único e objetivo para orientar suas escolhas nos diferentes momentos do processo da reforma: o impacto que os diferentes projetos teriam sobre as contas públicas.

Os atores políticos

Na Argentina, o fato de Menem ter contado com maioria unipartidária no Congresso reduziu o poder dos políticos, tanto do partido do presidente quanto de outros partidos, para exigir cargos no Executivo. Isso permitiu a Menem fortalecer sua própria posição trazendo para o governo um grupo de técnicos do setor privado. Ao seguir essa estratégia, Menen contribuiu para a definição de um projeto de reforma bastante radical, sobretudo em suas primeiras versões.

No caso do Uruguai, o resultado eleitoral de 1994, em que o vitorioso Partido Colorado obteve apenas 24% das cadeiras no Congresso, parece ter sido decisivo para reforçar a coalizão Colorado-Blanco e levar adiante, ainda em 1995, a reforma da previdência social.[30] Todavia, se a coalizão deu suporte ao rápido andamento do projeto, também contribuiu para "suavizar" seu conteúdo ao obrigar Davrieux a negociar suas posições. Assim, os atores políticos tiveram papel central na negociação do projeto de reforma.

No Brasil, tanto o partido do presidente, o PSDB, quanto o PFL, que compunha a coalizão de governo, estiveram ativamente envolvidos no processo de elaboração do projeto de reforma. O custo dessa composição, que ajudou a garantir a base de sustentação do governo no Congresso, foi o de uma reforma mínima, já que eram muitos os atores e, conseqüentemente, os pontos de veto.[31]

As burocracias

A burocracia uruguaia era bastante frágil, seja por sua estrutura, seja por sua capacidade de produzir projetos. Cabe lembrar que, durante o

[30] Ver Filgueira & Filgueira (1998); Busquets (2001).

[31] Ver Immergut (1996); Tsebelis (1997).

governo Lacalle, os projetos que defenderam a manutenção do sistema de repartição foram formulados pelo BPS, e não pela Secretaria de Seguridade, que era, em princípio, a responsável pela política previdenciária. O BPS esteve longe no entanto de ter hegemonia dentro do Executivo: o Ministério da Economia foi inicialmente incumbido da formulação de um projeto de reforma, e em 1993 a OPP passou a contar com um programa próprio para estudar o sistema previdenciário e as alternativas de reforma. Os trabalhos desses vários grupos, somados ao das comissões técnicas e políticas organizadas pelo governo eleito em 1994, permitiram que o Executivo contasse com uma proposta já amadurecida antes mesmo de janeiro de 1995, o que contribuiu para agilizar o processo de reforma. O novo sistema garantiu novas e permanentes funções administrativas à OPP, ao Banco Central e ao BPS, que, embora alijado da negociação da reforma, teve seu lugar preservado no novo sistema, como já apontado.

Na administração Menem, a burocracia previdenciária também apresentava fragilidade: a Secretaria de Seguridade dispunha de menos de 50 funcionários, e depois de Schulthess (1991-95) teve outros sete secretários até 2001. Não obstante, no governo anterior essa secretaria contava com uma burocracia capaz de produzir projetos de reforma conforme a sua posição institucional: um, em 1984, baseado na lógica da seguridade social, e mais dois, em 1986 e 1990, propondo o ajuste do sistema de repartição em vigor. Com a reforma abriram-se novos espaços institucionais que passaram a ser ocupados por uma nova categoria profissional. Foram criadas as AFJPs, entre elas a estatal AFJP-Nácion, e a Superintendência das AFJPs, ligada à Secretaria de Seguridade Social, que hoje conta com quase 300 funcionários.

No Brasil, o fato de o Ministério da Previdência e Assistência Social contar com 1.500 funcionários é uma primeira indicação de que sua burocracia previdenciária era mais robusta que as dos outros dois países.[32] Além disso, a existência de um projeto de reforma já pronto, elaborado em 1994 para a revisão constitucional, e a disponibilidade de saldo em caixa foram decisivos para garantir o papel central que o MPAS assumiu no início do mandato de Fernando Henrique, tanto na defesa do sistema de repartição quanto na condução da reforma.

No que se refere à burocracia econômica, os três países contavam com burocracias institucionalizadas que, embora enfronhadas no debate

---

[32] O Instituto Nacional de Previdência Social, responsável pela administração do sistema previdenciário, conta com 41.626 funcionários.

sobre a necessidade de ajustar o sistema previdenciário, não chegaram a formular nenhum projeto oficial de reforma. Na Argentina, a burocracia econômica ficou subordinada à equipe de Cavallo. No Uruguai, em 1995, seu papel foi assessorar a equipe que trabalhava na redação do projeto, constituída basicamente de advogados. No Brasil, essa burocracia vetou alternativas que implicassem aumento do déficit público e garantiu a possibilidade constitucional de instituir-se um sistema de previdência complementar para os funcionários públicos.

Conclusão

Procuramos mostrar que a natureza – incremental, mista ou radical – das reformas previdenciárias recentemente implementadas na Argentina, no Uruguai e no Brasil não pode ser explicada apenas como resultado das resistências que atores sociais e políticos ofereceram a projetos radicais, ou dos constrangimentos ditados pela política econômica ou previdenciária, tal como o fez boa parte da literatura sobre o tema. Argumentamos que há um jogo de poder sendo travado dentro do Executivo pela liderança do processo de reforma, e que em cada país diferentes recursos de poder estiveram à disposição dos atores estatais.

As variáveis analisadas ao longo do capítulo aparecem esquematizadas nos quadros 1 e 2 conforme sua potencial contribuição para desencadear uma reforma radical. Assim, quanto à Argentina, por exemplo, tanto a disponibilidade de crédito para financiar a transição quanto a fragilidade da burocracia previdenciária foram computadas como variáveis positivas, ou seja, como condições favoráveis à elaboração de projetos radicais. Esperava-se, assim, que o país que apresentasse mais condições positivas fosse aquele em que o Executivo tivesse enviado ao Congresso a proposta de reforma mais radical.

O quadro 1 mostra que nos três países a conjuntura econômica era favorável durante o processo de elaboração do projeto de reforma, e que a Argentina e o Uruguai encontraram formas de financiar ao menos parte dos altos custos de transição envolvidos na reforma do sistema. As condições em que se encontrava o sistema previdenciário dos três países eram semelhantes: eram maduros e apresentavam baixa relação entre o número de contribuintes ativos e o de beneficiários, mas o do Uruguai apresentava um déficit mais acentuado. Por fim, nenhum dos três países contava com um forte e bem-regulado mercado de previdência complementar.

Quadro 1
Propensão a reformas radicais, segundo conjuntura econômica e sistema previdenciário, Brasil, Argentina e Uruguai

Conjuntura econômica e sistema previdenciário	Argentina	Uruguai	Brasil
Comportamento da economia	+	+	+
Disponibilidade de crédito	+	+	–
Relação ativo/passivo no sistema previdenciário	–	–	–
Déficit do sistema previdenciário	–	+	–
Custo de transição	–	–	–
Mercado privado de previdência complementar e agências de regulação	–	–	–

Nota: O sinal positivo indica que o comportamento da variável hipoteticamente favorece uma reforma radical. Já o sinal negativo indica uma condição que reduz a viabilidade de uma reforma radical.

Segundo esse quadro, se o teor do projeto de reforma do Executivo fosse determinado apenas pelas condições econômicas e previdenciárias, o Uruguai deveria ter apresentado o projeto mais radical. Mas, ao considerarmos as variáveis que descrevem características do Executivo, encontramos uma outra situação. O quadro 2 indica que a burocracia previdenciária brasileira era mais forte que a dos outros dois países; que somente no Uruguai e no Brasil os políticos da coalizão governamental detiveram cargos de mando no Executivo durante o processo de elaboração do projeto de reforma; e que apenas no governo argentino havia um grupo de técnicos oriundos do setor privado. Ou seja, em cada país, os diferentes atores estatais dispuseram de diferentes recursos para defender o projeto que cada um considerava mais adequado econômica e politicamente ou que lhe reservaria o maior quinhão de poder político na gestão do novo sistema previdenciário.

Na Argentina, a ascensão daquele grupo de técnicos foi possibilitada pela combinação entre uma calamitosa situação econômica e as condições internas do Executivo, em que a burocracia era frágil e os atores políticos perderam força graças à maioria unipartidária alcançada pelo presidente. A partir daí o projeto Menem-Cavallo avançou, Schulthess foi indicado para a Secretaria de Seguridade Social, e elaborou-se uma proposta de reforma muito mais radical do que aquela que se poderia esperar fosse defendida quer pela burocracia previdenciária, quer pela burocracia econômica. Cabe ainda notar que o grupo responsável pela elaboração e negociação do projeto de reforma veio a ocupar a Superintendência das AFJPs, o que mostra que o processo de reforma da previdência desemboca não só num novo sistema previdenciário, mas também na construção de novos espaços institucionais que garantirão novos recursos de poder àqueles que os ocupam.

Quadro 2

Propensão a reformas radicais, segundo características do Executivo, Brasil, Argentina e Uruguai

Características do Executivo	Argentina	Uruguai	Brasil
Poder do presidente	+	+	+
Poder dos atores políticos (coalizão)	+	–	–
Poder da burocracia previdenciária	+	+	–
Poder de grupos extra burocráticos no primeiro escalão	+	–	–

Nota: O sinal positivo indica que o comportamento da variável hipoteticamente favorece uma reforma radical. Já o sinal negativo indica uma condição que reduz a viabilidade de uma reforma radical.

No Uruguai, Sanguinetti conseguiu aproveitar o susto eleitoral de 1994, em que os partidos Colorado e Blanco se viram ameaçados pela coalizão de esquerda, para aplainar as diferenças entre os dois partidos e excluir do processo o BPS, que era contra a reforma. Embora esse processo tenha sido facilitado pelo fato de o presidente já ter definido a opção por uma reforma mista em seu programa de governo, não se pode esquecer que a forte presença dos atores políticos no processo de elaboração do projeto de reforma implicou muitas concessões, o que contribuiu para que fosse definido um projeto de reforma extremamente moderado, pelo qual se manteve boa parte do sistema de repartição e garantiu-se a existência de uma administradora pública. Ou seja, a força dos atores políticos no interior do Executivo contribuiu para promover uma reforma muito menos radical do que fariam supor a debilidade de sua burocracia previdenciária, a magnitude do déficit e mesmo as condições favoráveis que obteve para financiar seus custos de transição.

No Brasil, a força dos atores políticos e a da burocracia previdenciária constituíram obstáculos concretos ao avanço de reformas radicais. Essas condições, somadas à disponibilidade de saldo em caixa no Ministério da Previdência e Assistência Social em 1995, desarmaram aqueles que viam a introdução do sistema de capitalização como a solução para o problema previdenciário brasileiro e garantiram fôlego aos que defendiam o sistema de repartição. Quando, em 1997, ficou claro que a previdência pública do setor privado já enfrentava déficits consideráveis, ampliou-se quase que automaticamente o espaço da área econômica na condução da reforma e passou-se a elaborar oficialmente dentro do Executivo uma alternativa de reforma que contemplava a introdução da capitalização. Nesse momento em que a posição da burocracia previdenciária estava fragilizada e os atores da área econômica ganharam espaço na condução da reforma, foi a própria conjuntura econômica desfavorável que inviabilizou o avanço da proposta, então em estudo, de introdução do sistema de capitalização.

A análise conjunta das variáveis esquematizadas nos dois quadros aponta o Executivo brasileiro como o que apresentava a menor propensão a encaminhar reformas radicais, seguido pelo uruguaio e o argentino, nessa ordem. Tais resultados são coerentes com a natureza dos projetos afinal apresentados, indicando que a partir das variáveis analisadas é possível construir uma explicação plausível sobre o papel da conjuntura econômica, das condições do sistema previdenciário e das relações de poder no Executivo no curso das reformas analisadas. Em sentido mais amplo, sugerem, ainda, que viabilizar um processo de mudança das políticas públicas significa alterar a balança de poder não só entre os atores sociais, mas também entre os atores estatais.

Referências bibliográficas

Ackerman, Bruce. The new separation of powers. *Harvard Law Review*, *113*(3), 2000.

Acuña, Carlos. *La nueva matriz política argentina*. Buenos Aires: Nueva Visión, 1995.

Alonso, Guillermo V. *Política y seguridad social en la Argentina de los 90*. Buenos Aires: Niño y Dávila/Flacso, 2000.

Amorim Neto, Otávio & Strom, Kaare. Duverger revisited: presidential power in European parliamentary democracies. Atlanta: 1999. Mimeog.

Banco Mundial, Unidade de Administração Brasil Região da América Latina e Caribe. *Brasil: questões críticas da previdência social*. Brasília: 2000. (Relatório nº 19.641-BR.)

Brooks, Sarah. Social protection and economic integration: the politics of pension reform in an era of capital mobility. Durham: Duke University: 2000. Mimeog.

Busquets, José. Análisis comparado de las reformas de la seguridad social en el Cono Sur y Bolivia. Rio de Janeiro: Iuperj, 2001. (Tese de Doutorado.)

Chasquetti, Daniel & Moraes, Juan A. Ciclos de gobierno y productividad política em el Uruguay. Montevidéo: 1997. Mimeog.

Coelho, Vera S. A reforma da previdência e o jogo político no interior do Executivo. *Novos Estudos* (55), 1999.

_____. *O Poder Executivo e a previdência social na América Latina*. São Paulo: Cebrap, 2001. (Relatório de Pesquisa.)

Corrales, Javier. Contribuyen las crisis econômicas a la implementación de reformas de mercado? *Desarrollo Económico*, *39*(153), 1999.

Deheza, Grace I. *Gobiernos de coalición en el sistema presidencial: America del Sur*. Instituto Universitario Europeo, 1997.

Figueiredo, Argelina C. & Limongi, Fernando. *Executivo e Legislativo na nova ordem constitucional*. Rio de Janeiro: FGV, 1999.

Filgueira, Carlos & Filgueira Fernando. *Taming market reforms*. Washington, DC: BID, 1998. (Working Paper Series.)

Forteza, Alvaro (ed.). *La reforma de la seguridad social em Uruguay: efectos macroeconómicos y mercados de capitales*. Montevidéu: Universidad de la República, 2000.

Fultz, Elaine & Ruc, Markus. Pension reform in Central and Eastern Europe: emerging issues and patterns. *International Labour Review, 140*(1), 2001.

González, Luiz E. *Estructuras políticas y democracia en Uruguay*. Montevidéu: ICP/FCU, 1993.

Graham, Carol et alii. *Improving the odds*. Washington, DC: BID, 1999.

Haggard, Stephan & Kaufman, Robert. Estado y reforma economica: la iniciación y consolidación de las politicas de mercado. *Desarrollo Económico, 35*(139), 1995.

Iazzetta, Osvaldo. *Las privatizaciones en Brasil y Argentina*. Rosário: Homo Sapiens, 1996.

Immergut, Ellen. As regras do jogo: a lógica da política de saúde na França, na Suíça e na Suécia. *Revista Brasileira de Ciências Sociais*, *11*(30), 1996.

Isuani, Ernesto & San Martin, Jorge. *La reforma previsional argentina – opciones y riesgos*. Buenos Aires: Niño y Dávila, 1993.

James, Estelle & Brooks, Sarah. A economia política da reforma estrutural do sistema previdenciário. In: MPAS. *A economia política da reforma da previdência.* Brasília: MPAS, 2001. (Coleção Previdência Social – Série Traduções, v. 9.)

Kay, Stephan. Globalization, politics, and social security reform. Los Angeles: 1997. Mimeog.

Kingdom, John W. *Agendas, alternatives and public policies.* New York: Harper Collins College, 1995.

Madrid, Raúl. The politics and economics of pension privatization in Latin America. *Latin American Research Review, 37*(2), 2001.

Mesa-Lago, Carmelo & Muller, Katharina. The politics of pension reform in Latin America. Pittsburgh: 2001. Mimeog.

Moe, Terry M. The positive theory of public bureaucracy. In: *Perspective on public choice.* Cambridge: Cambridge Univ. Press, 1997.

Müller, Katharina. *The political economy of pension reform in Central Eastern economies.* Northampton, USA: Edward Elgar, 2000.

Noya, Nelson et alii. *Efectos económicos y políticos de la reforma en la seguridad social en Uruguay.* Montevidéu: Cinve, 1998.

Queisser, Monika. *Pension reform: lessons from Latin America.* Paris: OECD, 1998.

Saldain, Rodolfo. *Reforma jubilatoria.* Montevidéu: Fundación de Cultura Universitária, 1995.

Sallum Jr., Brasilio. O Brasil sob Cardoso. *Tempo Social, 11*(2):23-47, 1999.

Schulthess, Walter & Demarco, Gustavo. *Argentina: evolución del sistema nacional de previsión social y propuesta de reforma.* Santiago do Chile: Cepal/Pnud, 1993.

Sikkink, Kathryn. Las capacidades y la autonomia del Estado en Brasil y la Argentina: un enfoque neo-institucionalista. *Desarrollo Económico* (128), 1993.

Torre, Juan C. & Gerchunoff, Pablo. *La economia política de las reformas institucionales en Argentina.* Washington, DC: BID, 1999 (Working Paper R-349.)

Tsebelis, George. Processo decisório em sistemas políticos. *Veto players* no presidencialismo, parlamentarismo, multicameralismo e pluripartidarismo. *Revista Brasileira de Ciências Sociais, 12*(34), 1997.

Política e economia nas privatizações da previdência na América Latina*

*Raúl Madrid***

Introdução

Este capítulo procura esclarecer por que numerosos países na América Latina privatizaram seus sistemas previdenciários nos últimos anos. Argumentamos que os projetos de privatização foram principalmente uma resposta à severa escassez de capital sofrida intermitentemente por esses países nos últimos anos, e não aos problemas financeiros enfrentados por alguns de seus sistemas previdenciários. A probabilidade de haver privatização da previdência, acreditamos, é determinada em grande parte pela vulnerabilidade dos países à escassez de capital, pela influência do modelo chileno sobre eles e pelo tamanho de suas economias. A viabilidade política de tais reformas, todavia, dependerá parcialmente da força do movimento trabalhista e do grau de controle do presidente da República sobre o Legislativo. Um exame estatístico das políticas previdenciárias recentes na América Latina dá suporte a esses argumentos.

---

* Traduzido por Suzi Arida e Maria Teresa Fonseca e publicado originariamente em *Latin American Research Review* (2002), sob o título "The politics and economics of pension privatization in Latin America".

** University of Texas. Agradecemos a Terry Karl, Larry Diamond, Geoff Garrett, Philippe Schmitter, Evelyne Huber, Steve Kay, Joan Nelson, Gilbert Mekx e aos outros cinco revisores do Larr por seus proveitosos comentários sobre as versões anteriores deste capítulo. Gostaríamos também de agradecer a Carmelo Mesa-Lago por prover dados essenciais e a Tse-Min Lin por sua ajuda na parte estatística. O Institute for Internacional Studies da Universidade de Stanford e o Institute for the Study of World Politics forneceram os fundos para a pesquisa de campo que tornaram este estudo possível.

A última década testemunhou uma tremenda onda de reformas econômicas pró-mercado em toda América Latina. Algumas das reformas mais radicais ocorreram nos sistemas de previdência social. Ao longo dos anos 1990, sete países latino-americanos privatizaram grande parte de seu sistema previdenciário público: Peru, Argentina, Colômbia, Uruguai, México, Bolívia e El Salvador. Reformas similares estão na agenda de inúmeros outros países da América Latina e de outras regiões.[1] Tomando como modelo, em diferentes graus, a reforma chilena de 1981, os programas de privatização reduziram ou eliminaram os sistemas públicos existentes e os substituíram total ou parcialmente por novos sistemas administrados pelo setor privado.[2] Diferentemente dos sistemas públicos, os novos sistemas privados operam com base na capitalização individual: as pensões recebidas pelos trabalhadores, quando aposentados, são determinadas pelos fundos que tiverem acumulado em suas contas individuais de aposentadoria.[3]

Carmelo Mesa-Lago (1996a, 1996b) identificou três variantes principais de reformas. Países como Chile, México, Bolívia, El Salvador e também o Casaquistão optaram pela privatização total, extinguindo o sistema previdenciário público e tornando obrigatória a adesão de todos os futuros trabalhadores ao novo sistema previdenciário privado.[4] Outros países, como Peru e Colômbia, adotaram o que Mesa-Lago chama de "sistemas paralelos". Nesses países, o sistema previdenciário público permanece aberto – ainda que geralmente com algumas modificações – e compete

---

[1] No começo de 2000, Costa Rica e Nicarágua também aprovaram legislação privatizando grande parte de seus sistemas previdenciários públicos. Alguns países "pós-comunistas", como Hungria, Polônia e Casaquistão, já haviam implementado esquemas de privatização da previdência; alguns países da Organização para Cooperação e Desenvolvimento Econômicos (OCDE) acrescentaram um pilar privado obrigatório a seus sistemas previdenciários públicos.

[2] Para uma comparação detalhada dos esquemas de privatização em diferentes países, ver Queisser (1998); Mesa-Lago (1997a).

[3] Já os sistemas públicos operam com base no sistema de repartição plena ou parcial, em que os benefícios previdenciários dos aposentados são financiados por contribuições dos trabalhadores ativos. Os trabalhadores que contribuem por um dado período de tempo têm direito à aposentadoria, geralmente equivalente a certa porção de seu salário.

[4] Algumas dessas reformas obrigam os trabalhadores atuais e futuros a filiarem-se ao novo sistema privado, ao passo que outras dão aos trabalhadores atuais o direito de escolha. Na maioria dos sistemas privados, o Estado continua a garantir uma pensão mínima aos trabalhadores que preenchem os requisitos em termos de idade e anos de contribuição.

com o novo sistema privado por filiados. A terceira categoria consiste em países que optaram por sistemas mistos, como o fizeram Argentina, Uruguai, Hungria e Polônia. Em tais sistemas, os trabalhadores contribuem tanto para o sistema previdenciário público quanto para o privado e recebem benefícios de ambos. As reformas diferenciam-se em outros pontos importantes. Em alguns países, agências do setor público – bancos estatais ou instituições não-lucrativas, como cooperativas e sindicatos – podem administrar contas individuais de aposentadoria, concorrendo com as administradoras de fundos de pensão privados dos novos sistemas.

As conseqüências das reformas para os trabalhadores nos novos sistemas são objeto de extenso debate.[5] Está claro, não obstante, que os trabalhadores enfrentarão maior risco nos sistemas privados porque a maioria das garantias previdenciárias foi extinta. É também provável que para alguns grupos, como o de mulheres, o novo sistema não seja vantajoso em razão de uma maior expectativa de vida, ou de sua prolongada ausência do mercado de trabalho para criar os filhos.[6] Também os funcionários públicos devem perder com as reformas, pois é altamente improvável que sistemas privados possam gerar os consideráveis benefícios recebidos nos sistemas previdenciários públicos anteriores.[7]

Se a pensão média será mais alta ou mais baixa nos novos sistemas privados vai depender amplamente de três fatores: do retorno sobre as contas individuais de aposentadoria; das taxas cobradas pelas administradoras dos fundos de pensão; e do montante de contribuições que os trabalhadores depositarão nos sistemas privados. Até o momento, o retorno gerado pelos fundos privados tem sido realmente elevado. Os sistemas privados no Chile, na Argentina e na Colômbia tiveram retorno de mais de 11% ao ano desde o princípio, enquanto no Peru e no Uruguai o retorno foi de aproximadamente 7%.[8] Não está claro, entretanto, se tais níveis de retorno persistirão no futuro. Além disso, os custos administrativos

[5] Ver Gillion & Bonilla (1992); Bustos Castillo (1993); World Bank (1994); Mesa-Lago & Bertranou (1998).

[6] Ver Arenas de Mesa & Montecinos (1999).

[7] Os trabalhadores também foram afetados em seus direitos previdenciários pela adoção de regras mais restritivas que acompanharam os esquemas de privatização na maioria dos países. Tais medidas foram tomadas para reduzir gastos nos sistemas públicos, mas também para assegurar que os direitos previdenciários nos esquemas público e privado se tornassem mais próximos.

[8] Ver Fiap (2000).

cobrados pelas administradoras de fundos de pensão também têm sido elevados, absorvendo, na maioria dos casos, mais de 20% das contribuições dos trabalhadores.[9] Tais custos têm reduzido substancialmente o retorno líquido sobre as contribuições efetuadas. Estudo recente estimou que, se forem levados em conta os custos administrativos e outros fatores, a taxa média anual de retorno no Chile terá sido de apenas 5% entre 1982 e 1998.[10] Mas o principal problema poderá ser a elevada taxa de evasão prevalecente em muitos dos sistemas privatizados. Menos de 60% dos afiliados estão contribuindo para os sistemas privados na maioria dos países.[11] A persistirem tais níveis de evasão, muitos trabalhadores não terão fundos suficientes em suas contas para financiar uma pensão mínima durante a aposentadoria.

Não surpreende que os planos recentes de privatização tenham gerado tanta resistência. Associações de pensionistas e sindicatos geralmente se posicionam contra a privatização da previdência social. Mas reformas recentes também têm provocado oposição vigorosa de membros de poderosos grupos de interesse que poderiam perder empregos ou esquemas privilegiados de aposentadoria. A privatização da previdência social também não é nada popular entre os latino-americanos em geral. Numa pesquisa realizada em 1995 pelo Latin Barometer (Barômetro Latino) em 10 países, apenas 27% responderam que as empresas privadas deveriam se encarregar das pensões, enquanto 73% responderam que as pensões devem ser de responsabilidade do governo.[12] Nos países em que foram submetidos aos eleitores, como Equador e Nova Zelândia, os projetos de privatização da previdência foram cabalmente derrotados.

O que explicaria a recente tendência à privatização da previdência social na América Latina? Por que numerosos governos tentaram promulgar reformas a despeito de tão forte oposição política? O que responde pelas variações no interior da tendência? Por que alguns países privatizaram totalmente seus sistemas previdenciários, enquanto outros o fizeram apenas parcialmente ou não promulgaram nenhum tipo de reforma?

---

[9] Ver Queisser (1998); Mesa-Lago (1997a).

[10] Ver Huber & Stephens (2000:15).

[11] Ver Mesa-Lago (1997a:244); Queisser (1998:41).

[12] Ver Basáñez (1997:10).

A visão convencional

Uma explicação para a onda recente de reformas amplamente divulgadas pela mídia está nos problemas financeiros enfrentados pelos sistemas previdenciários existentes.[13] Artigo recente na revista *The Economist*, por exemplo, afirma que, "em quase todos os casos, essas reformas foram uma resposta a uma crise fiscal em andamento ou em via de se desencadear".[14] Estudos acadêmicos sobre política e reforma da previdência igualmente sugerem que foram os problemas financeiros enfrentados pelos sistemas previdenciários que ensejaram as privatizações, admitindo, porém, que diversos outros fatores de ordem política e econômica ajudaram a determinar o tipo de reforma implementado.[15] Por exemplo, segundo Mesa-Lago (1997b:497), "a crise na previdência social levou a um processo de reformas que com freqüência incorporou o sistema privado, embora em diferentes graus". Stephen Kay (1999:403) observou que as "contas de investimento privadas, individualmente capitalizadas, estão sendo elogiadas como a solução financeira para as crises na previdência social tanto nos países em desenvolvimento como nos países industrializados".

A privatização pode ajudar a solucionar os problemas financeiros enfrentados pelos sistemas previdenciários na América Latina de duas maneiras principais. Primeiro, ao mudar os sistemas de previdência social com base na repartição ou (repartição parcial) para um sistema de capitalização, reduz a vulnerabilidade do sistema previdenciário a mudanças de caráter demográfico. No modelo chileno, as aposentadorias são financiadas pela poupança de cada indivíduo, e não pela contribuição dos trabalhadores ativos ou por receitas governamentais correntes. Isso significa que a saúde financeira do sistema não depende da razão entre o número de pensionistas e a população de trabalhadores como um todo. Segundo, a privatização isola o sistema de previdência social de interferências políticas, ao reduzir a probabilidade de que as autoridades venham a desviar as receitas previdenciárias de seus propósitos ou garantir benefícios financeiros insustentáveis a poderosos grupos de interesse – prática comum na maioria dos países latino-ame-

[13] Ver Brooke (1994); Cohen & Pilling (1995).

[14] "Latin lessons on pensions" (*The Economist*, 12 June 1999, p. 71).

[15] Ver Kay (1998); Cruz-Saco & Mesa-Lago (1998).

ricanos.[16] Nos sistemas privados, as contribuições previdenciárias efetuadas pelo indivíduo são canalizadas diretamente para sua conta de aposentadoria, o que impede que os políticos gastem as receitas previdenciárias como bem entenderem.

Essa explicação, porém, é problemática por duas razões. Primeiro, a despeito de seus problemas financeiros, a maioria dos sistemas previdenciários na América Latina (inclusive muitos dos já privatizados) estava em melhor forma que os dos países industrializados, que nem por isso não foram privatizados. Em segundo lugar, parece improvável que os problemas financeiros recentes enfrentados pelos sistemas previdenciários na América Latina tenham sido o motivo principal para as medidas tomadas no sentido de privatizá-los, uma vez que tais medidas tornaram ainda maiores as dificuldades financeiras desses sistemas no médio prazo.[17] Esquemas de privatização da previdência social são custosos porque permitem (ou impõem) aos membros do sistema transferirem parte de suas contribuições à previdência social para contas em fundos previdenciários privados, em vez de entregá-las ao Estado. Este, todavia, continua a pagar a pensão dos já aposentados e, na maioria dos casos, também compensa os que se transferem para o sistema privado pelas contribuições previamente feitas para o sistema público. O Estado, portanto, perde uma porção substancial de sua receita previdenciária, sem uma queda correspondente de seus gastos no curto e médio prazos. Outros tipos de reforma oferecem formas menos custosas de superar a ameaça de crise financeira, aumentando, por exemplo, a idade mínima para a aposentadoria, elevando percentualmente as contribuições previdenciárias ou eliminando benefícios especiais gozados por grupos de interesse privilegiados.[18]

---

[16] Isolar o sistema previdenciário de interferências políticas parece ter sido um dos principais objetivos da reforma chilena, segundo seu arquiteto, o ex-ministro do Trabalho José Piñera (entrevista concedida ao autor em Santiago, 15-1-1997). Godoy e Valdés (1994) sugerem que os objetivos de Piñera foram ao menos parcialmente alcançados, uma vez que nos últimos anos os políticos interferiram mais no sistema previdenciário público chileno do que no privado.

[17] Estudo do Banco Mundial (Schmidt-Hebbel, 1995) estimou que os custos de transição cumulativos da reforma chilena totalizariam 126% do PIB, enquanto os custos cumulativos da reforma colombiana foram projetados em 86,5% do PIB.

[18] Muitos desses outros tipos de reformas foram implementados em conjunção com esquemas de privatização para reduzir os custos de transição e assegurar que o sistema privado pudesse concorrer com o sistema público existente.

Raízes macroeconômicas das privatizações da previdência

As reformas, no nosso entender, derivaram sobretudo de fatores macroeconômicos, particularmente da séria escassez de capital que se abateu sobre os países latino-americanos nas décadas de 1980 e 90. Segundo Santiago de Estrada, ex-subsecretário para a Previdência Social na Argentina, "o incentivo à reforma da previdência não se deve tanto à questão da previdência social em si, mas antes à necessidade de reconstruir a poupança e, a partir dela, o investimento."[19] Desde a irrupção da crise da dívida externa em 1982, os países latino-americanos vêm sofrendo reduções devastadoras, ainda que intermitentes, no fluxo de capital estrangeiro. Esses cortes levaram as autoridades a priorizar o aumento das taxas de poupança interna – prioridade que se tornou ainda mais importante na década de 1990, à medida que essas taxas declinavam. Muitos formuladores de políticas acreditavam que a privatização da previdência levaria a um aumento das taxas de poupança em seus países e estimularia o mercado de capitais local. Nas palavras de um dos arquitetos do plano mexicano, o ex-ministro da Fazenda Guillermo Ortiz, "a chave para o desenvolvimento futuro do México é induzir a uma taxa de poupança muito maior. É por essa razão que damos importância particular à iniciativa dos fundos previdenciários.[20] O ex-presidente da Bolívia, Gonzálo Sanches de Losada, argumentou que seu plano de privatização da previdência significaria "o desenvolvimento da poupança doméstica, da formação de capitais e do mercado de títulos e ações, quase da noite para o dia".[21]

Economistas neoliberais e formuladores de políticas argumentam que a privatização da previdência social aumentará a poupança nacional, uma vez que as contribuições feitas pelos trabalhadores para os sistemas privatizados são poupança, ao passo que nos sistemas de repartição as contribuições para a previdência social dos trabalhadores da ativa são gastas com as pensões dos aposentados. Martim Feldstein (1999:30), por exemplo, argumenta que "um sistema de repartição não-capitalizado reduz a poupança nacional ao desencorajar a poupança privada, sem realizar nenhuma poupança pública. Em contraste, a substituição de um pro-

[19] Entrevista concedida ao autor (Buenos Aires, nov. 1996).

[20] Ver Sheridan (1996).

[21] Apud Bowen (1996).

grama não-capitalizado por um capitalizado poderá resultar no aumento da poupança nacional num montante aproximado ao da poupança compulsória". Alguns economistas sugerem que a criação de contas individuais de aposentadoria também poderá aumentar a consciência da necessidade de poupar, levando os trabalhadores a economizar mais do que exige sua poupança compulsória para a aposentadoria.[22] Argumentam também que os sistemas previdenciários privados irão reduzir as distorções no mercado de trabalho e melhorar o tamanho, a liquidez e a eficiência dos mercados locais de capital, estimulando o crescimento e a produtividade e aumentando assim a poupança.[23] Defensores da privatização da previdência apontam para o caso chileno em que as taxas domésticas de poupança aumentaram muito a partir da privatização do sistema, saltando de 20,5% em 1980 para 30% em 1989 e dando ao Chile a mais alta taxa de poupança da região.[24]

A conexão entre a privatização da previdência e taxas maiores de poupança está, todavia, longe de ser clara.[25] Como reconhecem os proponentes da privatização, é pouco provável que a privatização do sistema previdenciário venha a gerar qualquer aumento na poupança se os custos da transição forem financiados por empréstimos, e não por impostos ou por uma redução nos gastos públicos.[26] Onde a transição for financiada por dívida, o aumento na poupança privada gerado pela privatização será compensado por uma diminuição da poupança pública. Céticos também ressaltam que é tênue a evidência empírica que associa a privatização da previdência a uma poupança maior.[27] É difícil isolar o impacto da privatização da previdência sobre as taxas de poupança em parte porque essas taxas dependem de numerosos fatores. Alguns estudos vinculam a reforma chilena ao aumento na taxa de poupança do país. Outros, contudo, não encontraram relação – nem mes-

---

22 Ver World Bank (1994:308-9); Corsetti & Schmidt-Hebbel (1995:21).

23 Ver James (1997); Ciedess (1995).

24 Ver World Bank (1995:64-5).

25 Alguns economistas também afirmaram que é a capitalização total, e não a privatização em si, que promove a poupança (Orszag & Stiglitz, 1999). Sistemas administrados pelo setor público podem ser totalmente capitalizados. De fato, a maioria dos sistemas previdenciários latino-americanos começou como sistemas capitalizados e alguns deles ainda permanecem parcialmente capitalizados.

26 Ver Corsetti & Schmidt-Hebbel (1995); James (1997); Orszag & Stiglitz (1999).

27 Ver Mesa-Lago & Arenas de Mesa (1998); Barrientos (1998).

mo uma relação negativa – entre as duas variáveis.[28] Estes últimos atribuem o crescimento da taxa de poupança chilena ao aumento da poupança corporativa gerada pelo *boom* econômico chileno do final da década de 1980.

É evidente, no entanto, que os formuladores de políticas acreditaram que a privatização do sistema previdenciário levaria a um aumento das taxas de poupança interna, independentemente de ser essa crença bem fundada. Os arquitetos da privatização da previdência na Argentina e no México afirmaram freqüentemente em entrevistas que aumentar as taxas de poupança interna era um dos objetivos da reforma.[29] Por essa razão, acreditamos que a probabilidade de a previdência vir a ser privatizada aumenta à medida que a taxa de poupança doméstica diminui. Além disso, quanto menor a taxa de poupança de um país, maior o grau provável de privatização a ser escolhido porque, segundo os defensores da privatização, uma privatização radical incentivará taxas de poupança doméstica mais elevadas do que uma privatização apenas parcial.

O papel das instituições financeiras internacionais[30]

Instituições como o Banco Mundial também desempenharam papel importante na promoção de privatizações da previdência social na América Latina e em outras regiões.[31] Há décadas que o Banco Mundial está envolvido na reforma dos sistemas previdenciários, mas esse envol-

---

[28] Para os primeiros, ver Haindl (1997); Morandé (1996); Corsetti & Schmidt-Hebbel (1995); para os últimos, ver Holzmann (1996); Agostin, Crespi & Letelier (1996); Mesa-Lago & Arenas de Mesa (1998).

[29] Entrevistas do autor com: Gustavo Demarco, ex-consultor da Secretaría de Seguridad Social (Buenos Aires, 25-10-1996); Walter Schulthess, da Secretaría de Seguridad Social (Buenos Aires, nov. 1996); Luis Cerda, ex-consultor do secretário de Hacienda y Crédito Público (Cidade do México, 7-5-1997); Enrique Dávila, coordenador da Subsecretaría de Egresos, Coordinación de Asesores, Secretaría de Hacienda y Crédito Público (Cidade do México, 13-6-1997); e Gabriel Martinez, da Dirección de Finanzas y Sistemas, Instituto Mexicano de Seguro Social (Cidade do México, 10-6-1997).

[30] Agradeço a Evelyne Huber e a todos os que fizeram uma leitura crítica do texto, por me recomendarem testar estatisticamente a variável instituições financeiras internacionais.

[31] Ver Huber & Stephens (2000); Brooks (2000); Müller (1998); Lacey (1996); Mesa-Lago (1996b).

vimento aumentou enormemente nos últimos 10 anos.[32] O que é mais importante apontar é que desde o início da década de 1990 o Banco Mundial tornou-se um forte defensor das privatizações da previdência,[33] e que esse objetivo tem sido promovido em parte pelo fornecimento de assistência técnica aos países que estão empenhados nas reformas. Missões de consultoria sobre reforma previdenciária também foram conduzidas pelo Banco Mundial em quase todos os países latino-americanos na última década,[34] além dos empréstimos efetuados a esses países para custear os projetos e a implementação das reformas, assim como para cobrir alguns dos custos de transição para um sistema privado. Empréstimos importantes para cobrir a transição foram concedidos a Argentina, México e Uruguai.

Além disso, o Banco Mundial efetuou vasta gama de pesquisas, promoveu numerosos seminários e divulgou publicações detalhando os problemas enfrentados pelos sistemas previdenciários públicos e exaltando os benefícios de sua privatização. Seu papel foi fundamental para persuadir as autoridades responsáveis pelas reformas de que privatizar a previdência traria benefícios macroeconômicos muito importantes, inclusive um aumento das taxas de poupança doméstica.[35] A importância dada aos benefícios macroeconômicos da privatização da previdência fica evidente na publicação do Banco Mundial (World Bank, 1994), divulgando um projeto de reformas que teve muita influência na América Latina e em

---

[32] O Banco Mundial substituiu a Organização Internacional do Trabalho (que se opunha às privatizações da previdência) como o principal ator internacional nas reformas previdenciárias. As duas instituições estiveram em total desacordo na maior parte da década de 1990, engajando-se em debates públicos sobre os méritos da privatização da previdência e fazendo recomendações conflitantes aos países-membros (Beattie & McGillivray, 1995; James, 1996). Recentemente, todavia, os dois grupos criaram um fórum para troca de idéias na tentativa de formar um consenso sobre reforma da seguridade social (Holzmann, 1998; Issa, 1998).

[33] Até 1990, o Banco Mundial defendia mudanças paramétricas nos sistemas públicos existentes. O apoio a políticas que favorecem as privatizações da previdência partiu principalmente de macroeconomistas e especialistas em finanças públicas do Banco Mundial e encontrou oposição por parte dos especialistas tradicionais no assunto (entrevista com Dmitri Vittas, economista do Banco Mundial; Washington, DC, 15-5-1998).

[34] Ver Schwarz & Demirguc-Kunt (1999).

[35] Nem todos os membros do *staff* do banco estão convencidos dos benefícios das privatizações da previdência, e mesmo os seus muitos defensores são céticos quanto à capacidade das privatizações de aumentar a taxa de poupança doméstica de um país. Ver Orszag & Stiglitz (1999); Holzmann (1999).

outras regiões. Segundo o *World Bank Policy and Research Bulletin*, "em parte como resultado daquela publicação, o banco testemunhou um grande crescimento dos esforços de reforma da previdência entre países clientes, e seu apoio a tais esforços aumentou enormemente". Representantes do Banco Mundial acreditam igualmente ter contribuído para persuadir os países de que deveriam privatizar seus sistemas previdenciários. Como disse Anita Schwarz, economista do Banco Mundial, "alguns países inicialmente afirmaram não desejar [privatizar seus sistemas previdenciários], mas por vezes conseguimos convencê-los".[36]

Outras instituições financeiras internacionais também incentivaram as prizatizações. O Banco Interamericano de Desenvolvimento (BID) envolveu-se mais na questão das reformas na década de 1990, fazendo pesquisas e provendo assistência técnica e empréstimos aos países que as estivessem levando a cabo.[37] Embora as tenha estimulado, um representante do BID afirma que a instituição é mais flexível e menos vinculada a um modelo particular de políticas do que o Banco Mundial. De fato, o BID teve um papel a desempenhar em países como Uruguai e Venezuela depois que o Banco Mundial retirou-se por discordar da natureza dos planos de reforma.[38]

Já o Fundo Monetário Internacional (FMI) envolveu-se menos com a questão da reforma previdenciária. Todavia, efetuou algumas pesquisas e prestou consultoria na área, tendo mesmo incluído planos de privatização nos acordos para empréstimos que assinou com alguns países, como a Argentina. O FMI expressou preocupação com as implicações fiscais dessas privatizações. Recentemente, contudo, mudou sua forma de encarar os déficits induzidos por reforma, facilitando a privatização de sistemas previdenciários.[39]

Por tudo isso, acreditamos que quanto maior a influência das instituições financeiras internacionais num determinado país, mais provável é que seu sistema previdenciário venha a ser privatizado. Porém, os efeitos dessa influência no grau de privatização não são tão claros. O Banco Mundial, por exemplo, tem apoiado formalmente uma abordagem de

---

[36] Entrevista concedida ao autor (Washington, DC, 14-5-1998).

[37] Ver Mesa-Lago (1996b).

[38] Entrevistas com Gustavo Márquez, economista do BID, e Roberto Palácios, economista do Banco Mundial (Washington, DC, 15-5-1998).

[39] Ver Holzmann (1998).

múltiplos pilares para reformas da previdência, mas seus técnicos estão divididos quanto ao tamanho mais apropriado para o pilar público. Alguns apóiam uma privatização em larga escala, como a do Chile, deixando a cargo do pilar público prover uma pensão mínima; já outros defendem a manutenção de um pilar público de tamanho razoável.

Controle do Congresso

Os programas de privatização da previdência social também são influenciados por variáveis políticas. Para promulgar um projeto dessa natureza, é preciso que o presidente da República tenha um grau de controle significativo sobre o Legislativo. Reformas importantes da previdência usualmente requerem a aprovação do Congresso, visto que muitos presidentes não têm o recurso de governar por decreto – e os que têm costumam relutar em utilizá-lo para implementar uma reforma institucional radical. Um projeto de privatização implementado por decreto terá fraca sustentação legal, o que desencorajará as empresas de fazer os vultosos investimentos iniciais de capital necessários para estabelecer um sistema previdenciário privado.[40] Além do mais, mesmo que o chefe do Executivo escolha promulgar uma reforma significativa da previdência por decreto, ainda assim será necessário o apoio do Congresso para assegurar que a medida não será vetada por parlamentares.

O controle do presidente sobre o Legislativo é freqüentemente determinado pelo tamanho relativo da bancada governista no Congresso – o que por sua vez é influenciado por outros fatores, como as regras eleitorais.[41] O tamanho relativo da bancada governista no Congresso é crucial quando se trata de promulgar reformas altamente controversas como a privatização da previdência social. Medidas impopulares não costumam angariar apoio de outros partidos – às vezes nem mesmo do partido do presidente da República. Isso torna as privatizações mais prováveis nos países onde o partido do governo

[40] A preocupação com a sustentação legal de uma privatização do sistema previdenciário feita por decreto desencorajou o governo argentino de optar por esse caminho. Segundo nos disse um parlamentar, "os investidores nas Administradoras de Fondos de Jubilaciones y Pensiones (AFJPs) disseram-nos que não estariam dispostos a correr o risco de ter uma reforma previdenciária por decreto. Nenhum investidor inclinava-se a investir em algo sem garantia jurídica". Entrevista com Eduardo Santín, ex-deputado federal do Partido Radical (Buenos Aires, nov. 1996).

[41] Ver Lijphart (1994); Jones (1995).

detém uma bancada largamente majoritária no Congresso do que nos países onde a bancada governista detém estreita maioria.

É provável que o presidente seja apoiado em suas iniciativas pelos membros de seu próprio partido. Primeiro, porque é plausível que as posições políticas do Executivo se assemelhem às posições de parlamentares de seu próprio partido. Mesmo quando não é esse o caso, a lógica da competição política leva com freqüência os parlamentares do partido do líder nacional a apoiarem suas iniciativas. O futuro político dos membros do partido do governo está ligado ao sucesso de seu líder nacional, o que os leva a apoiá-lo no Congresso.

Mais importante, o presidente costuma ter vários instrumentos à sua disposição para comandar o apoio dos membros de seu partido. Como líder, o chefe do Executivo costuma ter ao menos algum controle sobre os recursos do partido – que podem ser usados para recompensar ou punir os parlamentares, dependendo de seu voto. O presidente, por exemplo, pode ajudar a decidir a posição dos candidatos nas listas eleitorais do partido, além de freqüentemente deter certo controle sobre quem deve receber apoio financeiro do partido. Por isso usualmente exerce grande influência sobre as possibilidades eleitorais dos parlamentares que procuram a reeleição ou novos cargos.

O grau de controle do presidente sobre o Legislativo também dependerá do grau de disciplina partidária – que por sua vez dependerá parcialmente do grau de controle que os líderes partidários têm sobre a lista de candidatos do partido[42] e da natureza dos vínculos entre o presidente e outros líderes de seu partido.

Acreditamos, portanto, que a probabilidade de privatização aumenta à medida que aumenta a proporção da bancada governista no Congresso, juntamente com a disciplina partidária. Também é plausível que o grau de privatização aumente com a ampliação do controle do presidente sobre o Legislativo, já que um grau maior de controle impedirá os oponentes da privatização de frustrarem tais planos.

Oposição dos grupos de interesse

Para promulgar reformas de peso na previdência social, também é preciso vencer a oposição de poderosos grupos de interesse. Estes podem pressionar o presidente para modificar ou retirar as propostas de refor-

---

42 Ver Mainwaring & Shugart (1997); Carey & Shugart (1995).

ma, ou fazer *lobby* junto aos parlamentares para que bloqueiem o processo ou para que alterem as propostas. Os grupos de interesse também dispõem de diferentes recursos políticos. Alguns podem pressionar por meio de greves ou manifestações. Outros controlam grande número de votos ou recursos financeiros que poderão ser utilizados para influenciar os resultados eleitorais. A capacidade de bloquear ou alterar propostas depende do controle sobre os recursos políticos e da disposição de utilizá-los para lograr os objetivos pretendidos. Os grupos de interesse empenham-se em disputas em diferentes níveis de intensidade, dependendo do que esteja em jogo.

As associações de aposentados usualmente representam uma fonte de oposição às privatizações da previdência. As associações de pensionistas opõem-se às privatizações da previdência social porque elas minarão as finanças do sistema previdenciário público de que dependem. Na América Latina, contudo, essas organizações são demasiadamente fracas e pobres para constituírem um obstáculo às reformas. O orçamento da principal organização de pensionistas no México era de aproximadamente US$50 mil em 1997,[43] enquanto a principal associação de pensionistas na Argentina dispunha de ativos líquidos avaliados em cerca de US$5 mil e ativos fixos avaliados em menos de US$70 mil em junho de 1995. Em contraste, a American Association of Retired Persons (Associação Americana de Aposentados) nos Estados Unidos dispunha de um orçamento que excedia US$340 milhões em 1994.[44] A escassez de recursos impede as organizações de pensionistas de contratar lobistas e de fazer campanhas para obter contribuições ou campanhas publicitárias contra as políticas a que se opõem, além de dificultar a mobilização de um número substancial de aposentados para passeatas e manifestações públicas.[45]

Acreditamos que o principal grupo de interesse a se opor às reformas do sistema previdenciário seja o movimento trabalhista. Os sindicatos costumam opor-se às privatizações porque com elas os riscos deixam de ser do Estado e passam a ser dos trabalhadores. No modelo chileno, por exemplo, são os trabalhadores, e não o Estado, que perdem se o retorno

---

[43] Entrevista com Blanca Alonso Tejeda, presidente do Movimento Unificador Nacional de Jubilados y Pensionados (Cidade do México, 6-6-1997).

[44] Ver Freudenheim (1996).

[45] A oposição das associações de pensionistas às reformas teve grande cobertura da mídia, o que pode ter levado a opinião pública a voltar-se contra elas.

sobre seu investimento individual for baixo.[46] Além disso, muitos planos de privatização incluem um aumento dos requisitos necessários à obtenção das pensões e a eliminação de alguns tipos de benefícios, medidas às quais os sindicatos costumam se opor. Os líderes sindicais também se mostram céticos quanto à idéia de que a privatização da previdência (e outras políticas neoliberais) trará os benefícios sociais e econômicos propagandeados pelos defensores do modelo chileno.[47]

Onde o movimento trabalhista é forte, é provável que haja maior oposição à privatização da previdência social. Alguns sindicatos em países da América Latina, diferentemente de suas associações de pensionistas, controlam recursos econômicos substanciais derivados das contribuições sindicais, dos subsídios governamentais ou do controle que detêm sobre empresas. Os sindicatos podem usar esses recursos para organizar grandes campanhas políticas contra iniciativas tais como a reforma da previdência. Movimentos trabalhistas poderosos também podem tentar bloquear as reformas, imobilizando a economia do país por meio de greves e passeatas. Finalmente, sindicatos fortes podem ameaçar punir os políticos que votarem a favor da privatização da previdência com campanhas contra eles nas eleições seguintes. Como resultado, a privatização parece bem mais provável em países onde o movimento trabalhista é fraco ou dividido, não sendo capaz, portanto, de levar em frente campanhas contra as reformas. Também parece mais provável que o grau de privatização aumente com o declínio do poder dos movimentos trabalhistas, uma vez que movimentos fracos são incapazes de forçar o governo a reduzir o alcance de seus projetos de privatização.

Análise dos dados

Para testar os argumentos acima, compilamos um conjunto de dados referente ao universo de casos composto pelos governos de países latino-americanos de renda média que tiveram início nos anos 1990.[48] Gover-

---

[46] O grau em que essa transferência de risco ocorre não deve ser exagerado. No modelo chileno, o Estado assume alguns riscos do mercado porque tipicamente garante uma pensão mínima. Nos sistemas públicos anteriores, os trabalhadores ficavam expostos ao risco político de ver o Estado renegar suas promessas previdenciárias.

[47] Ver Ensignia & Díaz (1997).

[48] Quinze países estão incluídos nesse conjunto de dados: Argentina, Brasil, Colômbia, Costa Rica, República Dominicana, Equador, El Salvador, Guatemala, México, Panamá, Paraguai, Peru, Uruguai e Venezuela.

nos que tiveram início na década de 1980 ou que ainda estejam no poder foram incluídos nos dados apenas se tiverem perdurado por mais de um ano na década de 1990.

O período de análise foi limitado à década de 1990 porque acreditávamos que muitas das relações postuladas seriam verdadeiras apenas para a última década. O Banco Mundial, por exemplo, incentivou as privatizações dos sistemas previdenciários apenas após o início da década de 1990, e uma discussão mais generalizada de seus supostos benefícios econômicos começou no final da década de 1980 em conseqüência da notável expansão das taxas de poupança no Chile. A análise limitou-se a países de renda média porque os países de baixa renda geralmente não dispõem da estrutura financeira necessária para privatizar seus sistemas previdenciários.[49]

Para propósito da análise, governo é aqui definido como uma configuração particular dos poderes Executivo e Legislativo. Pela definição, uma mudança de governo ocorre sempre que um novo presidente da República ou uma nova legislatura são empossados, mesmo que apenas uma parte do Legislativo tenha sido renovada.[50] É plausível, portanto, que mudanças de governo tenham ocorrido com maior freqüência em alguns países do que em outros durante esse período, seja porque alguns países elegeram suas legislaturas ou presidentes com maior freqüência que outros, seja porque alguns países removeram seus presidentes do cargo antes do previsto.

Variáveis dependentes

Para medir as variáveis dependentes escolhidas, construímos um índice de privatização da previdência, reproduzido na tabela 1. O índice foi derivado calculando-se a percentagem da contribuição compulsória total (de empregadores e empregados) que os filiados ao sistema privado fazem para o sistema privado, multiplicada pela percentagem dos que aderiram ou foram obrigados a aderir ao sistema privado. O

[49] Quando países latino-americanos de baixo nível de renda são incluídos na amostra, a variável empréstimos do Banco Mundial deixa de ser estatisticamente significante, mas as variáveis de mensuração da taxa de poupança doméstica e do grau de controle do Executivo sobre o Legislativo permanecem significantes ao nível 0,05.

[50] De acordo com nossa definição, não ocorre uma mudança de governo quando um parlamentar individual muda de partido ou é substituído.

índice possibilita classificar sistemas mistos, paralelos e privados num único contínuo. Ele estima em que extensão os trabalhadores contribuem para o sistema privado, mas também se a associação ao sistema privado é voluntária ou obrigatória, e que tipo de incentivo (caso haja algum) é dado para que os trabalhadores se associem ao sistema privado.[51] Também leva em conta se certos grupos ficaram de fora do esquema de privatização (tais como soldados ou funcionários públicos) e se os trabalhadores podem optar por associar-se a fundos previdenciários geridos por agências estatais, mas que competem no sistema privado. Devido à limitação de dados, todavia, não fomos capazes de levar os dois últimos fatores em consideração na atribuição de pontuação a cada reforma. A pontuação presente na tabela 1, portanto, baseia-se nas filiações e contribuições para o principal sistema previdenciário e é em grande parte derivada de dados fornecidos por Mesa-Lago (1997a).

Um governo recebe a pontuação indicada no índice de privatização se tiver promulgado legislação privatizando total ou parcialmente seu sistema previdenciário, e zero se não tiver. Excluímos da análise governos que tomaram posse depois que os sistemas previdenciários em seus países foram privatizados. Baseamo-nos no fato de que esses governos provavelmente não promulgariam esquemas adicionais de privatização da previdência social. Esses critérios nos levaram a sete casos de governos que privatizaram parcial ou plenamente seus sistemas previdenciários no período estudado, e a 38 casos em que não houve privatização.[52]

---

[51] Brooks e James (1999) também propuseram um índice de reforma da previdência, mas deixaram de levar em conta se a filiação ao sistema privado é opcional ou compulsória, e que tipos de incentivos, caso haja algum, são dados para que os indivíduos se filiem ao sistema privado. Como resultado, seu índice gera pontuação imprecisa: reformas que criam sistemas paralelos, como na Colômbia e no Peru, recebem a mesma pontuação que as reformas que criam sistemas inteiramente privados, como em El Salvador e no Chile. O índice de Brooks e James também é problemático por basear-se num cálculo da percentagem dos benefícios previdenciários futuros (de um trabalhador) provenientes do sistema privado, o que o torna um índice altamente dependente das hipóteses econômicas assumidas.

[52] O Chile foi excluído da análise porque o país privatizou seu sistema previdenciário antes do período estudado, mas a reforma chilena foi incluída na tabela para comparação. A inclusão do Chile na amostra enfraquece a significância das variáveis taxa de poupança doméstica e empréstimos do Banco Mundial, embora elas permaneçam significantes ao nível 0,05.

Tabela 1

Índice do grau de privatização da previdência

País	Contribuições ao pilar privado/total de contribuições*(1)	Filiados ao sistema privado/total de filiados (2)	Pontuação no índice de privatização (1 x 2)
Argentina	0,41	0,67	0,27
Bolívia	1,00	1,00	1,00
Chile	1,00	0,95	0,95
Colômbia	1,00	0,38	0,38
El Salvador	1,00	0,91	0,90
México	1,00	1,00	1,00
Peru	1,00	0,58	0,58
Uruguai	0,375**	0,39	0,15

Fontes: Mesa-Lago (1997a e comunicação pessoal); Queisser (1998).
* Para os pertencentes ao sistema privado.
** Esse dado assume que os membros do sistema previdenciário privado ganham, em média, o equivalente a 10 mil pesos (valor de maio de 1995).

Variáveis independentes

Vários indicadores foram usados para medir as variáveis independentes. A taxa de poupança doméstica serviu para medir a suficiência das fontes de capital doméstico de um governo. Os dados das taxas de poupança doméstica são do Banco Mundial (World Bank, 2000) e referem-se às taxas de poupança doméstica durante o primeiro ano de mandato de cada governo. Três indicadores foram utilizados para medir o grau de influência das instituições financeiras internacionais: dívida multilateral total como percentual do PIB; recursos a receber (como percentual do PIB) do Banco Internacional para Reconstrução e Desenvolvimento e da Agência Internacional de Desenvolvimento, as duas principais agências de empréstimos do Banco Mundial; e créditos do Fundo Monetário Internacional (como percentual do PIB). Esses dados foram obtidos no Banco Mundial e no Banco Interamericano de Desenvolvimento[53] e correspondem ao primeiro ano de mandato de cada governo.

[53] World Bank (2000); IDB (2000).

Tabela 2

Determinantes da privatização da previdência na América Latina

	Modelo 1	Modelo 2	Modelo 3	Modelo 4
Constante	0,110 (0,692)	0,133 (0,795)	0,121 (0,728)	0,119 (0,690)
Poupança doméstica bruta (% do PIB)	-0,0150** (-2,712)	-0,01513** (-2,701)	-0,01496** (-2,665)	-0,01525** (-2,617)
Empréstimos do Banco Mundial (% do PIB)	3,806* (2,418)	3,834* (2,410)	3,746* (2,327)	3,797* (2,379)
Proporção da bancada governista no Legislativo	0,00392** (2,540)	0,00389** (2,493)	0,00388** (2,467)	0,00390** (2,485)
Índice de disciplina partidária	0,04546 (-0,910)	-0,05317 (-1,006)	-0,04986 (-0,936)	-0,04915 (-0,864)
Taxa de sindicalização	0,00391 (1,164)	0,04266 (1,230)	0,00450 (1,104)	0,00408 (1,133)
Despesas da previdência pública (% do PIB)		-0,00684 (-0,488)		
Dívida previdenciária implícita (% do PIB)			-0,00016 (-0,261)	
Superávit da previdência pública (% do PIB)				0,00708 (0,141)
r-quadrado ajustado	0,255	0,240	0,237	0,236
N	45	45	45	45

Estatísticas *t* entre parênteses.
* $p < 0{,}05$; ** $p < 0{,}01$ (testes *t* unicaudais).

A mensuração das variáveis políticas também foi relativamente direta. A força do movimento sindical foi medida pelo número de trabalhadores sindicalizados dividido pela força de trabalho total, excluídos os trabalhadores agrícolas.[54] Os dados sobre as taxas de sindicalização foram obtidos na Organização Internacional do Trabalho (ILO, 1997) e referem-se ao período 1991-95. Esses dados foram interpolados onde possível, para a atribuição de um valor para o primeiro ano do mandato de cada

[54] Infelizmente não dispomos de dados abrangentes para outras medidas do poder da força de trabalho, tais como o nível de fragmentação do movimento trabalhista e o grau de autonomia sindical frente aos controles do Estado. Não obstante, a taxa de sindicalização é a medida mais comumente utilizada do poder da força de trabalho. McGuire (1998). Wallerstein (1989).

governo. Utilizamos o tamanho relativo da bancada do partido do governo na Câmara dos Deputados como *proxy* para o grau de controle do presidente da República sobre o Legislativo. Os dados sobre essa variável foram tirados de Dieter Nohlen (1993) e de diversos volumes do *Europa World Yearbook*; eles representam o tamanho relativo da bancada governista no Congresso no momento das eleições. Uma vez que não existem dados sobre disciplina partidária para a maioria dos países latino-americanos, utilizamos as leis eleitorais prevalecentes como *proxy* para o nível de disciplina partidária. Seguindo os passos de John Carey e Matthew Shugart (1995), esperava que países onde as leis eleitorais garantem aos líderes partidários controle considerável sobre a lista de candidatos do partido tivessem graus maiores de disciplina partidária do que aqueles onde as leis eleitorais incentivam os parlamentares a cultivar um voto personalista. Com base nos dados sobre leis eleitorais e partidárias fornecidos por Scott Mainwaring e Shugart (1997:424), atribuímos aos governos valores variando de zero, onde os líderes partidários têm pouco controle sobre a lista de candidatos do partido, a 2, onde os líderes partidários têm um grande controle sobre essa lista.

Resultados estatísticos

O modelo foi estimado utilizando mínimos quadrados simples, e os resultados são apresentados na tabela 2. A maioria das variáveis apresentou o sinal esperado e mostrou-se estatisticamente significativa ao nível 0,05. A variável taxa de poupança doméstica era negativa e estatisticamente significativa ao nível 0,01, indicando, como se previa, que é mais provável que medidas mais radicais de privatização da previdência sejam promulgadas por governos que enfrentam escassez de capital doméstico. Os efeitos substantivos dessa variável são grandes. Tudo o mais constante, o decréscimo de um desvio-padrão (6,5%) nas taxas de poupança doméstica leva a um aumento de 9,8% no grau de privatização da previdência social. Como esperávamos, a maioria dos países latino-americanos que privatizaram seus sistemas previdenciários nos últimos anos sofria de séria escassez de capital doméstico no momento das reformas. O México, por exemplo, privatizou seu sistema previdenciário em seguida à maciça fuga de capitais ocorrida no final de 1994.

Como mencionamos, três variáveis foram utilizadas para medir a influência das instituições financeiras internacionais sobre as políticas previdenciárias. Uma vez que as variáveis são altamente correlacionadas (especialmente as variáveis dívida multilateral total e empréstimos do Banco Mundial), estimamos o modelo com cada uma delas separadamente, embora estejam aqui incluídos apenas os resultados do modelo que abrange a variável empréstimos do Banco Mundial. Todas as três variáveis apresentaram os sinais esperados, mas apenas as variáveis dívida multilateral total e empréstimos do Banco Mundial mostraram-se estatisticamente significativas. A variável empréstimos do Banco Mundial apresentou um nível de significância estatisticamente maior que a variável dívida multilateral total. Isso sugere que é o Banco Mundial, mais do que outras instituições financeiras internacionais, que desempenha o papel mais importante na promoção das privatizações da previdência. Tudo o mais constante, o aumento de um desvio-padrão (2,2%) nos empréstimos do Banco Mundial como percentual do PIB resulta em 8,4% de aumento no grau de privatização. Apliquei logaritmos à variável empréstimos do Banco Mundial para testar se empréstimos muito elevados do Banco Mundial tendiam a promover uma privatização apenas parcial em vez de uma privatização total (isto é, se o impacto de uma influência maior do Banco Mundial sobre a amplitude da privatização diminuía em níveis mais elevados). O coeficiente da variável logaritmizada, todavia, registrou um nível ligeiramente menor de significância estatística que o da variável não-logaritmizada, o que sugere que um aumento de influência do Banco Mundial tende a aumentar tanto a amplitude quanto a probabilidade da privatização.

A variável correspondente ao tamanho da bancada governista no Legislativo também mostrou-se positiva e estatisticamente significativa. Essa variável também teve forte impacto substantivo, sugerindo que o controle do presidente sobre o Congresso desempenha papel importante na facilitação das privatizações da previdência. Mantendo as demais variáveis constantes, o aumento de um desvio-padrão (22%) na proporção de cadeiras do partido do governo no Legislativo leva a 8,6% de aumento no grau de privatização da previdência. Como esperávamos, a maioria dos governos que privatizaram seus sistemas previdenciários – as administrações Carlos Menem na Argentina, Ernesto Zedillo no México, Armando Calderón Sol em El Salvador, César Gaviria na Colômbia e Alberto Fujimori no Peru – detinha a maioria, ou quase, das cadeiras no Legislativo no momento das reformas. Em cada caso, o controle do partido governista sobre o Congresso foi crucial para a aprovação dos projetos de privatização da previdência, já que os parlamentares dos partidos de oposição votaram de modo geral contra os projetos de reforma.[55] Embora os partidos do governo na Bolívia e no Uruguai não detivessem a maioria das cadeiras no Congresso quando promulgaram seus programas de privatização da previdência, eles conseguiram aprovar seus projetos de reforma com o apoio de outros membros da coalizão governista.[56]

A variável que mede a disciplina partidária não foi estatisticamente significativa e apresentou o sinal oposto do que prevíamos. O fato de essa variável não ter o desempenho esperado pode significar que altos níveis de disciplina partidária tornam mais difícil para o partido do governo obter votos em outros partidos. Ou pode ser que essa variável na realidade não mede a disciplina partidária, mas os incentivos para cultivar um voto pessoal. Em alguns países da América Latina, as divisões no interior do partido do governo nos últimos anos resultaram de conflitos entre o presidente e os líderes partidários, ou de disputas entre os líderes partidários pelo controle do partido –, mais que de esforços dos parlamentares para cultivar um voto pessoal. Na administração paraguaia de Juan Carlos Wasmosy e na administração venezuelana de Carlos Andrés Perez, essas disputas reduziram o nível de apoio ao presidente no Congresso em diversas matérias, inclusive na questão da reforma da previdência. Reciprocamente, em alguns países onde os parlamentares têm incentivos importantes para cultivar um voto personalista, o presidente lançou mão de recompensas para obter níveis aceitáveis de disciplina partidária. Na Colômbia, por exemplo, a administração Gaviria conseguiu obter a aprovação de seu projeto de privatização da previdência barganhando com os parlamentares.

A variável sindicalização também apresentou o sinal oposto do esperado, embora não seja significativa. Esse resultado surpreendeu, pois em muitos casos os sindicatos fortes conseguiram frustrar os planos de

[55] O governo Fujimori é uma exceção por ter privatizado o sistema previdenciário peruano por decreto. O controle de Fujimori sobre o Legislativo, no entanto, foi crucial para a realização da reforma, ao impedir a oposição peruana de aprovar nova legislação para anular o decreto.

[56] Os casos boliviano e uruguaio sugerem que a percentagem de cadeiras dos partidos que formam coalizão governista no Congresso pode ser mais importante do que a percentagem de cadeiras do partido do governo. Manter unidas coalizões de manejo complicado, entretanto, pode ser tarefa difícil, como indica o caso do governo Fernando Henrique Cardoso no Brasil. Essa hipótese não pôde ser testada por falta de acesso a dados sobre a composição das coalizões em todos os países que fazem parte deste estudo.

privatização, ou seus membros dela ficaram excluídos.[57] Na Argentina, a principal confederação trabalhista insistiu para que o esquema de privatização fosse opcional, o que reduziu o grau de privatização naquele país. A variável força dos trabalhadores pode ter tido um mau desempenho porque talvez o grau de sindicalização seja uma medida inadequada para a força do trabalhador. O mau desempenho dessa variável também pode resultar da omissão de uma variável que meça os laços entre o partido do governo e os trabalhadores. Dois países com alto nível de sindicalização (Argentina e México) conseguiram privatizar seu sistema previdenciário parcialmente porque os estreitos laços entre o partido do governo e os trabalhadores mitigaram a oposição dos sindicatos às reformas. Infelizmente, a falta de dados sobre essa variável para a região como um todo impediu sua inclusão na análise.

Para testar a hipótese alternativa de que os programas de privatização foram impulsionados pelas dificuldades financeiras por que passavam os sistemas públicos existentes, tornamos a estimar o modelo incorporando uma série de variáveis para medir o tamanho da carga financeira onerando os sistemas existentes. Por exemplo, o nível de gastos com o sistema previdenciário público como percentual do PIB; o débito previdenciário implícito, que representa as obrigações existentes do sistema previdenciário público para com atuais pensionistas e trabalhadores; e os déficits do sistema previdenciário público como percentual do PIB.[58] Como mostram as colunas 2, 3 e 4 da tabela 2, nenhuma dessas variáveis provou ser estatisticamente significativa. Nossa análise, portanto, fornece pouco apoio à visão convencional de que os países da América Latina privatizaram seus sistemas previdenciários em resposta a problemas financeiros.

Embora as crescentes dificuldades financeiras possam de fato não ter levado os países a privatizar seus sistemas previdenciários, os problemas financeiros dos sistemas previdenciários públicos restringiram as escolhas dos governos latino-americanos quanto às reformas a serem

---

[57] Os sindicatos fortes também tiveram sucesso em seu *lobby* em defesa de outras mudanças nos esquemas de privatização da previdência, tais como a compensação por contribuições passadas feitas ao sistema público e o estabelecimento (ou a permissão para o estabelecimento) de administradoras de fundos previdenciários de propriedade do Estado ou de sindicados para concorrer com as administradoras privadas no novo sistema.

[58] Dados obtidos em World Bank (1994), Palacios & Pallarès-Miralles (2000) e ILO (1995), respectivamente.

implementadas.[59] Países que têm gastos muito elevados com aposentadorias têm muita dificuldade em privatizar totalmente seus sistemas previdenciários porque os custos de transição são grandes demais. Como ressaltamos, um governo que privatiza plenamente seu sistema previdenciário deixa de receber as contribuições de todos os trabalhadores ativos, mas deve continuar a pagar a pensão aos já aposentados, o que constitui uma onerosa carga financeira. Países que gastam muito com aposentadorias optam pois por privatizar apenas parcialmente seus sistemas previdenciários, quando o fazem. Os dois países latino-americanos que têm os gastos mais elevados com a previdência pública, Argentina e Uruguai, optaram por privatizar apenas parcialmente, como também o fizeram os países do Leste europeu nas mesmas condições, Hungria e Polônia. Ao privatizar seus sistemas apenas parcialmente, puderam continuar recolhendo uma parte das contribuições tradicionalmente pagas ao sistema público, o que ajuda a financiar as pensões dos aposentados atuais. Os países latino-americanos com despesas elevadas com aposentadorias também procuraram reduzir os custos da privatização negando-se a compensar os trabalhadores por suas contribuições passadas ao sistema público. A Argentina, por exemplo, acedeu em oferecer compensações apenas depois de sofrer pressão do movimento trabalhista, ao passo que o Uruguai conseguiu livrar-se inteiramente das compensações.

Conclusão

Na última década, numerosos estudos exploraram as causas da recente onda de reformas pró-mercado no mundo em desenvolvimento.[60] Tais estudos geraram percepções importantes, mas sofrem de algumas deficiências metodológicas significativas. Primeiro, grande parte da literatura consiste em estudos de caso individuais ou comparativos que se preocuparam mais em explicar casos particulares do que em desenvolver uma teoria dos fatores determinantes das políticas de reformas. Além disso, os estudos que desenvolveram hipóteses gerais e precisas em geral não as testaram através de análise estatística.[61] Em segundo lugar, a literatura

---

[59] Ver Madrid (1997, 1998).

[60] Ver Nelson (1990); Haggard & Kaufman (1995); Bates & Krueger (1993); Smith, Acunã & Gamarra (1994); Williamson (1993).

[61] Uma exceção é Remmer (1998).

existente trata o conjunto de reformas ocorrridas nos anos 1990 mais como uma política única do que como um pacote de múltiplas políticas, freqüentemente contraditórias.[62] A hipótese subjacente tem sido que as causas dos diferentes tipos de reformas são as mesmas (por exemplo, os fatores que levam um país a reduzir suas barreiras comerciais seriam os mesmos que levam um país a reduzir seu déficit fiscal ou a privatizar seu sistema previdenciário). Tal hipótese é altamente suspeita porque os diferentes tipos de reformas são governados por diferentes regras institucionais e variam bastante em sua distribuição de custos e benefícios. Também parece improvável que os mesmos fatores determinem a probabilidade de todos os diferentes tipos de reformas, uma vez que freqüentemente os países adotaram reformas radicais em algumas áreas e não em outras.

Neste texto, procuramos evitar as deficiências de outros trabalhos de duas maneiras distintas. Primeiro, utilizamos métodos estatísticos para testar nossos argumentos teóricos. Segundo, concentramo-nos numa área estreita, mas importante, de reformas. Nosso objetivo foi esclarecer os fatores determinantes das políticas previdenciárias, e não das reformas pró-mercado como um todo. Não obstante, nossas descobertas podem ser importantes para entender os fatores determinantes de alguns outros tipos de reformas. Os mesmos fatores macroeconômicos que explicam por que tantos países latino-americanos passaram a privatizar seus sistemas previdenciários também podem explicar por que eles custaram tanto a promulgar reformas fundamentais em setores sociais como saúde, educação e habitação. Muitos formuladores de políticas acreditaram que privatizar a previdência, ao mesmo tempo em que se reduziam os déficits fiscais e se eliminavam barreiras ao comércio exterior e aos investimentos, traria importantes benefícios macroeconômicos de curto e médio prazos. Mas mostraram-se menos otimistas quanto aos benefícios de médio prazo de reformas na saúde, educação e habitação. Esse pessimismo quanto aos benefícios macroeconômicos de médio prazo deixou os formuladores de políticas relutantes em assumir os custos políticos e fiscais de reformar outros setores sociais. Variáveis adicionais aqui identificadas também poderão contribuir para determinar que países adotarão outras reformas sociais setoriais. O Banco Mundial, por exemplo, promoveu ativamente reformas na saúde, educação e habitação, e portanto o grau de sua influência também poderá mostrar-se um

[62] Constituem exceção Naím (1995) e Nelson (1995).

determinante importante do destino de reformas nessas áreas. O grau de controle do presidente da República sobre o Legislativo também pode ser crucial na promulgação de reformas na habitação, saúde e educação. Tal como a privatização da previdência, é pouco provável que essas reformas sejam promulgadas por consenso, e em geral elas não podem ser promulgadas por decreto. Um teste rigoroso dessas hipóteses, todavia, terá de esperar por novas pesquisas.

Referências bibliográficas

Agostín, M. R.; Crespi, G. & Letelier, L. Explicaciones del aumento del ahorro en Chile. Centro de Investigación Económica, Banco Interamericano de Desarrollo, 1996. Mimeog.

Arenas de Mesa, Alberto & Montecinos, Veronica. The privatization of social security and women's welfare: gender effects of the Chilean reform. *Latin American Research Review, 34*(3), 1999.

Arrau, Patricio & Schmidt-Hebbel, Klaus. Pension systems and reform: country experience and research issues. Washington, DC: World Bank, 1995. (Policy Research Working Paper 1470.)

Baillu, Jeanine & Reisen, Helmut. Do funded pensions contribute to higher aggregate savings? A cross-country analysis. Paris: OECD, 1998. (Ageing Working Paper 5.1.)

Barrientos, Armando. *Pension reform in Latin America.* Aldershot, UK: Ashgate, 1998.

Basáñez, Miguel. Actitudes y opiniones electorales: Latino Barómetro 1995. In: Latin American Studies Association Meeting. Guadalajara: Mexico, Apr. 17-19, 1997.

Bates, Robert H. & Krueger, Anne O. (eds.). *Political and economic interactions in economic policy reform.* Oxford, UK: Blackwell, 1993.

Beattie, Roger & McGillivray, Warren. A risky strategy. *International Social Security Review, 48* (3-4):5-22, 1995.

Bowen, Sally. Andean struggle for reform. *Financial Times*, 1-5-1996. p. 12.

Brooke, James. Quiet revolution in Latin pensions. *The New York Times*, 10-9-1994. p. 37.

Brooks, Sarah M. Social protection and the market: a political economy of pension reform in Latin America and the world. In: XXII International Congress of Latin American Studies Association. 16-3-2000.

______ & James, Estelle. The political economy of pension reform. In: New Ideas about Old Age Security – World Bank Conference. Washington, DC: Sept. 14-15, 1999.

Bustos Castillo, Raúl. Analysis of a national private pension scheme: the case of Chile. *International Labour Review, 132*(3), 1993.

Cámara de Diputados de los Estados Unidos Mexicanos. *Diario de los Debates, 2*(4), 20-3-1996.

Carey, John & Shugart, Matthew Soberg. Incentives to cultivate a personal vote: a rank ordering of electoral formulas. *Electoral Studies, 14*(4), 1995.

Ciedess (Corporación de Investigación, Estudio y Desarrollo de la Seguridad Social). *El ahorro previsional: impacto en los mercados de capitales y de la vivienda.* Santiago de Chile: Ciedess, 1995.

Cohen, Norma & Pilling, David. Save now, spend later. *Financial Times*, 9-1-1995.

Corsetti, Giancarlo & Schmidt-Hebbel, Klaus. Pension reform and growth. Washington, DC: World Bank, 1995. (Policy Research Working Paper 1471.)

Cruz-Saco, María Amparo & Mesa-Lago, Carmelo (eds.). *Do options exist? The reform of pension and health care in Latin America.* Pittsburgh: University of Pittsburgh Press, 1998.

Edwards, Sebastian. The Chilean pension reform: a pioneering program. In: Privatizing Social Security – National Bureau of Economic Research Conference. Cambridge, Mass.: Aug. 1-2, 1996.

Ensignia, Jaime & Díaz, Rolando (eds.). *La seguridad social en América Latina: reforma o liquidación?* Caracas: Nueva Sociedad, 1997.

Feldstein, Martin. Public policies and private saving in Mexico. Cambridge, Mass: National Bureau of Economic Research, 1999. (Working Paper 6930.)

Fiap (Federación Internacional de Administradoras de Fondos de Pensiones), 2000. Disponível em: <http://www.fiap.cl>.

Freudenheim, Milt. Aarp will license its name to managed health care plans. *The New York Times*, 29-4-1996. p. 1.

Gillion, Colin & Bonilla, Alejandro. Analysis of a national private pension scheme: the case of Chile. *International Labour Review, 131*(2), 1992.

Godoy Arcaya, Oscar & Prieto, Salvador Valdés. Democracia y previsión en Chile: experiencia con dos sistemas. *Cuadernos de Economía, 31*(93), 1994.

Haggard, Stephan & Kaufman, Robert R. *The political economy of democratic transitions.* Princeton, NJ: Princeton Univ. Press, 1995.

Haindl, Erik. The Chilean pension fund reform and its impact on saving. In: Grosse, R. (ed.). *Generating savings for Latin American development.* Coral Gables, Fla.: North-South Center Press, 1997.

Holzmann, Robert. *Pension reform, financial market development, and economic growth: preliminary evidence from Chile.* Washington, DC: IMF, 1996. (Working Paper WP/96/94.)

______. *A World Bank perspective on pension reform.* Washington, DC: World Bank, 1998. (Social Protection Discussion Paper Series, n. 9807.)

______. The World Bank and global pension reform – realities not myths. URL, 1999. Disponível em: <http://www.worldbank.org/pensions>.

Huber, Evelyne & Stephens, John D. The political economy of pension reform: Latin America in comparative perspective. In: Latin American Studies Association Meeting. Miami: Mars 16-18, 2000.

IDB (Inter-American Development Bank). *Economic and social progress in Latin America.* Baltimore: Johns Hopkins Univ. Press, 1996.

______. *Latin America after a decade of reforms – economic and social progress in Latin America.* Washington, DC: IDB, 1997.

______. URL, 2000. Disponível em: <http://www.iadb.org/int/sta>.

ILO (International Labour Organisation). *The cost of social security. Fourteenth international inquiry.* Geneve: ILO, 1995.

______. *World Labour Report 1997-98.* Geneve: ILO, 1997.

Issa (International Social Security Association). The Future of Social Security – The Stockholm Conference. Stockholm: June 29-July 1, 1998.

James, Estelle. Protecting the old and promoting growth: a defense of *Averting the old age crisis.* Washington, DC: World Bank, 1996. (Policy Research Working Paper 1570.)

______. Pension reform: is there a tradeoff between efficiency and equity? Washington, DC: World Bank, 1997. (Policy Research Working Paper 1767.)

Jones, Mark. *Electoral laws and the survival of presidential democracies.* Notre Dame, Ind.: University of Notre Dame Press, 1995.

Kay, Stephen. Politics and social security reform in the Southern Cone and Brazil. Ucla, 1998. (PhD Thesis.)

______. Unexpected privatizations: politics and social security reform in the Southern Cone. *Comparative Politics*, July 1999.

Lacey, Robert. La reforma de la jubilación en América Latina: los retos y el papel del Banco Mundial. *Comercio Exterior, 46*(9), sept. 1996.

Latin lessons on pensions. *The Economist*, 12-6-1999. p. 71.

Lijphart, Arend. *Electoral systems and party systems.* Oxford, Oxford University Press, 1994.

Madrid, Raúl. The politics of social security privatization. In: Latin American Studies Association Meeting. Guadalajara, Mexico: Apr. 17-19, 1997.

_____. The determinants of pension reform around the world. In: American Political Science Association Annual Meeting. Boston, Mass.: Sept. 3-6, 1998.

Mainwaring, Scott & Shugart, Matthew Soberg. Conclusion: presidentialism and the party system. In: Mainwaring & Shugart (eds.). *Presidentialism and democracy in Latin America.* Cambridge: Cambridge Univ. Press, 1997.

Malloy, James. Statecraft and social security policy in crisis: a comparison of Latin America and the United States. In: Mesa-Lago, C. (ed.). *The crisis of social security and health care.* Pittsburgh: University of Pittsburgh Press, 1985.

McGuire, James W. Labor strength and human development in ninety-three countries. In: American Political Science Association Annual Meeting. Boston, Mass.: Sept. 3-6, 1998.

Mesa-Lago, Carmelo. Las reformas de pensiones de seguridad social en America Latina: sistemas públicos, privados, mixtos y paralelos. *Estudios de la Seguridad Social, 80*, 1996a.

_____. Las reformas de las pensiones en América Latina y la posición de los organismos internacionales. *Revista de la Cepal, 60*, dec. 1996b.

_____. Análisis comparativo de reformas de pensiones estructurales en ocho países latinoamericanos: descripción, evaluación y lecciones. In: Pierce, Margaret H. (ed.). *Capitalización: la reforma económica y social de Bolivia.* La Paz: Ministerio de Capitalización de Bolivia, 1997a.

_____. Social welfare reform in the context of economic-political liberalization: Latin American cases. *World Development, 25*(4), 1997b.

_____ & Bertranou, Fabio. *Manual de economía de la seguridad social.* Montevideo: Centro Latinoamericano de la Economía Humana, 1998.

_____ & Arenas de Mesa, Alberto. The Chilean pension system: evaluation, lessons and challenges. In: Cruz-Saco & Mesa-Lago (eds.). *Do options exist? The reform of pension and health care in Latin America.* Pittsburgh: University of Pittsburgh Press, 1998.

Morandé, F. Savings in Chile: what went right? Washington, DC: IDB, 1996. (Working Paper Series 322.)

Müller, Katharina. *The political economy of pension reform in Central-Eastern Europe.* Cheltenham, UK: Edward Elgar, 1998.

Naím, Moisés. Latin America: the second stage of reform. In: Diamond, L. & Plattner, M. F. (eds.). *Economic reform and democracy.* Baltimore: Johns Hopkins University Press, 1995.

Nelson, Joan M. (ed.). *Economic crisis and policy choice.* Princeton, NJ: Princeton University Press, 1990.

______. Linkages between politics and economics. In: Diamond, L. & Plattner, M. F. (eds.). *Economic reform and democracy.* Baltimore: Johns Hopkins University Press, 1995.

Nohlen, Dieter. *Enciclopedia electoral de América Latina y el Caribe.* San José: Instituto Interamericano de Derechos Humanos, 1993.

Orszag, Peter R. & Stiglitz, Joseph E. Rethinking pension reform: ten myths about social security system. In: New Ideas about Old Age Security – World Bank Conference. Washington, DC: Sept. 14-15, 1999.

Palacios, Robert & Pallares-Miralles, Montserrat. *International patterns of pension provision.* Washington, DC, World Bank, 2000.

Pierson, Paul. *Dismantling the welfare state?* New York: Cambridge Univ. Press, 1994.

______. The new politics of the welfare state. *World Politics, 48,* Jan. 1996.

Piñera Echenique, Jose. *El cascabel al gato: la batalla por la reforma previsional.* Santiago: Zig-Zag, 1991.

Queisser, Monika. *The second generation pension reforms in Latin America.* Paris: OCDE, 1998. (Working Paper AWP 5.4.)

Remmer, Karen L. The politics of neoliberal economic reform in South America, 1980-94. *Studies in Comparative International Development, 33*(2):3-29, Summer 1998.

Rocha, Juan Carlos. Bolivia: political surgery gives nation a new face. *InterPress Service,* 23-5-1996.

Santamaría, Marco. Privatizing social security: the Chilean case. *Columbia Journal of World Business,* Fall 1992.

Schmidt-Hebbel, Klaus. Colombia's pension reform: fiscal and macroeconomic effects. Washington, DC: World Bank, 1995. (Discussion Papers 314.)

Schwarz, Anita M. & Demirguc-Kunt, Asli. Taking stock of pension reforms. Washington, DC, World Bank, 1999. (In-house report.)

Sheridan, Mary Beth. Mexico completes sweeping overhaul of social security. *Los Angeles Times,* 26-4-1996.

Singh, Ajit. Pension reform, the stock market, capital formation and economic growth: a critical commentary on the World Bank's proposals. *International Social Security Review, 49*(3), 1996.

Smith, William C.; Acuña, Carlos H. & Gamarra, Eduardo A. (eds.). *Latin American political economy in the age of neoliberal reform.* New Brunswick, NJ: Transaction, 1994.

Superintendencia de Pensiones de El Salvador. URL, 2000. Disponível em: <http://www.spensiones.gob.sv/estadisticas.htm>.

The Europa World Year Book. London: Unwin Brothers.

Wallerstein, Michael. Union organization in advanced industrial democracies. *American Political Science Review, 83*(2), June 1989.

Williamson, John (ed.). *The political economy of policy reform.* Washington, DC: Institute for International Economics, 1993.

World Bank. *Averting the old age crisis – policies to protect the old and pronote growth.* New York: Oxford Univ. Press, 1994.

______. *World Tables.* Washington, DC: World Bank, 1995.

______. *World Development Indicators.* Washington, DC: World Bank, 2000.

World Bank research in the marketplace of ideas. *World Bank Policy and Research Bulletin*, Jan./Mar. 1996.

Proteção social e integração econômica – a política da reforma previdenciária na era da mobilidade do capital*

*Sarah M. Brooks***

Introdução

Nas últimas duas décadas do século XX, governos no mundo inteiro começaram a dividir com indivíduos e forças do mercado a responsabilidade pela provisão de aposentadorias por meio da privatização dos sistemas de previdência. Este capítulo examina os fundamentos políticos e econômicos da guinada para os sistemas previdenciários privados por meio de uma análise quantitativa de 57 países. Ofereço um modelo causal para explicar a probabilidade e o grau de privatização da previdência com base nos incentivos e limitações criados pelas estruturas políticas e econômicas de cada país. Mostro que a probabilidade e o grau da reforma estrutural da previdência são moldados pelo custo do sistema previdenciário existente, pelas estruturas político-partidárias, pelos investimentos internos e níveis de endividamento, e pelas redes geopolíticas.

No final do século XX, a reforma dos sistemas públicos de previdência social chamou a atenção dos formuladores de políticas do mundo todo. Grande parte desse interesse foi precipitada pelo envelhecimento da po-

---

* Traduzido por Regina Thompson, Gracinda Ferreira e Alana Madureira; publicado originariamente em *Comparative Political Studies* (2002) sob o título Social protection and economic integration.

** Ohio University.

pulação mundial, uma vez que se espera que o número de pessoas com mais de 60 anos triplique entre 2000 e 2050.[1] O aumento da expectativa de vida, o declínio das taxas de natalidade, o volume crescente de aposentadorias das gerações pós-guerra, que ameaça causar aumentos acentuados nos gastos com a previdência em todo o mundo, os processos de desindustrialização nas economias altamente desenvolvidas e o ajuste estrutural nas nações em desenvolvimento estão pressionando a base de recursos com a qual os governos podem financiar os custos previdenciários. Confrontados com o fantasma de pressões fiscais de passivos previdenciários crescentes e sem contar com fundos de reserva, governos da Ásia central à América do Sul começaram a rever os termos nos quais a proteção social é oferecida aos idosos.

Mudanças demográficas e econômicas são causas importantes, embora previsíveis, para a revisão nos parâmetros dos esquemas previdenciários. Nas décadas de 1980 e 90, no entanto, as respostas governamentais a essas pressões foram, em muitos casos, muito além das reformas paramétricas (isto é, revisão de benefícios, taxas de contribuição e requisitos de habilitação) necessárias para acompanhar as tendências demográficas e econômicas sempre em mudança. Na verdade, ao se defrontarem com a necessidade de reforma da previdência, um número crescente de países escolheu reformas estruturais mais profundas, onde a responsabilidade pela provisão das aposentadorias é cada vez mais assumida por indivíduos e forças do mercado. As reformas estruturais da previdência normalmente implicam a redução – ou em alguns casos a suspensão – de benefícios previdenciários garantidos pelo Estado para a maioria dos trabalhadores e a criação de um plano de previdência totalmente financiado, com contribuição definida (CD). Enquanto nos sistemas previdenciários tradicionais de benefício definido (BD) os benefícios de aposentadoria são definidos como uma percentagem da renda do trabalho, nos planos financiados de CD somente a taxa de contribuição é definida previamente e o benefício previdenciário varia de acordo com as contribuições feitas pelo indivíduo durante sua vida e com os rendimentos desses investimentos. O vínculo direto entre contribuições e benefícios implica que os trabalhadores que recebem uma renda alta durante sua vida de trabalho recebem uma boa pensão na velhice, ao passo que os trabalhadores de baixa renda recebem uma pensão pequena, proporcio-

[1] Ver UNO (2000).

nal às contribuições feitas. Os planos de pensão totalmente financiados podem ser administrados pelo poder público, mas normalmente são administrados por empresas privadas.[2] Uma reforma previdenciária estrutural é, assim, denominada privatização na medida em que uma parcela da contribuição descontada em folha de pagamento e prevista em lei para a previdência social é desviada para uma conta individual de aposentadoria com contribuição definida, de acordo com as regras do novo plano.[3]

As aposentadorias por idade nos planos privados são totalmente financiadas por contribuições individuais sobre a folha de pagamento e normalmente administradas por empresas privadas. Esse modelo tem sido apresentado como um meio de salvaguardar as aposentadorias da pressão demográfica e da manipulação política e de aumentar as taxas de retorno dos recursos investidos.[4] Conforme a previdência é privatizada, os riscos de investimento e renda deslocam-se da sociedade como um todo, que é quem financia o sistema público, para o indivíduo, que passa a ser responsável por financiar sua própria aposentadoria.[5] Nesse sentido, a privatização da previdência representa uma mudança de objetivos: enquanto o sistema público privilegia a redistribuição de renda e riscos por meio do seguro coletivo, a privatização privilegia a eficiência e o crescimento macroeconômico por meio da poupança compulsória.

Esse deslocamento – da meta de redistribuição para a da eficiência na política pública – não é exclusivo da reforma da previdência. Na área da tributação, Steinmo e Swank (1999) observam uma tendência análoga nos países industrializados avançados, ao passo que na América Latina as reformas voltadas para o mercado e para a eficiência foram elevadas ao nível da

[2] Uma exceção é a capitalização escritural, na qual as contribuições dos trabalhadores são creditadas em uma conta individual, mas o governo administra os investimentos dos fundos e financia os benefícios de acordo com um sistema de repartição. Ao mesmo tempo, países como Argentina, México, Uruguai e Casaquistão escolheram um sistema que permite uma administradora de previdência financiada pelo Estado que em alguns casos fornece garantias adicionais para os trabalhadores que preferem um investimento de risco mais baixo.

[3] Essa definição exclui incentivos fiscais governamentais para indivíduos que contribuem voluntariamente para fundos de pensão privados, além das contribuições compulsórias em folha de pagamento. A definição inclui reformas nas quais os indivíduos têm a opção de participar de um plano privado de CD ou permanecer no sistema público de BD.

[4] Ver Diamond (1993); Feldstein (1998); James (1998); World Bank (1994).

[5] Ver Stiglitz & Orszag (1999).

ortodoxia de políticas no início da década de 1990.[6] Contudo, muitos governos em todo o mundo resistiram ao movimento de privatização da previdência social. No final da década de 1990, 18 países em todo o mundo haviam implementado reformas estruturais da previdência que sancionaram algum grau de mudança em seu sistema previdenciário, aderindo a contas individuais administradas pelo setor privado. No entanto, a dimensão da privatização variou sensivelmente de um caso para outro. Enquanto países como Chile, Bolívia e Casaquistão adotaram sistemas previdenciários totalmente privados, nos quais o assalariado médio se aposentará com uma pensão baseada 100% nas contribuições feitas a uma conta individual, a Suécia aprovou um novo plano de aposentadoria no qual contas compulsórias de contribuição definida financiarão menos de um quarto da renda da aposentadoria do assalariado médio. Embora os defensores da privatização da previdência argumentem que os planos de previdência privada são mais sustentáveis em termos fiscais e promovem o crescimento macroeconômico, os críticos da privatização contestam com veemência essas afirmações.[7]

Mesmo que ainda seja muito cedo para avaliar o impacto econômico da privatização da previdência, talvez possamos começar a explorar as causas e dimensões dessa nova divisão de responsabilidades para com a proteção social. Este capítulo oferece um modelo causal para explicar por que determinados países escolhem privatizar parte da provisão da aposentadoria por idade, enquanto outros optam por revisões paramétricas mais simples. Entre os países que adotaram a privatização, explico por que alguns governos privatizaram mais seus sistemas previdenciários do que outros. Esta análise diferencia-se de pesquisas empíricas anteriores sobre as mudanças no Estado de bem-estar social ao enfocar reformas estruturais da previdência, em vez de mudanças nos gastos, e ao fazer uso de uma medida contínua para aferir o grau de reforma estrutural adotado pelos países.

Usando dados de 57 países, argumento que as diferenças no grau de privatização adotado pelos países devem-se principalmente aos custos políticos e financeiros de privatizar um sistema de repartição maduro.[8]

---

[6] Ver Edwards (1995); Williamson (1991).

[7] Ver Beattie & McGillivray (1995); Corsetti & Schmidt-Hebbel (1997); Cruz-Saco & Mesa-Lago (1998); James (1998); Singh (1996); Stiglitz & Orszag (1999).

[8] No sistema de repartição, os riscos são coletivamente compartilhados e pode-se proceder a algum tipo de redistribuição de renda entre os aposentados dos vários estratos sociais. Em boa parte dos sistemas de repartição maduros, a relação entre o número de ativos e inativos é baixa e há uma tendência a que os trabalhadores da ativa paguem quase que diretamente a aposentadoria dos inativos. (N. da Org.)

Os governos são levados a privatizar seja devido ao ônus fiscal resultante da manutenção de um grande sistema público de previdência, seja devido ao estímulo para desenvolver a acumulação interna de capital por meio de poupanças compulsórias. Os resultados desta pesquisa oferecem uma nova visão de como atuam as pressões internacionais heterogêneas e quase sempre conflitantes que moldam a escolha da reforma previdenciária, ao mesmo tempo em que iluminam o papel das instituições financeiras internacionais e das redes regionais pelas quais idéias e modelos de políticas são transmitidos entre os países. A análise revela, além disso, o papel das instituições políticas nacionais na definição do espectro de alternativas que poderão ser adotadas pelos governos quando estes empreendem reformas estruturais profundas como a previdenciária.

A política da reforma do bem-estar social

Na década de 1990, as pesquisas sobre as políticas de bem-estar social deslocaram-se da análise do desenvolvimento e da expansão da proteção social do Estado em direção a uma ênfase na "crise" e na redução dos programas nacionais de bem-estar social. A maioria dos estudos reconhece que as reformas recentes de bem-estar social haviam sido impulsionadas por pressões demográficas e do mercado de trabalho de caráter endógeno, mas é o processo de globalização, entendido como a integração internacional dos mercados de bens, capitais e serviços, que figura de modo proeminente nessas pesquisas.[9] Embora a maioria dos estudos nessa linha concorde que a mobilidade do capital e a maior exposição ao comércio alterem os custos políticos e econômicos da intervenção estatal na proteção social, a comunidade acadêmica diverge nitidamente quanto ao fato de a internacionalização promover ou punir a intervenção governamental em questões referentes ao bem-estar social.

Num primeiro momento, os acadêmicos previram que o aumento das pressões por competitividade, junto com a maior "opção de fuga" do capital móvel, tornaria cada vez mais difícil para os governos fornecerem seguro social. Antes do advento da mobilidade do capital, os custos da expansão do bem-estar social no pós-guerra eram financiados por meio de impostos em grande parte baseados no capital e no trabalho. A

[9] Ver Esping-Andersen (1996); Garrett (1998a); Hicks (1999); Huber (1999); Huber & Stephens (1998); Keohane & Milner (1996); Pierson (1996); Scharpf (1991); Steinmo & Swank (1999); Swank (2002).

liberalização do mercado financeiro fez com que uma parcela considerável da base fiscal ficasse "livre", o que levou os acadêmicos a argumentarem que a capacidade de os governos financiarem grandes planos de seguro social seria sistematicamente reduzida.[10] Por não considerarem competitivos os onerosos programas de bem-estar social, supunham que os proprietários de investimentos móveis evitassem países com onerosos sistemas de bem-estar social e estruturas fiscais redistributivas e buscassem retornos mais altos dos investimentos e custos trabalhistas mais baixos. Os produtores nacionais, por sua vez, usariam sua voz política fortalecida para suplicar ao governo reduções no bem-estar social, com o intuito de aumentar a competitividade.[11] Esse movimento provocaria o que se chama de *race to the bottom* na provisão das políticas sociais, atrelada a um afrouxamento das leis trabalhistas para atrair investimentos.[12]

A hipótese de que a globalização criaria pressões para a redução do bem-estar oferecido pelo Estado foi contestada por duas correntes de pesquisa. A primeira enfatizou a compatibilidade, e mesmo os benefícios, da intervenção do Estado de bem-estar num contexto de internacionalização da economia,[13] ao passo que a segunda ressaltou o papel de mediação exercido pelas instituições nacionais entre, de um lado, as pressões econômicas internacionais e, de outro, os resultados políticos alcançados internamente.[14] Enquanto a pesquisa empírica demonstrou que as políticas sociais nacionais não chegaram a convergir mesmo num contexto de abertura econômica,[15] os acadêmicos que articularam a chamada "hipótese de compensação" foram ainda mais longe defendendo a idéia de que a intervenção estatal havia aumentado em resposta aos novos riscos que acompanham a abertura econômica.[16]

Embora as implicações das duas principais correntes da pesquisa sobre globalização nas políticas apontem em direções contrárias, ambas encontram respaldo na pesquisa empírica. Ainda que os orçamentos fiscais e do bem-estar nas democracias industriais avançadas tenham permaneci-

---

[10] Ver McKenzie & Lee (1991); Rodrik (1997).

[11] Ver Swank (2002).

[12] Ver Cerney (1996); Kurzer (1993); Strange (1996).

[13] Ver Cameron (1978); Garrett (1998a); Katzenstein (1985); Rodrik (1997).

[14] Ver Garrett & Lange (1995).

[15] Ver Garrett (1998b); Kitschelt, Lange, Marx, & Stephens (1999); Swank (1998).

[16] Ver Garrett (1998b:789); Rodrik (1997).

do estáveis[17] ou aumentado no contexto da integração,[18] estudos recentes encontraram evidências mais variadas, inclusive a associação da mobilidade do capital (Garrett, 1999) e da abertura de investimentos (Hicks, 1999) com a punição ou pressão para reduzir a intervenção estatal.[19] Além disso, embora as receitas fiscais como um todo tenham permanecido estáveis no contexto da integração econômica, os acadêmicos observam um deslocamento estrutural dos princípios de correção do mercado para os princípios de conformidade com o mercado.[20]

Os resultados geralmente variados de pesquisas anteriores oferecem poucas inferências inequívocas sobre o efeito da integração econômica na proteção social. Questionando ainda mais as hipóteses sobre globalização, estudos recentes sugerem que não é a globalização, mas a desindustrialização e os investimentos em capital humano nas economias nacionais que explicam as mudanças nas provisões do bem-estar social.[21] Os pesquisadores constataram, além disso, que os mercados financeiros internacionais são muito menos globais do que anteriormente se previu. Entre outros fatores, a preocupação constante dos formuladores de políticas na década de 1990 em aumentar a poupança nacional contradiz a noção de mercados financeiros "globais". Caso tais mercados fossem verdadeiramente globais, os governos poderiam valer-se do *pool* do capital internacional para financiar investimentos nacionais sem se preocupar em aumentar a acumulação nacional de capital.[22] A realidade da integração do mercado financeiro na década de 1990, no entanto, ficou bem aquém daquele arquétipo global. Atormentados pelos conflitos de informação, alta volatilidade, racionamento de crédito, comportamento massificado (*herd behavior*) e taxas de retorno divergentes entre os países, os mercados internacionais de capitais na década de 1990 mostraram estar longe do

---

[17] Ver Garrett (1998a); Hicks (1999); Swank (1998).

[18] Ver Garrett (1998b).

[19] Ver Garrett (1999) e Hicks (1999), respectivamente. O respaldo à hipótese de compensação fica enfraquecido ainda mais pela inclusão dos países em desenvolvimento nos estudos recentes, que mostram que a mão-de-obra com baixa qualificação é menos capaz de defender benefícios sociais no contexto de integração econômica; ver Garrett (1999); Rudra (2002).

[20] Ver Steinmo & Swank (1999).

[21] Ver Iversen & Cusak (1998) e Iversen & Soskice (2000), respectivamente.

[22] Ver Feldstein & Horioka (1980).

pool global de investimentos previsto pela maioria das teorias de liberalização dos mercados de capitais.[23]

A falta de mercados financeiros totalmente globalizados, no entanto, oferece poucas razões para menosprezar o impacto da integração econômica na reforma das políticas sociais nacionais. De fato, esta análise sugere que foi precisamente o fracasso da integração plena que fez a exposição a fluxos de capitais transnacionais inconstantes e dispendiosos pesar de modo decisivo nos cálculos das decisões de políticas nacionais nas últimas duas décadas. A dependência de capitais estrangeiros cada vez mais voláteis e dispendiosos revigorou a preocupação de que os países com escassez de capital pudessem cumprir a meta de aumentar a poupança interna, aumentando assim o valor de políticas tidas como adequadas àquele fim. Ao mesmo tempo, os conflitos de informação associados com investimentos transnacionais estimularam os governos a utilizar reformas institucionais como sinais de credibilidade das políticas para atrair os proprietários de capitais móveis.[24] Pressões internacionais, no entanto, nem sempre contribuem para promover reformas voltadas para o mercado. Acordos econômicos regionais e sistemas de classificação de crédito soberano também colocaram limites importantes na capacidade de muitos governos financiarem os custos da transição de reformas estruturais profundas, como a da previdência.

Assim, os formuladores de políticas enfrentaram pressões internacionais diversas e quase sempre conflitantes sobre a escolha das reformas de políticas. Como observa Hicks (1999:218), grande parte do vínculo entre globalização e Estados de bem-estar social girou em torno do efeito observado dos Estados de bem-estar sobre as economias. Enquanto pesquisas anteriores modelaram o efeito real ou direto de mudanças na exposição ao comércio e à mobilidade de capital sobre a oferta de bem-estar social, este estudo enfoca os efeitos indiretos e antecipados da reforma do bem-estar social sobre as economias nacionais. Esta análise não modela ou afere a globalização, mas toma como ponto de partida o avanço de idéias pró-mercado e de modelos de políticas disseminados por instituições financeiras internacionais e redes regionais. Conforme o cenário político e

---

[23] Ver Calvo & Mendoza (2000); Frankel (1992); Sobel (1999); Zevin (1992).

[24] Ver Maxfield (1997). Ver também a vasta literatura sobre a independência do banco central, que pressupõe esse sinal de compromisso com políticas por meio de projetos institucionais.

econômico e o legado financeiro e político das instituições de previdência social existentes em cada país, aventam-se aqui várias hipóteses acerca do benefício que os formuladores de políticas esperam obter com as reformas previdenciárias voltadas para o mercado.

Uma economia política da privatização da previdência

O ímpeto por trás da reforma da previdência social em todo o mundo resultou de uma combinação de mudanças demográficas e econômicas que ameaçaram a sustentabilidade dos sistemas públicos de previdência. Nas nações industrializadas avançadas, o rápido envelhecimento da população e a desaceleração do crescimento econômico ameaçaram a solvência dos onerosos planos previdenciários estatais e impeliram os governos a empreenderem a reforma previdenciária.[25] Estima-se que a parcela da população com mais de 60 anos nas economias desenvolvidas aumentará dos 20% atuais para 33% em 2050, quando haverá dois idosos para cada criança. Embora seja um problema menos urgente nos países em desenvolvimento, o declínio da fertilidade ameaça aumentar de modo acentuado a população mais velha, que deve saltar dos 8% atuais para 20% em 2050.[26] Na América Latina, a falência dos sistemas públicos de previdência social foi acelerada após as crises de endividamento na década de 1980, que corroeram as reservas previdenciárias, cortaram as fontes de financiamento e aumentaram as demandas por benefícios públicos.[27]

A privatização, no entanto, não foi uma resposta inevitável às pressões demográficas e econômicas sobre os sistemas públicos de previdência social. A primeira privatização da previdência foi empreendida em 1981, por decreto do governo militar de Augusto Pinochet, no Chile. A reforma previdenciária chilena substituiu o sistema público de previdência por um plano fundamentalmente privado, administrado por empresas privadas e concorrentes. Os indivíduos assumiram a responsabilidade de economizar para sua própria aposentadoria, por meio de planos administrados por empresas privadas, ao passo que o Estado incumbiu-se de fiscalizar o setor de administradoras

[25] Ver Herbertsson & Orszag (2000).

[26] Ver UNO (2000).

[27] Ver Mesa-Lago (1994, 1997).

de fundos de pensão e de fornecer uma garantia de pensão mínima para trabalhadores qualificados.[28]

Devido à associação com a ditadura militar chilena, a privatização da previdência atraiu pouca atenção internacional antes da transição do Chile para a democracia, em 1989. Naquele ano, enquanto a maioria dos países latino-americanos enfraquecia-se com a recessão que se seguiu à crise de endividamento da década de 1980, o Chile desfrutava um próspero mercado de ações, altas taxas de poupança interna e um crescimento econômico positivo.[29] Quando os economistas atribuíram a poupança do Chile e o crescimento dos investimentos aos efeitos da privatização da previdência, os formuladores de políticas em todo o mundo começaram a dar-lhe atenção.[30]

A micrológica da reforma da previdência no modelo abaixo ressalta os incentivos e restrições enfrentados pelos responsáveis pelas principais decisões no governo. Como a força por trás da privatização da previdência decorre em grande parte de preocupações macroeconômicas, o interesse na privatização provavelmente se fixará nos ministérios das Finanças do Poder Executivo. Com seu eleitorado nacional e um longo horizonte de tempo, os integrantes do Executivo ponderam os custos e benefícios a longo prazo da privatização no contexto das condições econômicas nacionais, sejam elas pressões financeiras provenientes de custos mais altos da previdência ou a tentação de aumentar a poupança interna. Compromissos políticos e financeiros embutidos nas estruturas de proteção social existentes, juntamente com a gama de interesses distintos representados no Poder Legislativo, limitam, no entanto, as possibilidades de se adotar uma profunda reforma estrutural da previdência.

Incentivos à privatização

A liberalização de controles de capital e a desregulamentação dos mercados de títulos no início dos anos 1990 provocaram uma mudança

[28] A garantia de uma pensão mínima aplica-se a trabalhadores que contribuíram para sua conta individual por 25 anos sem acumular fundos suficientes para financiar uma aposentadoria no valor aproximado de 27% do salário médio. Para esses trabalhadores, o Estado "completará" o saldo dos fundos na conta individual para financiar uma anuidade mínima para a aposentadoria.

[29] Ver Corsetti & Schmidt-Hebbel (1997).

[30] Ver Diamond (1993).

considerável na qualidade e quantidade dos fluxos de capital para os países em desenvolvimento. À medida que o lastro tradicional de empréstimos oficiais de longo prazo e investimentos diretos deu lugar a fontes mais voláteis e de curto prazo do capital privado,[31] os governos de países com escassez de capital tornaram-se cada vez mais vulneráveis à ameaça de fuga de capital.[32] O contágio das crises financeiras por todos os mercados emergentes significou que mesmo um bom desempenho em suas próprias economias não poderia proteger os países em desenvolvimento da contaminação de uma crise num país vizinho ou mesmo distante.[33]

Como a dependência do capital estrangeiro tornou-se cada vez mais dispendiosa na década de 1990, os governos de países com escassez de capital encontraram fortes incentivos para aumentar a poupança interna, pois com isso poderiam diminuir sua exposição a fluxos de capitais tão voláteis.[34] Aumentar a reserva do capital interno de uma nação é, no entanto, um objetivo de longo prazo. A curto prazo, a necessidade constante de atrair e reter capital estrangeiro aumentou o valor de políticas que pudessem enviar sinais positivos a investidores sobre a credibilidade das economias domésticas e sua recepetividade ao "mercado".[35]

No início da década de 1990, a privatização da previdência chamou a atenção internacional tanto como um meio de desenvolver a acumulação interna de capital quanto como um sinal decisivo do compromisso de um governo com reformas voltadas para o mercado. Estimulados pela experiência chilena, os formuladores de políticas latino-americanos começaram a considerar a reforma da previdência como uma política capaz de impulsionar a poupança e o crescimento internos. Enquanto isso, os investidores de Wall Street e o Banco Mundial definiram a privatização da previdência como um sinal decisivo do compromisso de um governo com as reformas pró-mercado.[36]

Embora os pesquisadores não tenham estabelecido uma relação clara entre a privatização da previdência e a poupança, a influência dessas idéias

---

[31] Ver Armijo (1999).

[32] Ver IMF (1998).

[33] Ver Calvo & Mendoza (2000); Eatwell (1996).

[34] Ver Solís Soberón & Villagomez (1998).

[35] Ver Eatwell (1996); Maxfield (1997).

[36] Ver Feldstein (1998); Pension reform...; Save, amigo, save; World Bank (1994).

em meados dos anos 1990 foi grande.[37] No México, por exemplo, o presidente Ernesto Zedillo destacou a privatização da previdência, em seu Plano Nacional de Desenvolvimento, como uma política decisiva para aumentar a poupança interna e exaltou esse objetivo nos parágrafos iniciais da lei da reforma previdenciária de 1995. Como a dependência da poupança externa tornou-se cada vez mais dispendiosa na década de 1990, a possibilidade de levar adiante uma reforma que prometia a longo prazo o crescimento da poupança interna, enquanto a curto prazo permitia enviar sinais positivos para o mercado internacional, tornou-se extremamente atraente para os países com escassez de capital. Com isso, podemos esperar que o discurso que vincula a previdência privada à poupança encontre maior eco junto aos formuladores de políticas dos países com escassez de capital, que irão associar as maiores expectativas de benefício à privatização da previdência como meio para alcançar os objetivos macroeconômicos.

Hipótese 1. A probabilidade da privatização da previdência é maior em países com níveis mais baixos de acumulação de capital do que em nações ricas.

Em nações ricas, o interesse na privatização da previdência teve menos a ver com a questão da poupança do que com o desemprego e as pressões fiscais provenientes de sistemas previdenciários onerosos. Como as transformações econômicas na Europa tornaram os objetivos do pós-guerra de pleno emprego e equalização da renda cada vez mais difíceis de serem alcançados simultaneamente,[38] as restrições fiscais impostas pela convergência de critérios da União Monetária Européia estimularam os governos a fazer cortes difíceis nos gastos públicos.[39] Aclamados como um instrumento de política para diminuir os passivos fiscais públicos ao mesmo tempo em que promoviam a flexibilidade e o emprego, os governos europeus encontraram fortes estímulos econômicos para incorporar a reforma da previdência ao processo mais amplo da desregulamentação e liberalização que ocorreu na década de 1990.[40] À medida que se tornou cada vez mais difícil financiar o custo de grandes planos de previdência

[37] Para o debate macroeconômico sobre a relação entre a privatização da previdência e a poupança, ver James (1998); Stiglitz & Orszag (1999).

[38] Ver Esping-Andersen (1996).

[39] Ver Rodrik (1997).

[40] Ver Esping-Andersen (1996); OECD (1994).

pública, os governos com populações mais velhas e planos generosos de previdência não-capitalizados voltaram-se para a privatização como um meio de evitar uma crise fiscal.

Hipótese 2. À medida que aumenta o custo das obrigações da previdência pública, aumenta também a probabilidade de privatização da previdência.

Embora a adoção da reforma da previdência baseada no mercado seja um processo complexo e quase sempre controverso, a existência de grandes mercados de pensões ocupacionais num país pode reduzir muitas das barreiras técnicas, legais e políticas à privatização. As pensões ocupacionais são acordos contratuais para propiciar renda complementar na aposentadoria e se negociam em qualquer nível – do nacional ao da indústria ou empresa.[41] A confiança generalizada em planos de pensões ocupacionais diminui a resistência política à privatização ao promover a expectativa de que as poupanças individuais têm um lugar legítimo no plano nacional de proteção social.[42] Na Holanda e na Suíça, a mudança para planos de previdência com contribuição definida (CD) foi facilitada pela existência de grandes sistemas de previdência financiados pelo empregador, tornados compulsórios para toda a força de trabalho como parte das reformas estruturais da previdência nesses países.

Hipótese 3. Onde os sistemas de pensões ocupacionais cobrem uma grande parcela do mercado de trabalho, a probabilidade de privatização é maior.

A promoção de reformas pró-mercado em países em desenvolvimento tem sido amplamente associada à influência das instituições financeiras internacionais (IFIs).[43] Na década de 1990, o Banco Mundial tornou-se o principal centro de pesquisa, desenvolvimento e difusão da tecnologia da privatização da previdência. Após a publicação do influente relatório *Averting the old age crisis* (1994), o Banco Mundial atraiu ampla atenção internacional para o tema da reforma da previdência. Embora o Banco Mundial tenha promovido ativamente a privatização da previdência e ajudado a criar um ambiente no qual os governos foram compensados em termos financeiros por promulgarem reformas voltadas para o mercado, a escolha definitiva do projeto de uma reforma da previdência ficou nas

[41] Ver Ebbinghaus (1998).

[42] Ver James & Brooks (2001).

[43] Ver Kahler (1992); Stallings (1992).

mãos de formuladores de políticas nacionais. De fato, Kahler (1992) argumenta que os governos empenhados em amplos projetos de desenvolvimento com as IFIs são motivados mais pelo interesse das principais autoridades do governo do que pela imposição dos interesses de Washington. Tendo acesso direto à tecnologia da privatização da previdência, os formuladores de políticas que recebem empréstimos maiores do Banco Mundial acabam tendo maiores oportunidades para identificar onde os custos da privatização são menores, o que contribui para aumentar as chances de que a privatização ocorra.

Hipótese 4. Quanto maior o envolvimento do Banco Mundial num país, maior a probabilidade da privatização da previdência.

Além do trabalho das IFIs, as idéias de políticas são disseminadas por meio de associações regionais e redes de formuladores de políticas. Os líderes do governo podem considerar um projeto de políticas mais relevante e viável quando ele é adotado num país cuja situação econômica, cultural, lingüística e geopolítica é similar à sua. Além disso, na medida em que os países vizinhos competem por investimentos, o interesse na privatização da previdência também pode ser conduzido por motivos competitivos. Diante da privatização claramente bem-sucedida da previdência no Chile, os formuladores de políticas de outros países latino-americanos provavelmente vêem maiores chances de sucesso na adoção da reforma estrutural da previdência em seus próprios países. A mesma lógica provavelmente se dá na Europa, onde a Inglaterra (em 1988) e a Suíça (em 1985) implementaram as primeiras reformas estruturais que serviram de modelo para as reformas subseqüentes nesse continente.

Hipótese 5. A probabilidade da privatização da previdência é maior em regiões nas quais a privatização foi adotada por uma nação de destaque.

Obstáculos à privatização da previdência

Embora seja impulsionada por uma combinação poderosa de interesses e incentivos econômicos, a privatização da previdência também enfrenta forte oposição dos beneficiários de sistemas públicos tradicionais de previdência. Uma vez que impõe custos diretos aos beneficiários do sistema atual, enquanto oferece apenas benefícios distantes a um grupo maior de cidadãos, a privatização da previdência raramente é desejada pelo eleitor comum, chegando mesmo a ser rotulada de sistema "politicamente inviável".[44] Em alguns países, os beneficiários do Estado de bem-estar social representam uma parcela significativa do eleitorado e, dessa forma, geram uma coalizão ampla de apoio aos diferentes padrões "arraigados" de provisão do bem-estar social.[45]

Embora tenha sido sugerido anteriormente que as pressões fiscais exercidas pelos onerosos sistemas públicos de previdência criam fortes estímulos aos governos para a privatização, um amplo sistema de previdência não implica necessariamente uma reforma estrutural de caráter privado. De fato, uma vez tomada a decisão de privatizar, os custos políticos e sociais da privatização de grandes planos de previdência criam enormes obstáculos a uma reforma estrutural mais ampla. Na medida em que definem os limites das responsabilidades e dos direitos sociais, os sistemas de previdência existentes dão aos diferentes grupos algo para reivindicar. Os compromissos ideológicos e políticos inerentes aos grandes sistemas de previdência pública definem os limites nos quais um novo plano de previdência pode ganhar legitimidade, limitando assim o grau de privatização que pode ser publicamente aceito em cada país.

Além dos custos políticos, a privatização de grandes e onerosos sistemas de previdência tem um preço financeiro consideravelmente alto. Isso porque, na medida em que os trabalhadores começam a desviar as contribuições deduzidas em folha de pagamento para contas individuais, o governo renuncia a essa fonte importante de renda para financiar as pensões dos atuais aposentados. A magnitude dessa "lacuna financeira" depende do valor dos benefícios devidos aos trabalhadores ativos e pensionistas, bem como do grau de privatização dos benefícios de pensão. Quanto maior e mais oneroso for o antigo sistema de previdência, maior será o custo da transição para um plano de previdência privada.

Hipótese 6. Nos países em fase de privatização de seus sistemas, à medida que aumenta a magnitude dos compromissos do antigo sistema de previdência pública, o grau de privatização tende a diminuir.

Os governos têm várias opções para o financiamento desse custo de transição, tais como aumento de impostos, corte nos gastos governamentais em outras áreas ou emissão de títulos da dívida pública. Como as duas primeiras opções são, de modo geral, politicamente difíceis de serem postas em prática, a emissão de títulos da dívida governamental tornou-se

[44] Ver Pierson & Weaver (1993); Kitschelt et alii (1999); Figueiredo & Limongi (1998).

[45] Ver Esping-Andersen (1996); Pierson (1994).

o principal meio de os governos financiarem reformas estruturais na previdência. A opção de financiamento da dívida, entretanto, tem enfrentado limitações internacionais. Na Europa, por exemplo, os países em processo de adesão (ou que planejam a adesão) à União Monetária Européia enfrentam limites às taxas de dívida pública estabelecidas pelo Tratado de Maastricht (60% do PIB). Para os países em desenvolvimento, a proporção da dívida governamental em relação ao PIB é um indicador econômico importante.[46] Um aumento acentuado na dívida pública importaria um risco de inadimplência para os países que pretendem tomar empréstimos nos mercados de capitais internacionais, podendo causar assim uma reação negativa no mercado, inclusive o rebaixamento na classificação quanto ao risco de crédito do país, a fuga de capitais e o aumento nos custos do crédito externo. Em vista de tais limitações, os formuladores de políticas em países altamente endividados tendem a evitar por completo a privatização ou a escolher uma reforma da previdência de caráter menos privado como forma de diminuir o custo de transição.

Hipótese 7. Quanto mais alto o nível de endividamento do governo, menores a probabilidade e o grau de privatização da previdência.

O obstáculo procedimental mais importante enfrentado pelos governos democráticos favoráveis a reformas refere-se à aprovação de mudanças na política vigente pela assembléia legislativa. Nesse cenário, a tarefa do Executivo é obter a cooperação da maioria dos legisladores nas duas (se houver) câmaras do Congresso Nacional. A comunidade acadêmica tem chamado a atenção para a diferença de capacidade dos governos de sistemas presidencialista ou parlamentarista para aprovar reformas em políticas públicas consideradas difíceis.

Crepaz (1998) e Pierson e Weaver (1993), por exemplo, sugerem que o sistema parlamentarista oferece maiores oportunidades para mudanças nas políticas públicas do que o sistema presidencialista. Porém, Brooks (1999) mostra que, no tocante à reforma da previdência, é no sistema presidencialista que as privatizações ocorreram em maior número e em graus mais elevados. Segundo esse estudo, os países de sistema presidencialista também registram menores rendas e sistemas de previdência social de menor porte, duas variáveis que provavelmente influenciam a escolha do modelo de reforma da previdência. Mas essa relação entre presidencialismo e reforma da previdência se

[46] Ver Cantor & Packer (1996).

enfraquece quando verificamos que é nos sistemas presidencialistas que ocorre a maior variedade de graus de privatização, com um desvio-padrão quase duas vezes maior do que no sistema parlamentarista. Evidentemente a análise das instituições do Poder Executivo esclarece pouco sobre o fenômeno de privatização da previdência. Esta análise, ao contrário, examina as instituições que perpassam os sistemas presidencialista e parlamentarista, como por exemplo a estrutura do sistema político-partidário. O sistema partidário é um fator determinante do comportamento legislativo e, conseqüentemente, das políticas públicas.[47]

Os partidos políticos estruturam as decisões coletivas num sistema de governo e delimitam o nível de influência que qualquer grupo de agentes possa exercer sobre as políticas públicas. Segundo Mainwaring e Shugart (1997:394), à medida que aumenta o número de partidos políticos competindo na legislatura, diminui a probabilidade de que o partido do presidente mantenha a maioria. Ao mesmo tempo, como observa Tsebelis (1999), à medida que aumenta o número de partidos políticos no governo, diminui a possibilidade de mudanças no estado atual das políticas públicas. O *status* minoritário na legislatura implica que o Executivo deve negociar e freqüentemente comprometer-se com determinadas iniciativas de política, a fim de obter a cooperação dos diferentes partidos da legislatura. Estudos constataram que, nos sistemas políticos altamente fragmentados, as reformas econômicas tendem a ser enfraquecidas por problemas de credibilidade, parceiros com vetos incertos e mobilização de adversários dessas reformas.[48] Membros do Poder Executivo que enfrentam sistemas político-partidários altamente fragmentados tendem, portanto, a evitar reformas estruturais como um todo ou a reduzir significativamente suas agendas de reformas, com o objetivo de obter apoio para reformas controversas como a da previdência.

Hipótese 8. Quanto maior a fragmentação do Poder Legislativo, menores a probabilidade e o grau de privatização.

---

[47] Ver Shugart & Haggard (1997). Outras variáveis políticas que provavelmente têm importância na escolha das reformas na previdência social são a disposição partidária do governo (Garrett, 1998a; Kitschelt et alii, 1999) e a natureza das regras eleitorais (Brooks, 1999; Kay, 1998).

[48] Ver Haggard & Kaufman (1992:170); Kingstone (2000).

A variável dependente: medindo a reforma da previdência social

O objetivo de medir a reforma da previdência social é repleto de dilemas metodológicos. Embora a comunidade acadêmica analise com freqüência mudanças de bem-estar social através de medidas envolvendo gastos sociais do governo,[49] tal método é inadequado para este estudo. Os dados sobre gastos governamentais estão mais disponíveis e possibilitam uma comparação em nível nacional, mas tendem a obscurecer as mudanças programáticas de longo prazo que ocorrem na substituição do sistema público pelo privado no tocante às provisões previdenciárias.[50]

Ao mesmo tempo, estudos que examinam a reforma estrutural da previdência tendem a calcular os resultados da reforma em termos muito amplos ou dicotômicos, como a escolha entre reforma radical e a continuidade das políticas.[51] A consideração dessas duas únicas possibilidades extremas tende a suprimir o conjunto de equilíbrios institucionais existente entre os extremos da privatização completa e da situação atual. Estudos recentes sobre a reforma da previdência na América Latina reconhecem categorias intermediárias de reforma, como os planos "mistos" de previdência,[52] mas mesmo esse nível de abstração é limitante. Embora o México e o Uruguai tenham criado sistemas mistos de previdência, o trabalhador comum do México que se aposenta nesse novo sistema recebe um benefício proveniente, em grande parte, do sistema privado (mais de 90%), ao passo que no Uruguai o trabalhador comum pode receber apenas 40% de sua aposentadoria proveniente do sistema privado. Permanecendo num nível mais alto de abstração, estudos anteriores não levaram em consideração informações importantes presentes nos detalhes dos novos sistemas, informações que podem ampliar a visão dos processos causais, tanto políticos quanto econômicos, subjacentes à escolha do modelo institucional em cada país.

---

[49] Ver Crepaz (1998); Garret (1998a, 1998b); Iversen & Cusack (1998); Swank (1998); Huber & Stephens (1998).

[50] Ver Esping-Andersen (1990).

[51] Ver Pierson (1996).

[52] Ver Huber (1999); Kay (1998); Madrid (1998); Mesa-Lago (1997).

Este estudo enfrenta essas limitações metodológicas de duas maneiras. A primeira considera a operacionalização da reforma da previdência como estrutural, e não apenas uma mudança no modo como se gasta o dinheiro. A segunda maneira considera a operacionalização da reforma previdenciária estrutural como uma variável contínua, medida como a parcela do benefício de aposentadoria de um trabalhador comum proveniente de sua conta de aposentadoria com contribuição definida. A medição do grau de privatização foi feita por meio de uma avaliação das regras básicas que governam a divisão de responsabilidade entre os instrumentos públicos e privados, com referência à provisão para o pagamento de aposentadorias por idade, nos 18 países que implementaram uma reforma estrutural na previdência em 2000. Empregando suposições razoáveis sobre o crescimento dos salários e o retorno dos investimentos, essa medição simula a parcela relativa de uma aposentadoria por idade paga a um trabalhador comum, proveniente dos "pilares" público e privado do novo sistema, ao atingir um nível estável.[53] Para todos os países, o primeiro pilar é entendido como um benefício garantido pelo Estado, que pode ser a garantia de uma pensão mínima (expressa numa percentagem do salário médio em vigor no país, como no caso do Chile), um benefício básico (uma percentagem fixa para todos os membros do sistema, como acontece na Argentina) ou um benefício com base nos salários (como na Hungria). O benefício associado ao segundo pilar é calculado usando-se a taxa de contribuição compulsória associada à poupança privada de um trabalhador comum em cada um dos sistemas.[54] Essa medição do grau de privatização varia de 100%, em países como o Chile, a 23%, na Suécia.

[53] Essa projeção emprega as seguintes suposições: 35 anos de contribuições debitadas em folha de pagamento, 4,5% de taxa anual de retorno de investimentos, 2% de crescimento anual nos salários e 20 anos de aposentadoria. As taxas de contribuição para o primeiro e o segundo pilares são especificadas de acordo com a legislação de reformas vigente em cada país e são livres de um custo administrativo padrão, que é considerado uma norma-padrão, seja para fundos de pensão operantes no mercado institucional ou comercial. Ver Brooks & James (2001) para mais informações sobre essa discussão e custos administrativos.

[54] Ou seja, um trabalhador que recebe um salário médio da indústria em cada país (ILO, 1990, 1995, 1997). Na Argentina, na Colômbia, no Peru e no Uruguai (abaixo de um determinado nível de renda), os trabalhadores podem optar pela participação em planos de pensão públicos ou privados. Nesse cálculo, apenas os benefícios na opção privada são simulados.

Como acontece nos cálculos econométricos, os resultados do modelo baseiam-se na natureza de suas suposições. Embora uma alteração em qualquer suposição mude o grau de privatização estimado para cada país, ela alterará igualmente o grau de privatização para todos os países e, portanto, não mudará a relação estimada entre essa medida e as variáveis independentes. A tabela 1 mostra o resultado da simulação para 18 países em fase de privatização.

Variáveis independentes

Este estudo emprega várias medidas para fatores nacionais e internacionais, discutidos nas hipóteses apresentadas anteriormente, para descrever a escolha das reformas da previdência social nos diferentes países. O legado dos compromissos do Estado referentes à provisão dos benefícios previdenciários e o custo de privatização de um sistema de repartição são medidos pela dívida da previdência implícita (DPI). A DPI é o valor líquido presente dos passivos previdenciários devidos aos pensionistas e trabalhadores, de acordo com o sistema previdenciário existente em cada país.[55] No grupo de 57 países, essa medição varia de 30% do PIB na Venezuela até 259% do PIB na Itália. Como a DPI baseia-se na estrutura etária do país, essa medição geralmente serve como um controle demográfico para a extensão da população adulta.

A intensidade dos incentivos macroeconômicos para a privatização da previdência é operacionalizada tomando-se o nível das reservas brutas internacionais como percentual do PIB (reservas)[56] e também o PIB do país.[57] Os limites de financiamento à privatização da previdência por meio da dívida pública são medidos pelo nível da dívida governamental central como pecentual do PIB (dívida). Como o alcance desse limitador geralmente depende do custo projetado da privatização, as dívidas implícita e explícita interagem (dívida*PIB) para apreender o custo de financiamento e as opções disponíveis em cada país.

[55] Ver Kane & Palacios (1996); Van den Noord & Herd (1993, 1994).

[56] Maxfield (1997) mostra que, no caso de países que dependem do capital externo para financiamento de suas balanças de pagamentos, a sinalização dada pela escolha de determinadas políticas públicas é mais valorizada.

[57] Esses e outros dados macroeconômicos foram obtidos em World Bank (2000).

Tabela 1
Reformas estruturais da previdência, 1981-99

País	Grau de privatização %	Ano da implementação da reforma
Argentina	51	1994
Austrália	57	1992
Bolívia	92	1997
Chile	100	1981
Colômbia	100	1994
Croácia	33	2000
Dinamarca	56	1992
El Salvador	100	1998
Hungria	39	1997
Casaquistão	100	1998
México	91	1997
Holanda	50	1993
Peru	100	1993
Polônia	49	1998
Suécia	21	2000
Suíça	50	1985
Reino Unido	49	1988
Uruguai	40	1996

Fontes: Brooks (2001); Brooks & James (2001).

A variável dos planos de pensão ocupacional (ocup.) é uma variável binária que distingue os países com planos de pensão ocupacional amplamente financiados daqueles que têm pouca experiência em lidar com fundos de pensão privados. Nessa variável, os países com código 1 são Austrália, Canadá, Dinamarca, Alemanha, Japão, Holanda, Suécia, Suíça, Reino Unido e Estados Unidos; todos os outros países recebem código 0 (zero).

A fragmentação político-partidária (partidos) é medida pelo número efetivo de partidos.[58] Essa é uma variável contínua que varia de zero, onde as reformas são aprovadas por decreto, como no Chile e no Peru, até 10,14 na Ucrânia. A dispersão de poder na legislatura é também medida pelo índice Herfindahl de concentração partidária no interior da legislatura (conc. pol.). Essa medida é a soma do quadrado das cadeiras ocupadas pelos partidos no governo. Uma pontuação alta nesse índice implica maior concentração de poder entre poucos partidos.[59]

[58] Ver Taagepera & Shugart (1989).

[59] Ver Beck et alii (1999).

A difusão da privatização da previdência no mundo todo é medida a partir do comportamento apresentado por variáveis binárias em regiões previamente determinadas e por uma medida que reflete os empréstimos e créditos do Banco Mundial para cada país. As variáveis binárias são analisadas para a América Latina e o Caribe (ALC), para Estados-membros da OCDE (exceto o México, incluído no grupo ALC), para o Leste europeu e a Ásia central (Leac) e para a Ásia.

Avaliação de modelo

Para alcançar o objetivo de explicar padrões sistemáticos de variação no grau de privatização da previdência ao redor do mundo, é necessário entender os diferentes dilemas metodológicos. O primeiro dilema reside no fato de que muitos países optaram por revisões paramétricas dos sistemas públicos existentes ou simplesmente adiaram os planos de implementação de uma reforma estrutural da previdência. A exclusão de tais casos "censurados" limitaria nossas observações da variável dependente (o grau de privatização) a valores acima de zero.

A pesquisa econométrica sugere que a regressão feita no grupo não censurado de países em processo de privatização pode ser prejudicada pela impossibilidade de levar em conta a variação real dos valores contidos na decisão de privatizar, incluindo-se aí o valor zero (isto é, a decisão de não privatizar). Visto que os países em processo de privatização diferem sistematicamente daqueles que não aderiram a tal política, a distribuição de nossa variável dependente, o grau de privatização, não é considerada normal. Essa distribuição heterogênea da variável dependente viola a suposição dos mínimos quadrados presente na hipótese dos erros normais, o que prejudica a eficiência e precisão das estimativas por pontos de uma regressão que tem como universo uma pequena amostra de países em processo de privatização.[60]

Várias técnicas foram desenvolvidas pela comunidade acadêmica com a finalidade de evitar problemas de dados censurados e a possibilidade de viés na seleção, cabendo destacar o modelo de seleção de Heckman e o modelo de Tobit. Os dois modelos apóiam-se em pressupostos bastante diferentes no que se refere ao processo comportamental subjacente, que produz o resultado observado e o processo de censura. O modelo de Tobit pressupõe que o resultado (no caso, o grau de privatização) pode ser totalmente descrito por uma única forma reduzida de um modelo do tipo [$Y1i = \beta iXi + u1i$], e o

[60] Ver Achen (1986); Brehm (1993); Heckman (1979).

processo de censura atua simplesmente como fator de limitação às informações acessíveis ao responsável pela elaboração do modelo.[61] Ao contrário, o modelo de Heckman parte do pressuposto de que o processo pelo qual são produzidas as observações de Y ($y1i$) não pode ser reduzido a uma única função linear, mas depende de uma segunda variável dependente ($Y2$). No modelo de Heckman, a variável dependente ($y1i^*$) é portanto observada se, e somente se, um segundo modelo linear ultrapassa zero: $Y2i = \delta' Zi + u2i > 0$.

Qual modelo descreve melhor o processo de reforma da previdência? A possibilidade de que variáveis tais como a dívida pública e a fragmentação dos partidos políticos venham a diminuir a probabilidade e o grau de privatização sugere que o modelo linear (Tobit) é o que melhor descreve o processo de privatização. Entretanto, espera-se que outras variáveis, tais como a difusão regional, a influência do Banco Mundial e a existência de uma indústria de pensões ocupacionais, influenciem a decisão de privatizar, mas não o *mix* de responsabilidades públicas e privadas. Além do mais, assume-se por hipótese que a extensão do antigo sistema previdenciário exerce pressões contrárias nas duas etapas do processo de privatização (relacionadas positivamente com a probabilidade de privatização, mas negativamente com o grau de reforma estrutural). Uma vez que o modelo de Tobit não nos permite testar hipóteses causais não-lineares, usamos o modelo de Heckman para investigar esses mecanismos causais mais complexos, explicando a probabilidade e o grau de privatização da previdência no mundo.

A análise utiliza um grupo de 57 países representando as nações onde um sistema de previdência social pública cobre mais de 10% da população economicamente ativa. É nesses países que a reforma da previdência social, mesmo potencialmente, tornou-se uma questão política nos últimos 20 anos. O grupo inclui todos os países-membros da OCDE, todos os da América Latina, muitos do Leste europeu e da antiga União Soviética, e um pequeno número de nações africanas e asiáticas. Dos 57 países, 18 adotaram algum grau de reforma estrutural do sistema previdenciário. Uma análise de *cross-section* utiliza dados de todos os países em processo de privatização a partir da data da reforma, ao passo que para os países sem planos de privatização os dados pesquisados representam uma média no período de 1993 a 1999, anos nos quais a privatização da previdência surgiu como uma questão de importância internacional. A tabela 2 resume as hipóteses sobre as relações existentes entre as variáveis independentes e os dois resultados analisados neste capítulo: a probabilidade e o grau de privatização.

[61] Ver McDonald & Moffitt (1980).

Tabela 2

Sumário das hipóteses sobre a relação entre variáveis

	Dependência da opção		Pontos de veto	Constrangimentos financeiros	Incentivos econômicos	Difusão	
	Passivo previden-ciário implícito	**Indústria de pensões ocup.**	**Concentração de poder legislativo***	**Dívida gov./PIB**	**Acumulação de capital**	**América Latina**	**Banco Mundial**
Probabilidade de privatização	+	+	+	–	–	+	+
Grau de reforma da previdência privada	–	n.d.	+	–	n.d.	n.d.	n.d.

Nota: Mais (+) e menos (–) indicam a direção esperada da relação entre variáveis independentes e dependentes.
* Medida no índice Herfindahl. De acordo com as hipóteses apresentadas, a relação entre fragmentação partidária e privatização é negativa em ambas as fases.

Descobertas empíricas

As tabelas 3 e 4 apresentam os resultados do modelo de seleção de Heckman, avaliando a probabilidade e o grau de privatização de um grupo de 57 (e de um subgrupo de 18) países. A primeira coluna abaixo de cada especificação informa as avaliações referentes à probabilidade de privatização no grupo maior de 57 países, enquanto a segunda coluna diz respeito ao grau de privatização resultante no subgrupo de 18 países.

O modelo de seleção de Heckman verifica a possível existência de um viés na regressão devido a características não perceptíveis ligadas à decisão inicial de privatização. Estabelecendo uma analogia entre o mecanismo de seleção ignorado e o problema de viés da variável omitida, o modelo de Heckman inclui como regressor na estimação do resultado (% de privatização) o valor esperado do termo erro da equação censurada (a escolha de uma reforma estrutural ou paramétrica). O termo de seleção serve como *proxy* para os erros correlacionados nas equações de seleção e de resultados e corrige o efeito do viés introduzido na estimativa da equação de resultados.[62] A magnitude, sinal e significado do coeficiente no termo de viés ρ (Rô) indica a presença de viés. Na maioria das especificações, Rô está em seu limite superior 1 e é significativo no nível 0,01, revelando uma correlação entre a decisão de realizar uma reforma estrutural e o grau de privatização escolhido. As estimativas dos coeficientes no modelo de Heckman levam em consideração esse efeito de seleção, diminuindo o desvio-padrão e tornando as estimativas por pontos mais eficientes. Esse teste mostra como é importante analisar os procedimentos de seleção ao se estimarem diferenças entre os países que promoveram reformas estruturais.

A equação de seleção: quem privatiza?

O coeficiente positivo e significativo da variável DPI em todas as especificações sugere que os governos com passivo mais elevado da previdência pública são os mais favoráveis à privatização. Enquanto os governos com uma grande população de pessoas mais velhas enfrentam limitações cada vez maiores em suas tentativas de financiamento de planos previdenciários generosos, a privatização oferece os meios de elaboração de uma política por meio da qual é possível evitar uma crise fiscal de longo prazo. No mais, não havendo diferenças, quando a DPI passa da média (133%) num desvio-padrão, chegando a 200% do PIB, a probabilidade de privatização aumenta em 25 pontos percentuais.

---

[62] Ver Brehm (1993).

Tabela 3

Estimativa de probabilidade e grau de privatização

	1		2		3		4	
	Probabilidade de privatização	**% privado**	**Probabilidade de privatização**	**% privado**	**Probabilidade de privatização**	**% privado**	**Probabilidade de privatização**	**% privado**
DPI	0,044** (0,02)	0,002*** (0,0005)	0,039*** (0,010)	0,002*** (0,0005)	0,0625** (0,01)	0,002*** (0,0005)	0,027*** (0,020)	0,002*** (0,0005)
Conc. Pol.	8,73 (7,12)	-0,074 (0,248)	11,71*** (2,71)	-0,011 (0,231)	7,78 (7,47)	-0,013 (0,229)	4,61 (3,91)	-0,047 (0,224)
Democracia	0,525 (0,410)	0,079** (0,033)	0,400 (0,265)	0,068** (0,030)	0,603 (0,427)	0,068** (0,030)	0,707 (0,508)	0,065** (0,029)
Dívida	-0,054* (0,029)		-0,104*** (0,029)		-0,05* (0,03)		-0,09** (0,04)	
DPI * Dívida	–		0,0003*** (0,0001)		–		0,0003 (0,0002)	
DPI * DPI	–		–		-0,0001 (0,0001)		–	
PIB (US$ bilhão)	-0,002 (0,001)		-0,002* (0,001)		-0,002* (0,001)		-0,004 (0,003)	

Continua

	1		2		3		4	
	Probabilidade de privatização	% privado	Probabilidade de privatização	% privado	Probabilidade de privatização	% privado	Probabilidade de privatização	% privado
Pensões	5,48**		6,23***		5,35**		8,21**	
Ocup.	(2,21)		(1,54)		(2,30)		(3,97)	
Banco	0,590		0,744***		0,64		0,983**	
Mundial	(0,568)		(0,289)		(0,670)		(0,460)	
América	4,91***		6,00***		3,96***		4,97*	
Latina	(1,64)		(0,994)		(1,28)		(2,68)	
OCDE	–		–		–		1,54	
							(1,22)	
Constante	-11,49**	0,708***	-12,3***	0,711***	-11,29**	0,717***	-9,45**	0,78***
	(5,7)	(0,122)	(2,43)	(0,110)	(5,61)	(0,094)	(4,56)	(0,123)
Rô		1		1		1	0,659	
Teste LR de eqs. indep. (rô = 0):								
Qui-quadrado		7,38		5,64		9,59	0,82	
Prob. > Qui-quadrado		0,007		0,017		0,002	0,3662	
N	57	18	57	18	57	18	57	18

Nota: Todos os testes são *two-tailed.*
*Significativo no nível 0,10. **Significativo no nível 0,05. ***Significativo no nível 0,01.

Tabela 4

Estimativa de probabilidade e grau de privatização

	1		2		3		4	
	Probabilidade de privatização	**% privado**	**Probabilidade de privatização**	**% privado**	**Probabilidade de privatização**	**% privado**	**Probabilidade de privatização**	**% privado**
DPI	0,041***	0,002***	0,038***	-0,002***	0,052***	-0,002***	0,039***	-0,002***
	(0,007)	(0,0005)	(0,010)	(0,0005)	(0,014)	(0,0005)	(0,011)	(0,0005)
Partidos	-0,647	0,011	-0,662	0,012	-0,581***	0,008	-0,652***	0,011
	(0,210)	(0,023)	(0,213)	(0,026)	(0,215)	(0,025)	(0,225)	(0,026)
Democracia	0,711***	0,068**	0,781***	0,067***	0,708**	0,065***	0,788***	0,066***
	(0,190)	(0,018)	(0,274)	(0,020)	(0,290)	(0,020)	(0,286)	(0,020)
Dívida	-0,065*	-0,0005	-0,081***	-0,0001	-0,063**	-0,001	-0,081***	-0,00003
	(0,013)	(0,001)	(0,029)	(0,001)	(0,03)	(0,001)	(0,030)	(0,002)
DPI * Dívida	–		0,00014		–		0,0001	
			(0,00015)				(0,0002)	
DPI * DPI	–		–		-0,0001		–	
					(0,0001)			
PIB (US$ bilhão)	-0,002***		-0,002*		-0,002*		-0,0022	
	(0,001)		(0,001)		(0,001)		(0,0020)	

Continua

	1		2		3		4	
	Probabilidade de privatização	**% privado**	**Probabilidade de privatização**	**% privado**	**Probabilidade de privatização**	**% privado**	**Probabilidade de privatização**	**% privado**
Pensões Ocup.	6,87** (1,14)		7,54*** (1,53)		6,64** (2,20)		7,65*** (1,78)	
Banco Mundial	0,997*** (0,180)		1,0*** (0,294)		1,02** (0,670)		0,991*** (0,307)	
América Latina	4,79*** (0,760)		5,20*** (1,25)		4,39*** (1,62)		5,30*** (1,47)	
OCDE							0,069 (0,462)	
Constante	-6,84** (1,47)	0,697*** (0,131)	-6,92*** (2,22)	0,691*** (0,151)	-7,11** (2,81)	0,731*** (0,147)	-7,08*** (2,50)	0,691*** (0,154)
Rô		1		1	1		1	
Qui-quadrado		12,55		9,5	12,95		7,13	
Prob. > Qui-quadrado		0,004		0,002	0,0003		0,0076	
N	18	57	18	57	57	18	57	18

Nota: Todos os testes são *two-tailed.*
* Significativo no nível 0,10. ** Significativo no nível 0,05. *** Significativo no nível 0,01.

E quanto à restrição de financiamento? Concluímos por hipótese que a capacidade de os governos financiarem a transição de um sistema de previdência pública de repartição para um sistema privatizado é limitada pelo nível da dívida governamental explícita. O coeficiente negativo e importante nas relações entre dívida e PIB governamentais em todas as especificações dá suporte a essa hipótese.

Diante da possibilidade de serem punidos pelo aumento da dívida, os governos com relações já elevadas entre dívida e PIB acabam por descartar a privatização da previdência, optando por uma reforma paramétrica que não representa nenhum custo durante o processo de transição.

O efeito limitador da dívida explícita, entretanto, foi hipoteticamente considerado dependente dos custos de financiamento da transição e, por conseguinte, do valor da nova dívida que teria de ser emitida a fim de viabilizar o processo de privatização. A interação entre a dívida*DPI na especificação 2 capta esse efeito condicional. O coeficiente positivo relativo a essa variável revela uma não-linearidade na relação entre a dívida, o custo implícito do antigo sistema previdenciário e a decisão de privatizar. O efeito limitador da dívida pública explícita existe apenas em níveis moderados e baixos de DPI e diminui à medida que aumenta o passivo previdenciário implícito do Estado. Quando o custo de manutenção da previdência pública é muito elevado, as pressões financeiras resultantes de esquemas previdenciários públicos onerosos e do envelhecimento da população tornam-se mais importantes do que as limitações financeiras para a privatização. O quadrado da medida DPI foi incluído na especificação 3 para examinar se as pressões financeiras produzidas por grandes esquemas previdenciários de custo elevado diminuem gradualmente ou entram em declínio em níveis muito elevados de DPI. Embora o coeficiente relativo a essa variável seja negativo, a variável não é estatisticamente significativa e, logo, não podemos fazer inferências claras quanto à forma da função de probabilidade em níveis elevados de DPI.

A hipótese de que a maior concentração de poder legislativo aumenta a probabilidade de privatização da previdência encontra forte apoio na análise empírica. Cada modelo tem embutido um controle do grau de democracia, mas do ponto de vista estatístico isso não é significativo para a equação de seleção. O coeficiente relativo à concentração de poder legislativo (Conc. Pol.) é positivo em cada especificação, embora seja estatisticamente importante apenas na especificação 2. Essa variável dá algum suporte à hipótese dos "pontos de veto", segundo a qual a concentração de poder legislativo faz com que governos reformistas tenham a possibilidade de avançar a agenda política e empreender uma reforma estrutural mais radical.

A estrutura do poder político na legislatura é também medida pelo número efetivo de partidos políticos na tabela 4. O coeficiente negativo nessa variável sugere que, à medida que o poder político se dispersa num número maior de partidos políticos, é cada vez menor a probabilidade de que os representantes do Poder Executivo obtenham apoio da maioria para implementar mudanças na política de redistribuição (tal como a privatização da previdência). Os chefes de Estado forçados a conviver com sistemas partidários altamente fragmentados mostram assim maior propensão para evitar os planos de privatização da previdência, optando por correções paramétricas do sistema previdenciário público existente.

Também foi formulada uma hipótese sugerindo que os governos de países com escassez de capital, por anteverem maiores benefícios com a privatização da previdência, seriam mais propensos à privatização. A acumulação de capital é medida pelo nível de reservas brutas em moeda estrangeira e pelo PIB da nação. Como as duas medidas estão altamente correlacionadas ($r = 0{,}89$), e os elevados níveis de reservas em moeda estrangeira estão mais altamente correlacionados com as variáveis OCDE e pensões ocupacionais, apenas a medida do PIB foi incluída nas tabelas. Como esperado, o PIB é associado negativamente à decisão de privatizar, sendo significativo na maioria das especificações. Embora seja uma medida rudimentar de incentivos devido à baixa acumulação de capital, a associação entre a riqueza de um país e a decisão de privatizar dá suporte à opinião de que a privatização da previdência, amplamente promovida como meio de aumentar a poupança interna, encontra o seu maior apoio entre os governantes de países de baixa renda.

Os governos mais envolvidos com os projetos de desenvolvimento patrocinados pelo Banco Mundial são também os mais dispostos a privatizar a previdência. Segundo Kahler (1992), essa relação decorre, na realidade, menos da imposição dos interesses de Washington e mais da iniciativa das autoridades do governo dispostas a implementar reformas pró-mercado. O valor dos empréstimos do Banco Mundial foi igualmente incluído na equação de resultados para avaliar se o envolvimento com o banco levava à adoção de um modelo de previdência privada mais radical. O coeficiente nessa variável foi negativo, sugerindo que os países que recebem mais empréstimos do Banco Mundial adotam reformas menos radicais, mas esse resultado não foi estatisticamente significativo.

O modelo de seleção também mostra como a privatização da previdência foi uma idéia largamente difundida por toda a América Latina. Nem as variáveis Ásia nem Leac registraram um efeito estatisticamente significativo sobre a probabilidade de privatização. A variável OCDE é adicionada à especificação 4 em ambas as tabelas e não é significativa do ponto de vista estatístico. Essa ausência de significado resulta provavelmente da correlação entre essa variável, a medição do PIB e a existência de grandes mercados de pensões ocupacionais no país. A variável pensões ocupacionais é positiva e estatisticamente digna de nota em todas as especificações, sinalizando um mecanismo causal importante que contribuiu para que os governos dos países com economias industriais avançadas decidissem privatizar seus sistemas de previdência nas duas últimas décadas. A existência de um grande mercado de pensões ocupacionais reduz não apenas os custos técnicos e legais da privatização, mas também as barreiras políticas, ampliando a confiança na poupança individual para a aposentadoria. Em muitos casos ocorridos na Europa, a privatização resultou essencialmente na extensão dos planos previdenciários ocupacionais existentes, que passaram a ser compulsórios para toda a força de trabalho.

A equação de resultados: grau de privatização

Após ter estimado a importância das características políticas e estruturais relacionadas com a probabilidade de reforma estrutural, o modelo de Heckman estima as variações do grau de privatização em 18 países. O modelo sugere que, quando os governos decidem privatizar, a escolha do modelo da reforma é fortemente dependente do legado dos modelos anteriores de previdência social. Se os governos de países com grandes sistemas previdenciários podem ser pressionados a adotar uma reforma estrutural devido aos altos custos envolvidos na sua manutenção, os custos da privatização de sistemas com tal magnitude os forçam a dar ao Estado um papel maior no novo plano de previdência "sustentado em diversos pilares". O modelo prediz, portanto, que os custos políticos e financeiros da privatização (medidos pela DPI) levariam um governo com uma DPI de 50% do PIB a reduzir o grau de privatização em pelo menos 10 pontos percentuais (isto é, a adotar um plano de previdência privada de 90%), enquanto um governo com DPI de 150% do PIB reduziria o grau de privatização em cerca de 30 pontos percentuais.

Embora a medida de liberdades políticas (democracia) não seja estatisticamente significativa na equação de seleção, ela é importante e positiva na equação de resultados. Dado que uma pontuação menor no índice da Freedom House (1999/2000) representa maiores liberdades democráticas, o modelo revela que países menos democráticos tendem a adotar privatizações da previdência mais radicais. Assim, embora até mesmo países de grande tradição democrática, como por exemplo Suíça e Holanda, tenham adotado algum tipo de reforma estrutural da previdência, eles se limitaram a promover mudanças parciais no que se refere à provisão de previdência privada. Ao contrário, as privatizações mais radicais da previdência foram adotadas principalmente por países onde a liberdade democrática é limitada por regimes autoritários (como Peru e Chile) ou semidemocráticos (como México e Casaquistão).

As variáveis da dívida explícita e dos partidos políticos não apresentam efeitos estatisticamente significativos sobre o grau de privatização escolhido por esses países. A equação de seleção revela, entretanto, que a influência dessas variáveis se manifesta quando da decisão anterior de realizar a privatização. Uma vez que os governos favoráveis ao processo de privatização são aqueles que já detêm maior concentração de poder legislativo e uma dívida pública menor, tais fatores afetam sistematicamente o grau de privatização escolhido.

Conclusão

Os sistemas de aposentadoria por idade encerram muitas tensões inerentes ao capitalismo, tais como as existentes entre rendimentos auferidos e redistribuição, entre individualismo e solidariedade, e entre mercado e direitos sociais.[63] Na medida em que os governos e sociedades no mundo inteiro começam a repensar essas tensões básicas, deverão alterar-se não apenas os padrões de desenvolvimento capitalista, mas também a forma de dividir as responsabilidades entre o Estado e o mercado, quando do tratamento das necessidades humanas básicas.

As duas últimas décadas representaram um período de grande transformação das estruturas de proteção social em todo o mundo. Países ricos e pobres, autoritários e democráticos começaram a atribuir maior responsabilidade aos planos geridos pelo mercado no que diz respeito à provisão

[63] Ver Esping-Andersen (1990:80).

de renda na velhice. Isso foi feito, entretanto, em função de diferentes incentivos macroeconômicos e fiscais e de diferentes constrangimentos políticos e econômicos. Embora esteja claro que o processo de integração econômica não desencadeou uma corrida para desmantelar os sistemas públicos de proteção social, a falta de confiança na disponibilidade de capitais estrangeiros cada vez mais caros e voláteis fez surgir uma série de incentivos para que as nações de baixa renda implementassem uma reforma da previdência baseada nos valores do mercado. Enquanto os efeitos macroeconômicos antecipados da privatização atraíram nações com falta de capital, os governos de países mais ricos, com uma enorme população de pessoas idosas, passaram a adotar pensões privadas como meio de aliviar o custo fiscal de planos previdenciários deficitários e onerosos.

A existência de uma série de constrangimentos ditados pelas tendências do mercado sobre a capacidade de os governos financiarem a transição para a previdência privada torna proibitivo para muitos governos endividados empreender qualquer tentativa de privatização. No entanto, esse limite imposto pela dívida pode ser superado por pressões fiscais imediatas geradas por grandes planos previdenciários, levando os governos com passivo previdenciário pesado a optar pela privatização (se bem que de forma suave). A limitação da dívida é um importante mecanismo pelo qual se criam limites para a própria expansão da integração econômica, reduzindo a possibilidade de uma *race to the bottom* na provisão de políticas sociais.

Por sua vez, as instituições políticas nacionais cuidaram também de evitar que as pressões econômicas se traduzissem em mudanças de políticas públicas sem que os assuntos fossem antes discutidos. A análise apóia o ponto de vista segundo o qual, na medida em que as instituições políticas permitem que uma gama mais ampla de interesses seja representada no processo de estabelecimento de políticas públicas, o *status quo* tende a tornar-se mais estável.[64] Embora todos os governos tenham de enfrentar o desafio de servir como mediadores entre objetivos conflitantes, representados, de um lado, pela promoção de acumulação de capital na sociedade e, de outro, pelo atendimento das necessidades distributivas da sociedade, os governos democráticos mostram maior propensão para privilegiar o segundo objetivo, o que resulta em menor número de reformas da previdência privada. A existência de um processo político mais aberto

---

[64] Ver Tsebelis (1999).

e responsável numa democracia acaba assim por obrigar os governos a prestarem mais atenção às conseqüências distributivas de uma reforma da previdência, optando no final por conferir ao Estado um papel maior no momento de definir a distribuição de risco e renda na sociedade.

O modelo estatístico revela uma relação complexa e não-linear entre o porte do sistema previdenciário existente e o percurso da reforma. Embora o custo crescente para manter esquemas previdenciários públicos onerosos tenha levado muitos governos a deixarem efetivamente de lado a provisão de previdência social estatal tradicional, eles fizeram isso de forma mais limitada do que os governos com sistemas de bem-estar social de menor porte. O pressuposto é que essa relação negativa resulta tanto dos compromissos políticos embutidos nos grandes sistemas previdenciários quanto do ônus financeiro considerável produzido pelo custo de transição da privatização da previdência.

Os atores governamentais estão bem informados a respeito das inovações políticas que estão ocorrendo nos países vizinhos. Embora a América Latina esteja atualmente em primeiro plano nas reformas da previdência privada, ela é seguida de perto pelos países do Leste europeu e da Europa central. Uma vez que as idéias e a tecnologia da reforma da previdência são difundidas de forma sistemática graças às atividades de instituições financeiras internacionais como o Banco Mundial, cabe esperar que se mantenha o interesse em tal política pública e que ela continue a disseminar-se por todo o mundo em desenvolvimento e nas economias de transição nos próximos anos.

Referências bibliográficas

Achen, Christopher. *The statistical analysis of quasi-experiments.* Berkeley: University of California Press, 1986.

Armijo, Leslie Elliott (ed.). *Financial globalization and democracy in emerging markets.* New York: St. Martins, 1999.

Beattie, Roger & McGillivray, Warren. A risky strategy: reflections on the World Bank report Averting the old age crisis. *International Social Security Review, 48*(3):1-18, 1995.

Beck, Thorsten; Clarke, George; Groff, Alberto; Keefer, Philip &Walsh, Patrick. New tools and new tests in comparative political economy: the database of political institutions. 1999. Inédito.

Brehm, John. *The phantom respondents: opinion surveys and political representation.* Ann Arbor: University of Michigan Press, 1993.

Brooks, Sarah. Social protection and the market: pension reform in an era of economic integration. In: American Political Science Association Annual Meeting. Atlanta: Sept. 1999.

_____ & James, Estelle. The political economy of pension reform. In: Holzman, Robert & Stiglitz, Joseph (eds.). *New ideas about old age security: sustainable pension systems in the 21st century.* Washington, DC, World Bank, 2001.

Calvo, Guillermo & Mendoza, Enrique. Capital-markets crises and economic collapse in emerging markets: an informational-frictions approach. *American Economic Review*, May 2000.

Cameron, David. The expansion of the public economy: a comparative analysis. *American Political Science Review, 72*:1.243-61, 1978.

Cantor, Richard & Packer, Frank. Determinants and impacts of sovereign credit ratings. New York: Federal Reserve Bank of New York, 1996. (Research Paper 9608.)

Cerney, Philip. International finance and the erosion of state power. In: Gummett, P. (ed.). *Globalization and public policy.* Brookfield, VT: Edward Elgar, 1996. p. 83-104.

Corsetti, Giacomo & Schmidt-Hebbel, Klaus. Pension reform and growth. In: Valdes-Prieto, V. (ed.). *The economics of pensions.* Cambridge: Cambridge Univ. Press, 1997. p. 127-59.

Crepaz, Markus. Inclusion versus exclusion: political institutions and welfare expenditures. *Comparative Politics, 31*:61-80, 1998.

Cruz-Saco, María Amparo & Mesa-Lago, Carmelo. *Do options exist? The reform of pension and health care systems in Latin America.* Pittsburgh: University of Pittsburgh Press, 1998.

Diamond, Peter. *Privatization of social security: lessons from Chile.* Cambridge, MA: National Bureau of Economic Research, 1993. (Working Paper 4510.)

Eatwell, John. International capital liberalisation: the impact on world development. Center for Economic Policy Analysis, 1996. (Working Paper Series 1.)

Ebbinghaus, Bernhard. *The second pillar between state and market: a comparison of occupational pensions in Britain and Germany.* Köln, 1998.

Edwards, Sebastian. *Crisis and reform in Latin America: from despair to hope.* New York: Oxford Univ. Press, 1995.

Esping-Andersen, Gosta. *The three worlds of welfare capitalism.* Princeton, NJ: Princeton Univ. Press, 1990.

_____. (ed.). *Welfare states in transition: national adaptations in global economies.* London: Sage, 1996.

Feldstein, Martin (ed.). *Privatizing social security.* Chicago: University of Chicago Press, 1998.

_____ & Horioka, Charles. Domestic saving and capital internacional flows. *Economic Journal, 90*(135):314-29, June 1980.

Figueiredo, Argelina & Limongi, Fernando. Reforma da previdência e instituições políticas. *Novos Estudos, 51*:63-91, jun. 1998.

Frankel, Jeffrey. Measuring international capital mobility: a review. *American Economic Review, 82*(2):197-202, May 1992.

Freedom House. Annual survey of freedom country scores. 1999/2000. Disponível em: <http://www.freedomhouse.org>.

Garrett, Geoffrey. *Partisan politics in the global economy.* New York: Cambridge Univ. Press, 1998a.

_____. Global markets and national politics: collision course or virtuous circle? *International Organization, 52*:787-824, 1998b.

_____. Globalization and government spending around the world. In: American Political Science Association Annual Metting. Atlanta, Georgia: Sept. 1999.

_____ & Lange, Peter. Internationalization, institutions and political change. *International Organization, 49*:627-55, 1995.

Haggard, Stephan & Kaufman, Robert. *The politics of economic adjustment.* Princeton, NJ: Princeton Univ. Press, 1992.

Heckman, James. Sample selection bias as specification error. *Econometrica, 47*:153-61, 1979.

Herbertsson, Tryggvi Thor & Orszag, J. Michael. Policy options and issues in reforming European supplementary pension systems. Center for Pensions and Social Insurance, 2000. Inédito.

Hicks, Alexander. *Social democracy and welfare capitalism: a century of income security politics.* Ithaca: Cornell Univ. Press, 1999.

Huber, Evelyne. *Globalization and social policy developments in Latin America.* Brown University, 1999.

_____ & Stephens, John. Internationalization and the social democratic model: Crisis and future prospects. *Comparative Political Studies, 31*:353-98, June 1998.

ILO (International Labour Organization). *International labour statistics*. Geneve: International Labour Office, 1990, 1995, 1997.

IMF (International Monetary Fund). *International capital markets: developments, prospects and key policy issues*. Washington, DC: Sept. 1998.

Iversen, Torben & Cusack, Thomas. The causes of welfare state expansion: deindustrialization or globalization? In: American Political Science Association Annual Meeting. Chicago: Sept. 1998.

_____ & Soskice, David. An asset theory of social policy preferences. American Political Science Association Annual Meeting, Washington, DC: Sept. 2000.

James, Estelle. Newsystems for old age security: theory, practice and empirical evidence. *World Bank Research Observer, 13*(2):271-301, Aug. 1998.

_____ & Brooks, Sarah. The political economy of pension reform. In: Holzman, R. & Stiglitz, J. (eds.). *New ideas about old age security: toward sustainable pension systems in the 21st century*. Washington, DC: World Bank, 2001. p. 133-70.

Kahler, Miles. External influence, conditionality, and the politics of adjustment. In: Haggard, S. & Kaufman, R. (eds.). *The politics of economic adjustment. International constraints, distributive conflicts, and the state*. Princeton, NJ: Princeton Univ. Press, 1992. p. 89-138.

Kane, Cheik & Palacios, Robert. The implicit pension debt. *Finance & Development, 33*:38-41, June 1996.

Katzenstein, Peter. *Small states in the world market*. Ithaca: Cornell Univ. Press, 1985.

Kay, Stephen J. Social security reform and international institutions. In: Latin American Studies Association Congress. Chicago: Sept. 1998.

Keohane, Robert & Milner, Helen. *Internationalization and domestic politics*. Cambridge: Cambridge Univ. Press, 1996.

Kingstone, Peter. Party politics and policy performance: evaluating the impact of party system design. In: Latin American Studies Association Annual Meeting. Miami: Mars 2000.

Kitschelt, Herbert; Lange, Peter; Marx, Gary & Stephens, John. *Continuity and change in contemporary capitalism*. Cambridge: Cambridge Univ. Press, 1999.

Kurzer, Paulette. *Business and banking*. Ithaca: Cornell Univ. Press, 1993.

Madrid, Raúl. The determinants of pension reform around the world. In: American Political Science Association Annual Meeting. Boston: Sept. 1998.

Mainwaring, Scott & Shugart, Matthew Soberg. (eds.). *Presidentialism and democracy in Latin America*. Cambridge: Cambridge Univ. Press, 1997.

Maxfield, Sylvia. *Gatekeepers of growth: central banking in developing countries.* Princeton, NJ: Princeton Univ. Press, 1997.

McDonald, John M. & Moffitt, Robert. The uses of tobit analysis. *Review of Economics and Statistics, 62*(2):318-21, May 1980.

McKenzie, Richard & Lee, Dwight. *Quicksilver capital: how the rapid movement of wealth has changed the world.* New York: Free Press, 1991.

Mesa-Lago, Carmelo. *Changing social security in Latin America: toward alleviating the social costs of economic reform.* Boulder: Lynne Reinner, 1994.

_____. Social welfare reform in the context of economic-political liberalization: Latin American cases. *World Development, 25*:497-515, 1997.

OECD. *The OECD jobs study*. Paris: OECD, 1994.

Pension reform: why, where, how? *World Financial Markets.* New York: JP Morgan, 28-3-1997. p. 9-16.

Pierson, Paul. *Dismantling the welfare state? Reagan, Thatcher and the politics of retrenchment.* Cambridge: Cambridge Univ. Press, 1994.

_____. The newpolitics of the welfare state. *World Politics, 48*:143-79, Jan. 1996.

_____ & Weaver, R. Kent. Political institutions and loss imposition: the case of pensions. In: Weaver R. K. & Rockman, B. (eds.). *Do institutions matter? Government capabilities in the United States and abroad.* Washington, DC: Brookings Institution, 1993. p. 110-50.

Rodrik, Dani. *Has globalization gone too far?* Washington, DC: Institute for International Economics, 1997.

Rudra, Nita. *Globalization and the decline of the welfare state in less developed countries.* International Organization, 2002.

Save, amigo, save. *The Economist*, Dec. 1995. S15.

Scharpf, Fritz. *Crisis and choice in European social democracia.* Ithaca: Cornell Univ. Press, 1991.

Shugart, M. & Haggard, S. *Institutions and public policy in presidential systems.* Irvine, CA: Center for the Study of Democracy, 1997.

Singh, Ajit. Pension reform, the stock market, capital formation and economic growth: a critical commentary on the World Bank's proposals. *International Social Security Review, 49*:21-44, 1996.

Sobel, Andrew. *State institutions, private incentives, global capital.* Ann Arbor: University of Michigan Press, 1999.

Solís Soberón, Fernando & Villagomez, Alejandro. *Domestic savings in Mexico and pension system reform*. Mexico: Centro de Investigación y Docencias Económicas, 1998. (Cide Working Paper 66.)

Stallings, Barbara. International influence on economic policy: debt, stabilization, and structural reform. In: Haggard, S. & Kaufman, R. (eds.). *The politics of economic adjustment*. Princeton, NJ: Princeton Univ. Press, 1992. p. 41-88.

Steinmo, Sven & Swank, Duane. The new political economy of taxation. In: American Political Science Association Annual Meeting. Atlanta, Georgia: Sept. 1999.

Stiglitz, Joseph & Orszag, Peter. *Rethinking pension reform: ten myths about social security systems*. Washington, DC: World Bank, Sept. 1999.

Strange, Susan. *The retreat of the state: the diffusion of power in the world economy*. New York: Cambridge Univ. Press, 1996.

Swank, Duane. Funding the welfare state: globalization and the taxation of business in advanced market economies. *Political Studies, 46*:671-92, 1998.

_____. Withering welfare? Globalization, political economic institutions, and the foundations of contemporary welfare states. In: Weiss, L. (ed.). *States in the global economy: bringing domestic institutions back in*. Cambridge: Cambridge Univ. Press, 2002.

Taagepera, Rein & Shugart, Matthew Soberg. *Seats and votes: the effects and determinants of electoral systems*. New Haven: Yale Univ. Press, 1989.

Tsebelis, George. Veto players and law production in parliamentary democracies: an empirical analysis. *American Political Science Review, 93*:591-608, 1999.

UNO (United Nations Organization). *World populations prospects: the 2000 revision*. New York: UNO, 2000.

Van den Noord, Paul & Herd, Richard. *Pension liabilities in the sete major economies*. Paris: OECD, 1993. (Economics Department Working Papers 142.)

_____ & _____. Estimating pension liabilities: a methodological framework. *OECD Economic Studies, 23*:131-66, Winter 1994.

Williamson, John. *Latin American adjustment: how much has happened?* Washington, DC: Institute for International Economics, 1991.

World Bank. *Averting the old age crisis: policies to protect the old and promote growth*. Washington, DC: World Bank, 1994.

_____. *World development indicators*.Washington, DC: World Bank, 2000.

Zevin, Robert. Are financial markets more open? In: Banuri, T. & Schor, J. B. (eds.). *Financial openness and national autonomy*. Oxford: Clarendon, 1992. p. 43-83.

A reforma estrutural dos benefícios de seguridade social na América Latina: modelos, características, resultados e lições*

*Carmelo Mesa-Lago***

Introdução

A reforma estrutural dos benefícios da seguridade social é um tema debatido internacionalmente, e a América Latina, pioneira na referida reforma e com uma experiência acumulada de duas décadas, exerce importante influência em outras regiões do mundo. Este capítulo reúne informações legais e estatísticas sobre a reforma realizada em 10 países latino-americanos, com o objetivo de empreender três tarefas: analisar os três diferentes modelos gerais que têm sido seguidos e apontar as características das reformas nesses países; avaliar o desempenho da reforma, contrastando-a com nove pressupostos convencionais acerca de seus efeitos (na cobertura, no pagamento das contribuições, na competência e no custo administrativos, no impacto sobre a poupança nacional, no rendimento dos investimentos etc.); extrair lições que sejam úteis tanto para a região como para outros países.

---

* Traduzido por Carmem Cacciacarro e originariamente publicado em *International Social Security Review* sob o título Structural reform of social security benefits in Latin América: models, characteristics, results and lessons.

** Universidade de Pittsburgh e Departamento de Relações Internacionais da Universidade Internacional da Flórida.

Aspectos gerais

Sistemas de benefícios públicos e privados

Discute-se no mundo os sistemas "públicos" e "privados" de benefícios,[1] mas esses termos são vagos e freqüentemente possuem uma carga ideológica, razão pela qual é importante precisar o seu significado. O quadro 1 mostra os dois sistemas – público e privado – e seus quatro elementos essenciais: contribuição, benefício, regime financeiro e administração.

O sistema público possui as seguintes características: contribuição não definida (tende a aumentar no longo prazo); benefício definido (determinado pela lei, que fixa um benefício mínimo e máximo, especifica a fórmula para o seu cálculo etc.); regime financeiro de repartição ou de capitalização parcial coletiva (CPC); administração pública. Com relação à terceira característica, tem-se apontado, no debate internacional, uma separação entre repartição e capitalização que não está correta, pois, ao menos no contexto latino-americano, muitos sistemas de benefícios se baseiam na CPC.

As características do sistema privado são: contribuição definida (fixada no longo prazo); benefício não definido (incerto, baseado no que for acumulado na conta individual do segurado, o que dependerá de seu salário, do montante e da regularidade de sua contribuição e do rendimento do investimento, além de fatores macroeconômicos); regime financeiro de capitalização plena e individual (CPI); administração privada, embora também possa ser múltipla (pública, privada e mista).

Quadro 1

Características dos sistemas públicos e privados de benefícios de seguridade social

Características	Sistemas	
	1. Público	**2. Privado**
Contribuição	Não definida	Definida
Benefício	Definido	Não definido
Regime financeiro	Repartição ou capitalização parcial coletiva (CPC)	Capitalização plena e individual (CPI)
Administração	Pública	Privada ou múltipla

[1] Ver ILO (2000).

Reformas não-estruturais e estruturais

As reformas não-estruturais ou paramétricas melhoram um sistema público de benefícios a fim de fortalecê-lo financeiramente a longo prazo, por exemplo, incrementando a idade de aposentadoria ou o valor das contribuições, ou ainda tornando mais exata a fórmula de calcular o benefício. Esse tipo de reforma foi praticado na América Latina até princípios dos anos 1980 e não será aqui analisado, o que não significa que ele não tenha importância – tanto que o Brasil introduziu recentemente uma reforma paramétrica. Já as reformas estruturais modificam radicalmente o sistema público, seja substituindo-o completamente por um sistema privado, seja introduzindo um componente privado como complemento ao público, seja criando um sistema privado que concorra com o público. Este capítulo analisa as 10 reformas estruturais que ocorreram na região até meados de 2001.

Três modelos gerais de reforma estrutural na América Latina

Os três modelos gerais de reformas estruturais existentes na América Latina são: substitutivo, paralelo e misto. O quadro 2 indica os países que seguem cada um dos três modelos, sua data de implantação e suas características (ver Cruz-Saco & Mesa-Lago, 1998; Mesa-Lago, 1998, 1999a, 1999b).

Quadro 2

Modelos e características gerais das 10 reformas previdenciárias na América Latina, 2000-01

Modelos/países e ano de início	Sistemas	Contribuição	Benefício	Regime financeiro	Administração
Substitutivo					
Chile, 1981					
Bolívia, 1997	2	Definida	Não definido	CPI	Privada**
México, 1997					
El Salvador, 1998					
Nicarágua, 2001					
Paralelo					
Peru, 1993	1	Não definida	Definido	Repartição (Peru)*	Pública
Colômbia, 1994	ou				
	2	Definida	Não definido	CPI	Privada (Peru)**
Misto					
Argentina, 1994	1	Não definida	Definido	Repartição*	Pública
Uruguai, 1996	+				
Costa Rica, 2001	2	Definida	Não definido	CPI	Múltipla

Fonte: Legislação dos 10 países.
* CPC na Colômbia e na Costa Rica.
** Múltipla na Colômbia e no México.

Modelo substitutivo

Cinco países adotaram o modelo substitutivo: Chile (o pioneiro, em 1981), Bolívia e México (1997), El Salvador (1998) e Nicarágua (com início previsto para fins de 2001); a República Dominicana aprovou uma lei de reforma que adotou o modelo substitutivo em maio de 2001. Esse modelo está representado pelo número 2 no quadro 2 (correspondente ao sistema privado), e suas quatro características já foram mencionadas, mas no México a administração é múltipla. Fecha-se o sistema público (não são permitidos novos filiados), substituindo-o por um sistema privado. No México, a prestação pode ser ou não definida, porque todos os que eram segurados à época da promulgação da reforma têm o direito, quando da aposentadoria, de escolher o benefício que for maior: ou o regulado pelo sistema público de prestação definida (extinto) ou o baseado na conta individual do sistema privado.

Modelo paralelo

Dois países adotaram o modelo paralelo: Peru (1993) e Colômbia (1994). O sistema público não é fechado, mas reformado (totalmente na Colômbia e apenas parcialmente no Peru); cria-se um novo sistema privado, e os dois competem entre si. Está representado pelos números 1 ou 2 no quadro 2. O sistema público (1) possui as quatro características típicas desse sistema, exceto na Colômbia, onde o regime financeiro é de CPC em vez de repartição. O sistema privado (2) possui as quatro características típicas desse sistema, salvo na Colômbia, onde a administração é múltipla.

Modelo misto

O modelo misto existe na Argentina (1994), no Uruguai (1996) e na Costa Rica (começou em maio de 2001). Integra-se um sistema público, que não é fechado e concede um benefício básico, com um sistema privado, que oferece um benefício complementar. Está representado como 1 + 2 no quadro 2. O chamado primeiro pilar possui as quatro características típicas do sistema público, e o segundo pilar possui as características típicas do sistema privado, mas a administração é múltipla nos três países.

Reformas em estudo

Reformas estruturais estão sendo consideradas em dois outros países: no Brasil (um modelo misto) e em Honduras (um modelo substitutivo que se aplicaria aos três principais institutos de seguridade social). Na Venezuela foi aprovado um modelo substitutivo, abolido pelo atual governo, que abriu novamente a discussão acerca da reforma e está considerando o sistema misto. Na Guatemala, no Equador e no Paraguai, a reforma foi discutida no passado, mas não existem projetos de lei pendentes. Cuba e Haiti não discutiram publicamente a reforma, mas Cuba está considerando uma reforma paramétrica (como no Panamá).

Avaliação comparativa do desempenho da reforma

Neste artigo faz-se uma avaliação comparativa de oito reformas estruturais (ainda não existe informação estatística sobre Costa Rica e Nicarágua), bem como uma análise que procura aferir se foram validados empiricamente nove pressupostos da reforma:

- transferências do sistema público para o sistema privado ou misto;
- cobertura da força de trabalho;
- pagamento das contribuições;
- concorrência entre administradoras;
- custo de administração;
- acumulação do fundo de pensão e impacto na poupança nacional;
- custo fiscal da transição;
- rendimento real do investimento;
- diversificação da carteira.

Transferências do sistema público para o sistema privado ou misto

O primeiro pressuposto é que, se o sistema privado for melhor do que o público, a maioria dos segurados se transferirá para o sistema privado. Isso, todavia, não depende somente das vantagens oferecidas pelo sistema privado, mas também de outras três variáveis: a liberdade do segurado para permanecer ou mudar (ver quadro 3), o tempo de funcionamento da reforma e os incentivos e medidas legais para promover a troca.

Quadro 3

Liberdade de escolha do segurado nas 10 reformas, 2000/01

Modelos Países	Entre sistemas		Entre administradoras	
	Segurados atuais	**Segurados futuros**	**Trocas anuais**	**Nome**
Substitutivo				
Chile	Todos tiveram prazo para escolher entre público e privado.	Devem filiar-se ao privado.	4	AFP
Bolívia	Todos devem passar para o privado.		Não há.	AFP
México			1	Afores
El Salvador	Corte por idade, somente o grupo intermediário tem opção.		1	AFP
Nicarágua	Corte por idade, ninguém tem opção.		1	AFP
Paralelo				
Peru	Podem mudar do público para o privado, mas não vice-versa.	Devem filiar-se ao privado.	Sem limite	AFP
Colômbia	Podem trocar entre o público e o privado a cada três anos.	Podem escolher entre público e privado.	2	SAFP
Misto				
Argentina	Podem mudar do público para o misto, mas não regressar ao público.	Podem escolher entre público e misto.	2	AFJP
Uruguai	Corte por idade: jovens passaram para o sistema misto e mais velhos tiveram opção entre público e misto.	Devem filiar-se ao misto.	2	AFAP
Costa Rica	Devem filiar-se ao misto		1	OPC

Fonte: Legislação dos 10 países.

A tabela 1 mostra a percentagem de segurados (filiados) que permaneceram no sistema antigo (público) e a dos que passaram para o novo sistema (privado ou misto). No modelo substitutivo, de 90 a 100% dos segurados estão no novo sistema, mas essa proporção diminui consideravelmente nos modelos paralelo e misto, pelas razões que serão explicadas a seguir.

Tabela 1
Transferência de filiados do sistema antigo para o novo, 1999/2000

Modelos	Países	Total filiados (milhares)	Sistema antigo		Sistema novo	
			Milhares	% do total	Milhares	% do total
Substitutivo	Chile	6.384	242	4	6.106	96
	Bolívia	492	0	0	492	100
	México	15.594	0	0	15.594	100
	El Salvador	805	69	8	736	92
Paralelo	Peru	2.650	544	21	2.106	79
	Colômbia	7.997	4.554	57	3.443	43
Misto	Argentina	10.094	2.240	22	7.854	78
	Uruguai	1.069	548	51	521	49

Na Bolívia e no México, 100% dos segurados estão no novo sistema, pois a troca foi obrigatória para todos. No Chile, 96% estão no sistema privado, por cinco razões:

- a reforma está em andamento há 20 anos;
- quando de sua implantação, foi concedido um prazo para que os segurados decidissem permanecer ou mudar, mas a contribuição dos que mudaram foi reduzida;
- todos os que estão ingressando no mercado de trabalho devem filiar-se ao sistema privado;
- os segurados que se mantiveram no sistema público foram-se aposentando;
- o sistema privado teve um bom desempenho quanto ao rendimento do investimento.

Em El Salvador, com apenas dois anos de funcionamento, o sistema privado já possui 92% dos segurados. A diferença em relação ao Chile é que lá não se deu liberdade a todos os segurados para mudarem ou permanecerem. Fez-se um corte por idade: a maioria, composta de jovens, foi obrigada a mudar; uma minoria de idade avançada foi obrigada a permanecer; e somente uma pequena percentagem dos segurados teve liberdade de escolher. Ademais, todos os que estão ingressando no mercado de trabalho devem incorporar-se ao novo sistema.

Na Argentina e no Peru (modelos misto e paralelo, respectivamente), a maioria dos segurados (78-79%) passou para o novo sistema. Na Argentina, a reforma já tem quase seis anos de funcionamento e o modelo misto é bastante atraente, pois combina os elementos dos sistemas privado e público; além disso, aos que passaram do sistema público para o privado não é permitido regressar ao primeiro. No Peru, inicialmente, a idade de aposentadoria e a contribuição do sistema público eram mais baixas que no sistema privado e havia liberdade de escolha. Por essa razão, poucos estavam mudando. A fim de promover a mudança, o governo igualou a idade de aposentadoria em ambos os sistemas e elevou a contribuição no sistema público acima do nível do sistema privado. Além disso, o sistema público não sofreu reforma e se deteriorou seriamente. Por último, não é permitido ao segurado que muda para o sistema privado retornar ao sistema público.

Ao contrário dos outros seis países, no Uruguai e na Colômbia os sistemas públicos (modelos misto e paralelo, respectivamente) detêm a maioria dos segurados: 51 e 57% respectivamente. No Uruguai, a lei concedeu aos segurados maiores de 40 anos um prazo para escolher entre o sistema público reformado e o misto, e a maioria escolheu o primeiro. Além disso, todos os que estão ingressando no mercado de trabalho devem filiar-se ao sistema misto. Na Colômbia, a reforma do sistema público foi integral e o reforçou financeiramente. Assim, o sistema público tem uma reserva maior que a do sistema privado. As contribuições e condições de aquisição de direitos são as mesmas nos dois sistemas, e há liberdade para mudar de um para outro a cada três anos.

Cobertura da força de trabalho

O segundo pressuposto da reforma é que, se o sistema privado for superior ao público, haverá um incentivo para a filiação ao primeiro e um aumento da cobertura da força de trabalho. Antes da reforma, os países latino-americanos classificavam-se em três grupos, de acordo com o tempo de funcionamento do sistema de benefícios e a cobertura da força de trabalho: pioneiros, intermediários e tardios. Os oito países que reformaram seus sistemas de benefícios distribuem-se entre os três grupos, como segue: os pioneiros, que incluem Argentina, Chile e Uruguai, foram os primeiros a estabelecer sistemas de benefícios, e sua cobertura era a maior (70-80%); os intermediários, que incluem México, Colômbia e Peru, implantaram os benefícios mais tarde, e sua cobertura variava entre 45 e 20%; os tardios, que incluem Bolívia e El Salvador, foram os últimos a introduzir os benefícios, e sua cobertura era inferior a 20%.[2]

A tabela 2 mostra a percentagem da força de trabalho coberta por ambos os sistemas, com base em dois cálculos diferentes: no índice de filiados ao sistema e no índice de contribuintes ativos. O período necessário para determinar a condição de contribuinte ativo pode ser o último mês ou os últimos seis meses, mas também pode bastar uma única contribuição desde a inauguração do sistema (Bolívia e México). A diferença entre as duas percentagens é notável: a percentagem baseada no índice de filiados é sempre maior que a baseada nos contribuintes ativos. Entre os países pioneiros, o Chile exibe a anomalia de 109% da força de trabalho estarem cobertos (cálculo baseado no índice de filiados), o que é estatisticamente impossível. Além disso, tal cifra exclui 29% dos segurados (o setor público, que cobre 3% da PEA, as Forças Armadas, outros 3%, e 23% da população não coberta), de maneira que o total seria de 138%. Contudo, calculada com base nos contribuintes ativos, a cobertura se reduz a 60%. Nos outros países pioneiros, os cálculos da cobertura são, respectivamente: Uruguai, 72 e 66% (esta última é a mais alta entre todos os países), e Argentina, 66 e 29%. No grupo intermediário, a cobertura na Colômbia, com base no índice de filiados, é de 44% e, com base nos contribuintes, é de 23%; no México (apenas o IMSS), é de 36 e 23%; no Peru, de 26 e 13%. No grupo tardio, os cálculos da cobertura são: em El Salvador, 32 e 19%, e na Bolívia só é válida a percentagem com base no índice de filiados, que é de 13% (os contribuintes ativos estão exagerados). Em resumo, o grau de cobertura baseado no índice de filiados parece ter aumentado no Chile, na Colômbia e em El Salvador, é igual na Bolívia e no Uruguai, e diminuiu na Argentina, no México e no Peru; a cobertura baseada nos contribuintes é menor em todos os países, exceto na Colômbia.

A cobertura dos trabalhadores autônomos é muito inferior à dos trabalhadores assalariados, e em alguns países, como o Peru, esse grupo constitui a maioria da força de trabalho. No Chile, tal cobertura é voluntária: em 1998, era de 10%, baseada no índice de afiliados, mas somente de 4% quando baseada nos contribuintes ativos, após duas décadas de reforma. Na Argentina e

[2] Ver Mesa-Lago & Betranou (1998).

no Uruguai, a cobertura é obrigatória; nos outros cinco países é voluntária, ou seja, um setor tão importante e em expansão, principal componente do chamado setor informal na América Latina, tem uma cobertura extremamente baixa. Na Costa Rica, concede-se um subsídio fiscal aos trabalhadores autônomos de baixa renda para facilitar sua incorporação.

Tabela 2

Percentagem da força de trabalho coberta pelos dois sistemas, 1999/2000

Modelos	Países	Baseado nos filiados	Baseado nos contribuintes ativos
Substitutivo	Chile	109	60
	Bolívia	13	n.d.
	México	36	23
	El Salvador	32	19
Paralelo	Peru	26	13
	Colômbia	44	23
Misto	Argentina	66	29
	Uruguai	72	66

Fontes: Cálculos do autor, baseados na força de trabalho (Cepal 1999), baseados em filiados e contribuintes (Anaya, 2000; BPS, 2000; Consar, 2000; Asofondos, 2000; Schulthes, 2000; SB, 2000; SAFJP, 2000; SAFPa, 2000; SAFPb, 2000; SP, 1999/2000; SPVS, 1999).

Pagamento das contribuições

As reformas têm tratado de forma distinta a contribuição salarial do segurado e do empregador. Somente na Argentina, no México e na Costa Rica não houve mudança legal nas contribuições do trabalhador e do empregador. Contudo, na Argentina, na prática, a contribuição do empregador tem sido reduzida mediante isenções e bonificações; na Costa Rica, houve um redirecionamento das contribuições existentes para outros programas; no México, a contribuição do Estado sobre o salário aumentou. No Uruguai, a contribuição do empregador diminuiu ligeiramente, e a do trabalhador aumentou em igual proporção. Três países eliminaram a contribuição do empregador: Chile, Bolívia e Peru. Cinco países aumentaram a contribuição do trabalhador: Bolívia, El Salvador, Nicarágua, Peru e Colômbia. Apenas dois países aumentaram a contribuição do empregador: Colômbia e Nicarágua. Em resumo, a reforma estrutural ou aumentou o peso da contribuição para o trabalhador, ou incrementou o custo fiscal, ou ambos.

Um terceiro pressuposto da reforma é que a propriedade da conta individual, num sistema privado, estimula o pagamento da contribuição, pois quanto maiores forem a contribuição e o rendimento, maior será o fundo acumulado na referida conta, assim como o benefício, e vice-versa. Essa estreita ligação entre a contribuição e o montante do benefício deveria ser um incentivo poderoso para que a pessoa não se evada, mas filie-se e contribua pontualmente, resultando em menor atraso do pagamento da contribuição (mora). Todavia, viu-se anteriormente que a cobertura diminuiu na maioria dos países, o que indica que não houve redução da evasão. Evidência adicional é exibida na tabela 3, referente à percentagem total de filiados que eram contribuintes ativos em 1999: se a percentagem é alta, a mora é baixa e vice-versa.

Tabela 3

Percentagem de filiados que são contribuintes ativos no novo sistema, 1999

Modelos	Países	Filiados (milhares)	Contribuintes ativos (milhares)	Contribuintes/ filiados (%)
Substitutivo	Chile	6.106	3.262	53
	Bolívia	492	n.d.	n.d
	México*	15.594	13.547	87
	El Salvador	736	425	58
Paralelo	Peru	2.106	922	44
	Colômbia	3.443	1.667	48
Misto	Argentina	7.854	3.483	44
	Uruguai	537	315	59

Fontes: Anaya (2000); BPS (2000); Consar (2000); Asofondos (2000); Schulthes (2000); SB (2000); SAFJP (2000); SAFPa (2000); SAFPb (2000); SP (2000); SPVS (1999).
*Baseado numa contribuição desde o início do sistema; estimou-se que, com base numa contribuição nos últimos seis meses, a percentagem era de 62% em 1999 (Aios, 1999).

No México, a percentagem de filiados que realizaram uma única contribuição desde o início do sistema foi de 87, mas, se for utilizada a base de uma contribuição nos últimos seis meses, essa percentagem diminui para 62. Baseada no segundo período, a percentagem flutua entre 59 e 58 no Uruguai e em El Salvador, e esses três países são os que mostram o melhor desempenho. No Chile e na Colômbia, a percentagem cai para 53 e

48; no Peru e na Argentina, desce para 44; e na Bolívia não foi publicada a informação. Na média, metade dos filiados em sete países não é de contribuintes ativos, de maneira que a mora não foi reduzida. Além disso, a informação do Chile indica que o problema se agravou: assim, a percentagem que era de 76 em 1983 diminuiu para 53 em 1999, ou seja, uma tendência decrescente que indica uma mora em aumento.

Concorrência entre administradoras

O quarto pressuposto da reforma é que a concorrência entre as administradoras é o principal fundamento de um sistema privado, visto que promove a eficiência e, com ela, dois efeitos benéficos: reduz o custo administrativo e aumenta o rendimento do investimento. As administradoras competem pelos segurados, e estes, supõe-se, possuem a informação necessária para escolher a mais vantajosa, ou seja, a que cobra uma contribuição mais baixa e paga um rendimento mais alto, pois isso significa que a conta individual será maior e, conseqüentemente, o seu benefício.

Para avaliar a concorrência, será preciso analisar primeiro o número de administradoras em funcionamento. A tabela 4 indica que quanto maior o número de segurados, maior o número de administradoras, e vice-versa. Por exemplo, o México possui 15,6 milhões de segurados e 13 administradoras; a Argentina tem quase 8 milhões e 13 administradoras; o Chile, 6 milhões e oito; a Colômbia, 3 milhões e seis (mas possui administradoras múltiplas, por ser mais fácil entrar no mercado); o Peru, 2 milhões e cinco; El Salvador, 736 mil segurados e duas; a Bolívia, 492 mil segurados e duas administradoras. Como o número de segurados era muito pequeno na Bolívia, o governo dividiu o total deles entre as duas, de acordo com o local de residência, e proibiu a troca de uma administradora por outra no ano 2000 (essa proibição ainda não tinha sido revogada em meados de 2001). Em suma, não há concorrência na Bolívia, e sim um duopólio ou um monopólio dividido em dois; com um mercado de segurados tão pequeno, evitou-se aplicar um modelo que não pudesse funcionar adequadamente em razão das limitações do mercado.

A série histórica de estatísticas prova que em todos os países o número de administradoras cresce, mas depois cai. Por exemplo, na Argentina, elas chegaram a ser 25, hoje são 13; no Chile, havia 12, chegaram a ser 21 e agora existem oito (sete em 2001); no México, diminuíram de 17 para 13; na Colômbia, de 10 para seis; no Peru, de oito para cinco; e em El

Salvador, de cinco para duas. Disso deriva uma lição importante: os países com um mercado de segurados muito pequeno devem ter cuidado ao implantar esse sistema, pois correm um alto risco de que a concorrência, que é sua base essencial, não funcione. Terão também que decidir se deve haver somente administradoras privadas, como na metade dos países, ou múltiplas, como na outra metade, pois isso possibilitará maior acesso de administradoras no mercado. Outro tema importante é o caráter exclusivo, ou seja, as administradoras só podem dedicar-se à administração dos fundos de pensões e têm que criar uma infra-estrutura própria, de âmbito nacional (edifícios, equipamentos, pessoal), o que é extremamente custoso. Por isso, sugere-se que os países que tenham um número de segurados muito pequeno considerem a hipótese de as administradoras utilizarem a infra-estrutura de outras instituições (por exemplo, bancos, companhias de seguros ou instituições financeiras), com a cautela adequada e a necessária separação, a fim de reduzir o custo e facilitar maior concorrência (essa sugestão foi incorporada à lei de reforma da República Dominicana).

Tabela 4
Concorrência entre administradoras no novo sistema, 1999/2000

Modelos	Países	Filiados (milhares)	Número de administradoras	% de filiados nas três maiores administradoras
Substitutivo	Chile	6.106	8	78
	Bolívia	492	2	100
	México	15.594	13	42
	El Salvador	736	2	100
Paralelo	Peru	2.106	5	75
	Colômbia	3.443	6	66
Misto	Argentina	7.854	13	53
	Uruguai	521	6	69

Fontes: Anaya (2000); BPS (2000); Consar (2000); Asofondos (2000); Schulthes (2000); SB (2000); SAFJP (2000); SAFPa (2000); SAFPb (2000); SP (2000); SPVS (1999).

Mesmo nos países que possuem um número considerável de administradoras, a concorrência pode ser afetada por uma concentração excessiva. A tabela 4 (última coluna) mostra a concentração de segurados nas três maiores administradoras. Na Bolívia e em El Salvador, ela é de 100% porque existem somente duas. No Chile, é de 78% – aumentou de 59 para 78%

entre 1983 e 1999; no Peru, é de 75%; no Uruguai, 69%; na Colômbia, 66%; na Argentina, 53%; e no México, 42%. O México possui a menor concentração porque a lei estabeleceu um limite de 17% do total de segurados, ou seja, não pode haver uma administradora que, nos primeiros quatro anos, tenha uma percentagem maior que 17 (depois poderá ser de 20).

Poder-se-ia pensar que, se as três maiores seguradoras forem as melhores, a concentração não é negativa. Todavia, um estudo sobre o Chile demonstra que, sistematicamente, através do tempo, não são as três maiores seguradoras as que cobram a comissão mais baixa e pagam o rendimento mais alto. Duas razões explicam por que os segurados escolhem essas três seguradoras, apesar de não serem as melhores. A primeira é o vendedor ou promotor, que cobra uma comissão, paga pela administradora, cada vez que ele lhe transfere um segurado; o interesse do vendedor é angariar segurados, mas esse não é necessariamente o interesse do segurado. O número de promotores no Chile é de 19 mil, e a relação de vendedores por contribuintes ativos é de 1 para 160; no Peru, a relação é de 1 para 180. Com freqüência, os promotores subornam os segurados para que mudem de administradora, oferecendo-lhes presentes. Para corrigir isso, alguns países têm proibido especificamente essas práticas. A segunda razão é a publicidade, que não oferece informação para que o segurado faça uma seleção apropriada da melhor administradora, ou seja, ela não informa qual é a comissão que cobra e o rendimento real que paga em comparação com outras administradoras, mas usualmente vende uma imagem de segurança e solidez através dos meios de comunicação.

Custo de administração: comissões e prêmios

O quinto pressuposto da reforma é que a concorrência reduz o custo administrativo, mas já se tem questionado se existe concorrência adequada na maioria dos países. O custo administrativo consiste em comissões que são fixadas em geral sobre o salário (como uma percentagem ou soma fixa) ou, em alguns casos, sobre o saldo da conta individual, e pagas somente pelo segurado (salvo na Colômbia, onde o empregador também paga). A comissão decompõe-se em duas partes: uma é paga para que a administradora gerencie a conta individual, o investimento do fundo e o benefício por velhice. A outra parte (prêmio) é paga a uma companhia privada de seguros para que proteja contra os riscos de invalidez e morte (exceto no México e na Colômbia, onde isso é feito pelo seguro social). A tabela 5 mostra a comissão total cobrada sobre o salário (incluindo as duas partes), mas a comparação é muito complexa, pois pode haver várias comissões distintas, que são difíceis de unificar numa média.

Tabela 5

Custo de administração no novo sistema, 1999-2001 (percentagem sobre o salário)

Modelos/países	Contribuição que vai para a conta individual	Custo administrativo (comissão e prêmio)*	Total de desconto	Custo administrativo como % do total de desconto
Substitutivo				
Chile	10,00	2,61	12,61	20,70
Bolívia	10,00	2,50	12,50	20,00
México	8,50	4,13	12,63	32,71
El Salvador	10,00	3,18	13,18	24,13
Paralelo				
Peru	8,00	3,80	11,80	32,20
Colômbia	10,00	3,50	13,50	25,93
Misto				
Argentina	7,59	3,41	11,00	31,00
Uruguai	12,37	2,68	15,05	17,80

Fontes: Anaya (2000); BPS (2000); Consar (2000); Asofondos (2000); Schulthes (2000); SB (2000); SAFJP (2000); SAFPa (2000); SAFPb (2000); SP (2000); SPVS (1999). A última coluna foi calculada pelo autor.

* Inclui comissão à administradora para o seguro de velhice e prêmio para a companhia de seguros para cobrir invalidez e sobreviventes (na Colômbia e no México, para o seguro social).

Na Bolívia, a comissão total é de 2,5%, a mais baixa, porque não há concorrência nem publicidade. Por isso, a comissão à administradora é de apenas 0,5%, mas o prêmio de 2% acaba sendo muito alto. A comissão total vai subindo: 2,61% no Chile (2,02% de comissão e 0,59% de prêmio); 2,68% no Uruguai (2,05 e 0,58%); 3,18% em El Salvador (não se tem a proporção); 3,41% na Argentina (2,46 e 0,95%); 3,5% na Colômbia (1,92 e 1,58%); 3,8% no Peru (2,34 e 1,46%); e 4,13% no México (1,63 e 2,5%). No México, a comissão média é a segunda mais baixa entre todos os países, mas o prêmio administrado pelo IMSS é o mais alto e aumenta a média da comissão total. Na Costa Rica, a comissão foi fixada em 10% sobre o rendimento do fundo, o que é único na região e cria um incentivo para melhorar o rendimento.

As duas partes da comissão total exibem tendências diferentes. O prêmio flutua entre 0,6 e 1,6% (exceto na Bolívia, na Colômbia e no México), motivo pelo qual é o menor componente e tem diminuído em praticamente todos os países, à exceção dos três já mencionados. Em contrapartida, a comissão da administradora flutua entre 1,9 e 2,5% (exceto na Bolívia e no México), sendo portanto a parte mais alta das duas. Com o tempo, ela oscila, mas em geral estanca ou aumenta, não exibe uma tendência decrescente. A comissão total não tem diminuído em razão do comportamento da comissão da administradora, e esse é um dos maiores desafios enfrentados pela reforma de benefícios na região. O custo administrativo, como percentagem do desconto total sobre o salário, flutua entre 17,8% no Uruguai e 32,7% no México (última coluna da tabela 5).

Acumulação do fundo de pensões e impacto sobre a poupança nacional

O sexto pressuposto da reforma é que ela promove uma acumulação significativa dos fundos previdenciários e da poupança nacional. Os resultados são positivos em relação ao primeiro ponto, embora variem de acordo com o tempo de funcionamento do sistema, o número de segurados, o tamanho da economia e o rendimento do fundo. As duas primeiras colunas da tabela 6 mostram a acumulação do fundo em US$ milhões e como percentagem do PIB no final de 1998 ou 1999. O Chile apresenta a maior acumulação (33.616), seguindo-se Argentina (16.787), México (8.300), Colômbia (2.448), Peru (2.274), Uruguai (591) e El Salvador (211). A acumulação é em parte resultado do tempo de funcionamento do sistema, razão pela qual o sistema do Chile, que tem 19 anos, acumulou o maior fundo. Na Argentina, a reforma tem menos de seis anos, mas já acumulou um fundo que é a metade do chileno, em razão do maior tamanho da economia argentina e de um rendimento superior ao do Chile. No México, o sistema tem dois anos e meio e acumulou um quarto do sistema do Chile. As baixas acumulações da Bolívia, do Uruguai e de El Salvador refletem o pequeno tamanho de suas economias e o pouco tempo da reforma. A percentagem do fundo acumulado sobre o PIB depende não apenas do montante acumulado no fundo, mas também do tamanho do PIB, pois quanto maior ele for, mais difícil será que a percentagem seja alta. No Chile, é de quase 53%; na Argentina, 5,6%; no Uruguai, 3,5%; no México, Colômbia e Peru, em torno de 2,5%; e em El Salvador, 1,7%.

Tabela 6
Fundo acumulado e rendimento real, 1998/99

Modelos	Países	Fundo acumulado		Rendimento médio
		US$ milhões	% do PIB	anual real (%)*
Substitutivo	Chile	33.616	52,6	11,2
	Bolívia	472	4,2	7,5
	México	8.300	2,5	8,0
	El Salvador	211	1,7	6,7
Paralelo	Peru	2.274	2,3	7,4
	Colômbia	2.448	2,3	10,1
Misto	Argentina	16.787	5,6	13,0
	Uruguai	591	3,5	7,4

Fontes: Anaya (2000); BPS (2000); Consar (2000); Asofondos (2000); Schulthes (2000); SB (2000); SAFJP (2000); SAFPa (2000); SAFPb (2000); SP (2000); SPVS (1999).
* Desde o início da operação do sistema até meados de 1999, exceto na Colômbia (até o final de 1998).

As cifras anteriores consideram somente a acumulação na conta individual, mas não o custo fiscal. O Banco Mundial (1994) sustentou que a reforma de benefícios promoverá a poupança nacional, que por sua vez impulsionará o crescimento econômico, promoverá o emprego e, eventualmente, permitirá pagar melhores benefícios. O Chile é o único país cuja reforma tem um período suficientemente longo (20 anos) para que se possa aferir essa hipótese; já foram publicados alguns estudos a respeito.

O primeiro estudo, feito por Robert Holzmann (1997) sob encomenda do Fundo Monetário Internacional (FMI), envolveu um exercício econométrico de equilíbrio geral, cobrindo o período 1981-95, e demonstrou que o impacto da reforma chilena na poupança nacional foi negativo, advertindo que os países latino-americanos e do Leste europeu não devem nutrir esperanças de que a reforma incremente a poupança nacional.

O segundo estudo foi realizado por Alberto Arenas de Mesa (2000) com um modelo de equilíbrio parcial, o qual subtraiu do capital acumulado nas contas individuais (positivo) o custo fiscal da reforma (negativo, ver a seção adiante). O resultado líquido dos dois foi o impacto na poupança nacional. Segundo esses cálculos, em 1981-96 a média anual capitalizada nas contas individuais sobre o PIB foi de 2%, mas o custo fiscal foi de 5,7%; assim, o resultado líquido foi de –3%, ou seja, o custo fiscal foi superior à poupança e o resultado foi a perda de poupança. Arenas de Mesa prevê que no primeiro qüinqüênio deste novo século a situação mudará e a poupança será ligeiramente superior ao custo fiscal, de modo que o resultado será positivo e irá aumentando, mas provavelmente levará 20 anos para compensar o balanço negativo que apresentou nos 20 anos anteriores. Ou seja, serão necessários 40 anos para que haja um impacto líquido positivo na poupança nacional.

Custo fiscal da transição

O sétimo pressuposto é que a reforma reduzirá e eliminará o custo fiscal no longo prazo. Os componentes do custo fiscal durante a transição estão resumidos no quadro 4, que mostra que o Estado é responsável pelo financiamento de três custos: o déficit do sistema público; o bônus de reconhecimento; o benefício mínimo. Além disso, em alguns países o Estado concede certas garantias e benefícios assistenciais que incrementam o custo fiscal.[3] Como este capítulo se refere a aspectos legais, e não estatísticos, são fornecidas informações sobre os 10 países que fizeram a reforma.

Quadro 4
Custo fiscal da reforma, 2000

Modelos/países	**Cobre o déficit do sistema público**	**Bônus de reconhecimento**	**Pensão mínima**
Substitutivo			
Chile	Sim	Não tem teto, tem reajuste, juros reais de 4% ao ano, requer contribuição prévia	Sim
Bolívia	Sim	Tem teto, tem reajuste, não está claro se tem juros reais, requer um mês de contribuição prévia	Não
México	Sim	Não	Sim
El Salvador	Sim	Não tem teto, não tem reajuste, juros reais iguais à inflação, requer contribuição prévia	Sim

Continua

[3] Ver Mesa-Lago (2000).

Modelos/países	Cobre o déficit do sistema público	Bônus de reconhecimento	Pensão mínima
Nicarágua	Sim	Não tem teto, não tem reajuste nem paga juros, requer um ano de contribuição prévia	Sim
Paralelo			
Peru	Sim	Tem teto, tem reajuste, não paga juros, requer quatro anos de contribuição prévia (poucos recebem)	Não inicialmente (logo reconhecida por lei, mas não aplicada)
Colômbia	Sim	Tem teto, tem reajuste, taxa de juros de 3%, requer três anos de contribuição prévia	Sim (com limitações)
Misto			
Argentina	Sim	Não tem teto, tem reajuste, não paga juros, requer 30 anos de contribuição prévia (pago pelo seguro social)	Sim (paga pelo seguro social)
Uruguai	Sim	Não	Sim (paga pelo seguro social)
Costa Rica	Não	Não	Sim (paga pelo seguro social)

Fonte: Legislação dos 10 países.

Déficit do sistema público

Nos 10 países, o Estado deve pagar o déficit do sistema público, que varia de acordo com a dívida previdenciária implícita provisional (DPI), ou seja, o valor atual das obrigações de longo prazo, o que inclui os benefícios que estão sendo pagos e os futuros. Nos regimes financeiros de repartição ou de capitalização parcial coletiva há sempre uma DPI, mas o modelo de reforma pode tornar essa dívida explícita, gerando um custo fiscal imediato, ou postergá-la de forma total ou parcial.

No modelo substitutivo, o sistema público é extinto por completo e toda a DPI torna-se explícita de imediato, motivo pelo qual o Estado passa a financiar os benefícios em curso e aqueles gerados pelos poucos filiados que permanecem no sistema público. Isso porque todos os segurados (Bolívia e México) ou 92-97% deles (Chile e El Salvador) mudam para o sistema privado e deixam de contribuir para o sistema público, que fica com praticamente todas as pensões, mas sem contribuições (ou com muito poucas), o que gera um déficit. No modelo paralelo, a DPI torna-se explícita somente no sistema privado, e não no sistema público, cuja DPI é postergada; como o sistema público permanece com segurados contribuintes (mais na Colômbia do que no Peru), o custo fiscal é reduzido, ao menos por um período de tempo. No modelo misto, a DPI torna-se parcialmente explícita no segundo pilar (sistema privado complementar), mas não no primeiro (sistema público), em que é postergada. No Uruguai, o custo fiscal é mais reduzido do que na Argentina, pois no primeiro a maioria dos segurados contribuintes permanece no sistema público, ao passo que no segundo, apenas uma minoria.

Bônus de reconhecimento

Em sete dos 10 países, o Estado deve pagar um bônus de reconhecimento (também chamado de certificado de reconhecimento, prestação compensatória etc.), equivalente ao valor das contribuições acumuladas no sistema público, para todos os segurados que tenham passado para o sistema privado. Essas contribuições são ajustadas de acordo com a inflação (exceto na Nicarágua), e em dois países (Chile e Colômbia) pagam-se juros reais anuais de 4 e 3%, respectivamente. Para ter direito ao bônus, exige-se um período mínimo de contribuição prévia, que varia entre um mês e 30 anos. Quatro países não fixam um teto para o montante do bônus (Chile, El Salvador, Nicarágua e Argentina), enquanto outros três (Bolívia, Colômbia e Peru), sim. Três países não concedem o bônus: México (devido à opção concedida aos segurados na época da aposentadoria), Uruguai e Costa Rica (porque num modelo misto os segurados não mudam de sistema, mas permanecem no primeiro pilar, que lhes paga um benefício básico). Na Bolívia, o bônus é limitado, e no Peru tem sido concedido somente a uma minoria dos segurados que trocaram de sistema.

Benefício mínimo

Em oito dos 10 países, o Estado garante um benefício mínimo no sistema privado a todos os segurados cuja conta individual seja insuficiente para financiá-lo; o erário deve pagar a diferença. Nos sistemas mistos da Argentina, do Uruguai e da Costa Rica, o benefício mínimo é na realidade o benefício básico pago pelo primeiro pilar do seguro social. Para o pagamento desse benefício, requer-se um mínimo de contribuições prévias, que variam entre 20 e 35 anos. A Bolívia não garante um benefício mínimo, e o Peru não regulamentou a lei que o estabelece, razão pela qual ainda não o concede.

Garantias adicionais

Em quatro países (Argentina, Colômbia, Chile e Uruguai), o Estado oferece outras duas garantias: se uma administradora de fundos de pensão não puder garantir o rendimento mínimo da conta individual, o Estado arca com a diferença e, em caso de quebra de uma administradora ou companhia de seguros, responsabiliza-se pelo pagamento dos benefícios (essas garantias são concedidas somente aos segurados da administradora pública no Uruguai). Por último, na Argentina, na Costa Rica, no Chile e no Uruguai, o Estado concede benefícios de assistência social aos segurados sem recursos.

Trade-off

Nos oito países, existe uma alternativa ou *trade-off*: por um lado, o Estado procura reduzir o custo fiscal, não concedendo o bônus de reconhecimento ou o benefício mínimo, ou concedendo-os com restrições (sem reajuste, estabelecendo um teto, exigindo contribuições prévias). Esses recortes foram introduzidos nos países após a reforma chilena, que tem sido a mais generosa de todas, mas também a mais onerosa em termos fiscais. Todavia, ao se reduzir o custo fiscal, prejudica-se o bem-estar dos segurados, já que eles não recebem o bônus ou o benefício mínimo, ou estes são reduzidos. O Chile possui os mais altos custos fiscais da transição; a Bolívia e o Peru, os mais baixos (em contrapartida, esses países são os que mais têm limitado os direitos dos beneficiários).

Rendimento real do investimento

O oitavo pressuposto da reforma é que ela gera um alto rendimento do investimento. Quanto a esse indicador, os resultados são positivos, embora diferentes, dependendo do período utilizado para o cálculo. A última coluna da tabela 6 exibe a média anual do rendimento real (ou seja, reajustado de acordo com a inflação), calculada, como percentagem, desde que o sistema começou a funcionar até fins de 1998 ou 1999. A Argentina teve o maior rendimento, 13%; o Chile, 11,2%; a Colômbia, 10,1%; o México, 8%; a Bolívia, o Peru e o Uruguai, cerca de 7,5%; e El Salvador, 6,7% (calculado pelo autor). O rendimento citado é bruto, ou seja, sem o desconto do custo administrativo, razão pela qual o rendimento líquido é inferior.

As cifras anteriores se referem à média de todo o período de funcionamento da reforma mas, se tomarmos o período até 1995, a média é muito mais alta; depois de 1995 ela é muito mais baixa em razão das crises econômicas e das bolsas (1995 e 1997/98). Por exemplo, antes de 1995, o rendimento do Chile era de 13,8% (em vez de 11,2%), e o da Argentina, 15,4% (em vez de 13%). O rendimento chileno entre 1995 e 1999 foi de apenas 2,6%, por ter sido negativo em 1995 (–2,5%) e em 1998 (–1,1%). Na Argentina, o rendimento entre fevereiro de 1998 e fevereiro de 1999 foi ainda mais negativo (–6,6%). Essas variações do rendimento envolvem um risco importante: se o segurado se aposentar no momento do *boom* do mercado de valores, o valor do seu benefício será bom, mas o fundo acumulado em sua conta individual poderá diminuir consideravelmente durante uma crise, particularmente se ela for duradoura (como em 1995 e 1997/98) e se estender por vários anos. Nesse caso, o montante de seu benefício será muito mais baixo. Esse risco é atenuado nos modelos mistos porque eles combinam dois sistemas: um de prestação definida garantida e outro de prestação indefinida, que é incerto.

Diversificação da carteira

O nono pressuposto da reforma é que ela contribui para desenvolver o mercado de capitais e criar novos instrumentos financeiros. Tudo isso concorre para que a composição do investimento do fundo seja muito mais variada, o que ajuda a compensar riscos, já que uns instrumentos podem aumentar de valor quando outros baixam. O estudo de Holzmann (1997), já citado, concluiu que a evidência empírica *coincide* com o pressuposto de que a reforma dos benefícios contribuiu para o desenvolvimento do mercado financeiro e para uma carteira mais diversificada, como ocorreu no Chile a partir de meados dos anos 1980. Não obstante, o autor adverte que isso não constitui prova convincente de que a reforma tenha sido o fator decisivo no desenvolvimento desses mercados, o qual pode ter sido causado por outros fatores.

Tabela 7

Distribuição percentual da carteira de investimentos por papéis, 1999

Modelos /países	Dívida governamental	Instituições financeiras	Instituições não-financeiras	Ações	Fundos mútuos e de investimentos	Emissores estrangeiros	Outros
Substitutivo							
Chile	37,3	31,2	3,6	12,7	2,7	12,4	0,1
Bolívia	66,0	34,0	0,0	0,0	0,0	0,0	0,0
México	97,3	0,3	2,5	0,0	0,0	0,0	0,0
El Salvador	68,2	31,8	0,0	0,0	0,0	0,0	0,0
Paralelo							
Peru	6,6	39,6	17,1	37,3	0,7	0,0	0,0
Misto							
Argentina	51,3	18,1	2,3	17,3	6,5	0,2	4,2
Uruguai	63,9	33,5	0,6	0,0	0,0	0,0	2,1

Fontes: Aios (1999); Anaya (2000); BPS (2000); Consar (2000); Asofondos (2000); Schulthes (2000); SB (2000); SAFJP (2000); SAFPa (2000); SAFPb (2000); SP (2000); SPVS (1999).

A tabela 7 apresenta cifras referentes à composição percentual da carteira em 1999, as quais indicam que ainda há um longo caminho a ser percorrido para se alcançar uma diversificação adequada. No México, em El Salvador, na Bolívia e no Uruguai, de 64 a 97% da carteira estão aplicados em títulos públicos da dívida, enquanto na Argentina o percentual é de 51. Além disso, a maior parte do investimento está em instrumentos públicos, e se estes obtiverem um bom rendimento será porque o Estado pagou juros altos pelos seus títulos da dívida, o que é custoso para a economia. Além disso, o Estado não poderá pagar juros altos por muito tempo. Essa exagerada concentração em títulos ou valores da dívida pública é preocupante; no Chile, foram necessários 19 anos para reduzi-la a 37%. As ações são um dos instrumentos favoritos para se diversificar a carteira; se o mercado de títulos se desenvolver, existirão numerosas ações nas quais investir o fundo. Mas somente no Peru os 37% da carteira estão em ações; na Argentina, 17%, no Chile, 13%, e no resto o percentual é praticamente zero. Não havendo boas possibilidades de investimento no mercado doméstico, uma alternativa seria investir no exterior, mas em alguns países isso é proibido por ser considerado contrário ao interesse nacional. No Chile, 12% estão investidos no exterior, mas no resto dos países esse investimento é praticamente nulo ou zero (a informação do Peru, não mostrada na tabela 7, indica que o investimento em papéis estrangeiros é de cerca de 25%).

Conclusão

Após a análise e a avaliação das reformas estruturais dos benefícios de seguridade social na América Latina, é possível, agora, extrair 10 lições e identificar os temas que requerem uma investigação mais profunda.

1. Não existe um modelo único e universal de reforma estrutural de benefícios, e sim três modelos gerais diferentes e 10 reformas também distintas. Portanto, é incorreto propor um modelo único de reforma na região. Em geral, os países desenharam a reforma ajustando-a às suas próprias condições financeiras, econômicas, sociais, políticas e de seguridade social. Contudo, alguns copiaram um suposto modelo universal, que não pode funcionar em razão da falta de elementos essenciais. Os 10 países que não implantaram uma reforma deveriam estudar cuidadosamente a experiência dos outros 10 (seus acertos e falhas) antes de selecionar um modelo geral e adaptá-lo às suas peculiaridades.

2. Em seis de oito países, ou todos os segurados mudaram para o sistema privado (Bolívia e México) ou a maioria deles o fez, especialmente nos países que adotaram o modelo substitutivo. No Peru, que segue o modelo paralelo, a maioria dos segurados também está no sistema privado. Essas trocas não se deveram necessariamente aos resultados positivos do sistema privado, mas à obrigação de trocar, às restrições da liberdade de escolha do segurado, às disposições legais e aos incentivos para promover a transferência, bem como ao tempo de funcionamento da reforma. Em dois países, a maioria dos segurados permaneceu no sistema público: na Colômbia, que segue o modelo paralelo, com um sistema público reforçado e concorrente com o privado, e no Uruguai, que possui um sistema misto.

3. A reforma não tem gerado um aumento na cobertura da força de trabalho, nem mesmo quando esta se baseia no índice de filiados. Houve até uma queda na cobertura baseada nos contribuintes ativos, ainda que três países cheguem a apresentar uma diminuição inclusive baseada na filiação. Nos últimos 20 anos, a América Latina experimentou uma crescente informalização da força de trabalho – devido ao processo mundial de globalização –, que está se agravando com a transformação do mercado de trabalho (flexibilização do trabalho). A seguridade social não tem se ajustado a esses processos e deve fazê-lo porque eles irão continuar e afetarão negativamente a cobertura, razão pela qual se requer uma investigação sobre como atingir esse objetivo.

4. A propriedade da conta individual e a relação estreita entre contribuição e benefício não resolveram o problema da mora, já que aproximadamente metade dos filiados em sete países não é de contribuintes ativos. Esse é outro problema sério, que requer investigação a fim de se determinar suas causas e encontrar soluções.

5. Para que a concorrência funcione, é preciso haver um número adequado de administradoras, mas esse número depende do tamanho do mercado de segurados. Os países maiores, que possuem muitos segurados (México, Argentina e Chile), são os que possuem mais administradoras. Em contrapartida, na Bolívia e em El Salvador, países pequenos, com relativamente poucos segurados, somente operam duas administradoras. Na Bolívia, os segurados foram divididos, com base no domicílio, entre as duas administradoras, e até agora não se permitiu a troca entre elas, de maneira que não existe concorrência. Essa é uma lição importante para países pequenos que estejam estudando a refor-

ma. O número de administradoras cresce num primeiro momento, mas eventualmente diminui por um processo de fusão. Mesmo nos países onde há um número adequado de administradoras ocorre uma alta concentração de segurados nas três maiores, e essa tendência é crescente. A seleção dessas administradoras não é feita com base em suas vantagens (baixa comissão e alto rendimento), mas por outras causas, como o papel dos corretores e da publicidade. Onde existem somente administradoras privadas há também maior concentração do que onde há administradoras de natureza múltipla. Os países pequenos deveriam ter administradoras múltiplas às quais seria franqueado o uso da infra-estrutura existente em outras instituições como forma de reduzir o seu custo e facilitar a entrada no mercado.

6. Porquanto a concorrência não funciona adequadamente, é lógico que a comissão total não tenha diminuído. Elas variam entre 2,5 e 4,3% do salário dos segurados (que são quem as pagam), o que é muito oneroso tanto em relação à contribuição quanto ao que é depositado na conta individual. Enquanto o prêmio por invalidez e morte tem mostrado tendência de baixa (exceto em três países), a comissão imposta pela administradora tem oscilado, mas se mantém alta e não tem diminuído significativamente. Do total descontado sobre o salário para depósito na conta individual e comissão total, esta última toma entre um quinto e um terço. Esse é um dos desafios mais sérios que a reforma enfrenta. O custo deve ser reduzido para aliviar a carga dos segurados e/ou aumentar o depósito na conta individual.

7. A acumulação de capital tem sido muito significativa, mas varia, nos oito países, de acordo com o tempo de funcionamento da reforma e outros fatores. Chega a quase 53% do PIB no Chile, o país com mais tempo de reforma (20 anos), diminui para 5% na Argentina e cai de 3,5% até 1,7% nos outros países. Todavia, se a tendência histórica continuar, haverá um crescimento do fundo e de sua percentagem em relação ao PIB. Contudo, o impacto sobre a poupança nacional deve ser medido anualmente, subtraindo-se o custo fiscal da acumulação de capital. Dois estudos realizados sobre o Chile – o único país que tem um longo período para sustentar a análise e cuja reforma foi uma das mais bem-sucedidas – concluem que o balanço líquido foi negativo nos primeiros 16 anos. Esses estudos aconselham a não empreender a reforma de benefícios com o objetivo central de incrementar a poupança nacional; outras devem ser as metas da reforma.

8. O custo fiscal resulta de três responsabilidades do Estado: o déficit do sistema público, o bônus de reconhecimento e o benefício mínimo. Ademais, alguns países oferecem garantias estatais adicionais. Existe um dilema entre reduzir o custo fiscal e o bem-estar dos segurados. O maior custo fiscal foi o do Chile, que também possui as condições mais liberais para os segurados; em contrapartida, o custo fiscal mais baixo foi registrado na Bolívia e no Peru, que são os países que mais restringem os benefícios, em prejuízo dos segurados. O custo fiscal e o valor da DPI devem ser calculados cuidadosamente antes da reforma, considerando o montante e a forma de financiar o custo fiscal, já que este pode se estender por um período entre 50 e 70 anos, dependendo das características demográficas e da antigüidade do sistema de benefício de cada país.

9. O rendimento histórico real tem sido alto na Argentina e no Chile (13 e 11%) e mediano na Colômbia (10%); nos países restantes, tem variado entre 7 e 8%. Essas cifras equivalem ao rendimento bruto, sem descontar o custo administrativo, razão pela qual o líquido é menor. As crises econômicas têm afetado negativamente o rendimento. Assim, o rendimento histórico médio da Argentina e do Chile, antes das crises de 1995 e 1998, era muito superior ao rendimento médio em 1994-99. As oscilações do rendimento envolvem um risco para os segurados e podem afetar o montante de seu benefício. O modelo misto, que combina um benefício básico, garantido, com um benefício baseado na conta individual, pode ser uma alternativa a esse risco, mas é preciso mais tempo e investigação para comprovar esse ponto.

10. Existe ainda pouca diversificação da carteira de investimentos do fundo de pensões. Em cinco países, a maioria do investimento está concentrada em títulos públicos da dívida (51 a 97%), enquanto a proporção em ações é muito baixa (13 e 17%, e em apenas dois países); vários países proíbem o investimento no exterior, e apenas em dois existe uma proporção significativa (12 e 24%), de maneira que a reforma não tem promovido, até agora, uma diversificação importante da carteira. Isso representa outro importante desafio para a reforma.

Referências bibliográficas

Aios (Asociación Internacional de Organismos de Supervisión de Fondos de Pensiones). *Boletín Estadístico.* Buenos Aires: 1999.

Anaya, Oscar Edmundo. La reforma del régimen de pensiones: la experiencia de El Salvador. In: Seminario Internacional "La Reforma de los Regímenes de Pensiones en América Latina después de dos Decenios". Panamá, 12-13 abr. 2000.

Arenas de Mesa, Alberto. *Efectos fiscales del sistema de pensiones en Chile: proyección del déficit previsional 1999-2037.* Santiago: Cepal, 2000. (Serie de Financiamiento del Desarrollo.)

Asafondos de Colombia. *Comportamiento de los fondos de pensiones obligatorias, de pensiones voluntarias y cesantía.* Bogotá: 2000.

Banco Mundial. *Envejecimiento sin crisis.* Washington, DC: Banco Mundial, 1994.

BPS (Banco de Previsión Social). *Boletín Estadístico 2000.* Montevideo: 2000.

Cepal (Comisión Económica para América Latina y el Caribe). *Anuario Estadístico de América Latina y El Caribe 1998.* Santiago: 1999.

Consar (Comisión Nacional del Sistema de Ahorro para el Retiro). *Boletín Informativo SAR.* Mexico, DF: 2000.

Cruz-Saco, María Amparo & Mesa-Lago, Carmelo (eds.). *Do options exist? The reform of pension and health care systems in Latin America.* Pittsburgh: University of Pittsburgh Press, 1998.

Holzmann, Robert. *Pension reform, financial market development and economic growth – preliminary evidence from Chile.* Washington, DC: IMF, 1997. (Staff Papers 44.)

ILO (International Labour Organization). *Social security pensions: development and reform.* Geneve: ILO, 2000.

Mesa-Lago, Carmelo. La reforma estructural de pensiones en América Latina: tipología, comprobación de presupuestos y enseñanzas. In: Bonilla, A. & Conte-Grand, A. (eds.) *Pensiones en América Latina: dos décadas de reforma.* Ginebra; Lima: OIT, 1998. p. 77-164.

______. La privatización de los sistemas de seguridad social en América Latina: un balance al final del siglo. *Anuario Social y Político de América Latina* (2):22-5, 1999a.

______. Desarrollo social, reforma del Estado y de la seguridad social, al umbral del siglo XXI. *Revista del Clad: Reforma y Democracia* (15):7-70, 1999b.

______. *Estudio comparativo de los costos fiscales en la transición de ocho reformas de pensiones en América Latina.* Santiago: Cepal, 2000. (Serie Financiamiento del Desarrollo, n. 93.)

______ & Bertranou, Fabio. *Manual de economía de la seguridad social latinoamericana.* Montevideo: Claeh, 1998.

SAFJP (Superintendencia de Administradoras de Fondos de Jubilaciones y Pensiones). *Boletín de Información Mensual*. Buenos Aires: 2000.

SAFPa (Superintendencia de Administradoras de Fondos de Pensiones). *Boletín de Información Mensual*. Lima: 1999/2000.

______. Desafíos y posibilidades del sistema privado de pensiones peruano. In: *Reforma de los sistemas de pensiones en América Latina*. Buenos Aires: AISS, 2000.

SAFPb (Superintendencia de Administradoras de Fondos de Pensiones). *Boletín Estadístico*. Santiago: 1999/2000.

SB (Superintendencia Bancaria). *Informe: primer trimestre*. Bogotá: 2000.

Schulthess, Walter. El nuevo sistema de jubilaciones y pensiones en Argentina. In: Seminario Internacional "La Reforma de los Regímenes de Pensiones en América Latina después de dos Decenios". Panamá: 12-13 abr. 2000.

SP (Superintendencia de Pensiones). *Boletín Estadístico*. San Salvador: 1999/2000.

SPVS (Superintendencia de Pensiones, Valores y Seguros). *Pensiones*. La Paz: 1999.

Esta obra foi impressa pela
Markgraph Gráfica e Editora Ltda. em papel off set
Master Set para a Editora FGV
em outubro de 2003.